Der Autor

Achim Lichtenberger (*1970) studierte Klassische Archäologie, Alte Geschichte und Evangelische Theologie an den Universitäten Münster, Rom und Berlin (HU). 2001 wurde er an der Universität Tübingen in Klassischer Archäologie promoviert. Nach Tätigkeit als Wissenschaftlicher Assistent in Münster und Stipendiat der Alexander von Humboldt-Stiftung an der Universität Cambridge, habilitiert er sich 2008 in Münster und wurde 2010 zum Professor für Klassische Archäologie an die Ruhr-Universität Bochum berufen. 2016 nahm er einen Ruf nach Münster an und ist seitdem Professor für Klassische Archäologie und Direktor des Archäologischen Museums an der Universität Münster. In den letzten Jahren hat er archäologische Ausgrabungen in Jordanien, Armenien und Israel durchgeführt. Neben der Feldarchäologie befassen sich seine Arbeiten mit antiker Landschaft, Münzkunde, Religion und Herrschaftsrepräsentation im östlichen Mittelmeerraum.

Achim Lichtenberger

Der Olymp

Sitz der Götter zwischen Himmel und Erde

Verlag W. Kohlhammer

Dieses Werk einschließlich aller seiner Teile ist urheberrechtlich geschützt. Jede Verwendung außerhalb der engen Grenzen des Urheberrechts ist ohne Zustimmung des Verlags unzulässig und strafbar. Das gilt insbesondere für Vervielfältigungen, Übersetzungen, Mikroverfilmungen und für die Einspeicherung und Verarbeitung in elektronischen Systemen.

Die Wiedergabe von Warenbezeichnungen, Handelsnamen und sonstigen Kennzeichen in diesem Buch berechtigt nicht zu der Annahme, dass diese von jedermann frei benutzt werden dürfen. Vielmehr kann es sich auch dann um eingetragene Warenzeichen oder sonstige geschützte Kennzeichen handeln, wenn sie nicht eigens als solche gekennzeichnet sind.

Es konnten nicht alle Rechtsinhaber von Abbildungen ermittelt werden. Sollte dem Verlag gegenüber der Nachweis der Rechtsinhaberschaft geführt werden, wird das branchenübliche Honorar nachträglich gezahlt.

Umschlagabbildung: Olymp von Westen aus. © Pixabay.

1. Auflage 2021

Alle Rechte vorbehalten
© W. Kohlhammer GmbH, Stuttgart
Gesamtherstellung: W. Kohlhammer GmbH, Stuttgart

Umschlagbild: Getty Images

Print:
ISBN 978-3-17-039616-6

E-Book-Formate:
pdf: ISBN 978-3-17-039617-3
epub: ISBN 978-3-17-039618-0
mobi: ISBN 978-3-17-039619-7

Für den Inhalt abgedruckter oder verlinkter Websites ist ausschließlich der jeweilige Betreiber verantwortlich. Die W. Kohlhammer GmbH hat keinen Einfluss auf die verknüpften Seiten und übernimmt hierfür keinerlei Haftung.

Inhalt

1 **Annäherung: Der präsente Unbekannte** 7
  1.1 Der Olymp heute 14
  1.2 Der Beginn der wissenschaftlichen Erforschung 17
  1.3 Der Name Olympos 23

2 **Texte: Ambiguität: Der Berg-Himmel** 25
  2.1 Der Olymp Homers 25
  2.2 Der Olymp nach Homer: Berg, Himmel, Jenseits ... 39

3 **Bilder: Der homerische Göttersitz** 45
  3.1 Die Götterversammlung 46
  3.2 Die Geburt der Athena 50
  3.3 Die Einführung des Herakles in den Olymp 57
  3.4 Die Rückführung des Hephaistos in den Olymp ... 61
  3.5 Der Sturz des Hephaistos aus dem Olymp 65
  3.6 Die Gigantomachie 66
  3.7 Apotheosen 75
  3.8 Die Geburt des Hermes 81

4 **Geographie: Der makedonisch-thessalische Berg** 83
  4.1 Das Olymp-Gebirge 83
  4.2 Orte und Siedlungen am Olymp 87
  4.3 Kriegsschauplatz Olymp 91
  4.4 Gab es einen Altar und Mysterien auf dem Olymp? 94
  4.5 Das Zeus Olympios-Heiligtum auf
      dem Agios Antonios 96
  4.6 Profitis Elias und Agios Dionysios 101

5	Ideologie: Der Berg im Dienste der Politik	104
5.1	Dion	104
5.2	Die Kulturpolitik der makedonischen Könige und Zeus Olympios	111
5.3	Thessalische Olympia	118

6	Olympoi: Die Vervielfältigung eines Berges	119
6.1	Berge namens Olymp	119
6.2	Olympos – Personifikation und Person	125
6.3	Olympos und die Werkstatt des Hephaistos	126
6.4	Olympische Landschaft in Syrien	128
6.5	Das Tempetal in der Villa Hadriana	132
6.6	Die Lokalisierung des Hades	133

7	»Heilige Berge«: Der einzigartige Berg	136
7.1	Berge als Kultstätten	138
7.2	Berge des Zeus und sein Geburtsort	138
7.3	Mons Argaios – ein Berggott	144
7.4	»Heilige Berge« in Italien	147
7.5	»Heilige Berge« im nordwestsemitischen Raum	149
7.6	Der Olymp – ein »Heiliger Berg«?	152

8	Epilog	155

Nachwort	159
Glossar	160
Anmerkungen	164
Bibliographie	186
Abbildungsnachweis	206
Register	211

1 Annäherung: Der präsente Unbekannte

Für wohl keinen Ort der Antike klaffen die tatsächliche Kenntnis von dem Ort und die Präsenz des Ortes in der Vorstellung der Menschen so weit auseinander wie beim Olymp, dem Sitz der griechischen Götter. Das begann bereits in der Antike, und auch heute weckt der Olymp Assoziationen, die nicht mit der Realität übereinstimmen. Am ehesten vergleichbar mit dem Olymp ist noch der Hades, die Unterwelt, die für die Menschen der Antike in der Vorstellung präsent und selbstverständlich ein realer Ort war, doch von der niemand wirklich wusste, wie sie aussah.[1] Außer wenigen Heroen wie Herakles hat niemand den Hades besucht und ist wieder auf die Erde zurückgekehrt.[2]

Anders müsste es sich eigentlich mit dem Olymp verhalten, einem Gebirgszug an der Grenze von Makedonien und Thessalien gelegen; sein höchster Gipfel ist mit 2 918 m über dem Meeresspiegel der höchste Ort Griechenlands (▶ Abb. 1).[3] Man kann zu ihm hingehen und ihn sehen, auch wenn seine Gipfel häufig von Wolken verhangen sind. Der Olymp ist eine sehr reale Gegebenheit, eine wichtige Landmarke der Topographie Nordgriechenlands, er ist die Grenze zwischen Thessalien und Makedonien in der antiken Landschaft Pieria (▶ Abb. 2). Das Olymp-Massiv war und ist für Reisende physisch erfahrbar und ein reales Hindernis, welches umgangen werden muss. Insofern war es geostrategisch präsent und stellte für Heere und Reisende eine wichtige, topographische Gegebenheit dar. 168 v. Chr. wurde hier das Ende des makedonischen Königreichs besiegelt, als die Römer unter dem Feldherrn und Politiker Aemilius Paullus in der »Schlacht von Pydna« in der Enge der Küstenebene die Makedonen vernichtend schlugen. Geographische Kenntnisse waren dabei entscheidend. Dennoch bleibt die antike Vorstellung von dem Götterberg Olymp diffus, und es stellt sich

1 Annäherung: Der präsente Unbekannte

Abb. 1: Ansicht des Olympmassivs von Osten.

die Frage, ob der Olymp nicht ebenso wie der Hades ein irrealer Ort gewesen ist.

In der religiös-mythologischen Aufladung ist er dem Hades vergleichbar. Der Olymp war Sitz und Wohnort der Götter. Hier hatten die Unsterblichen ihre Paläste, hier hielten sie die Götterversammlung, von hier beobachteten sie das Tun und Treiben auf der Erde, und immer wieder verließen sie den Olymp, um mit Menschen auf der Erde in Interaktion zu treten. Der Olymp ist dabei ein exklusiver göttlicher Ort, den Menschen nicht zugänglich – Götter und Menschen treffen nur auf der Erde aufeinander.

Die literarischen Zeugnisse, die sich auf den Olymp beziehen, werden im zweiten Kapitel diskutiert; gleich zu Beginn seien zwei Stellen aus der Ilias, dem großen Epos des Homer, zitiert, aus denen deutlich wird, dass der Olymp der Sitz des Zeus und weiterer Götter ist. Die Lebenszeit Homers kann gegen 700 v. Chr. angesetzt werden, und seine Epen kondensieren und prägen die Vorstellungen der Griechen von ihren Göttern.[4]

1 Annäherung: Der präsente Unbekannte

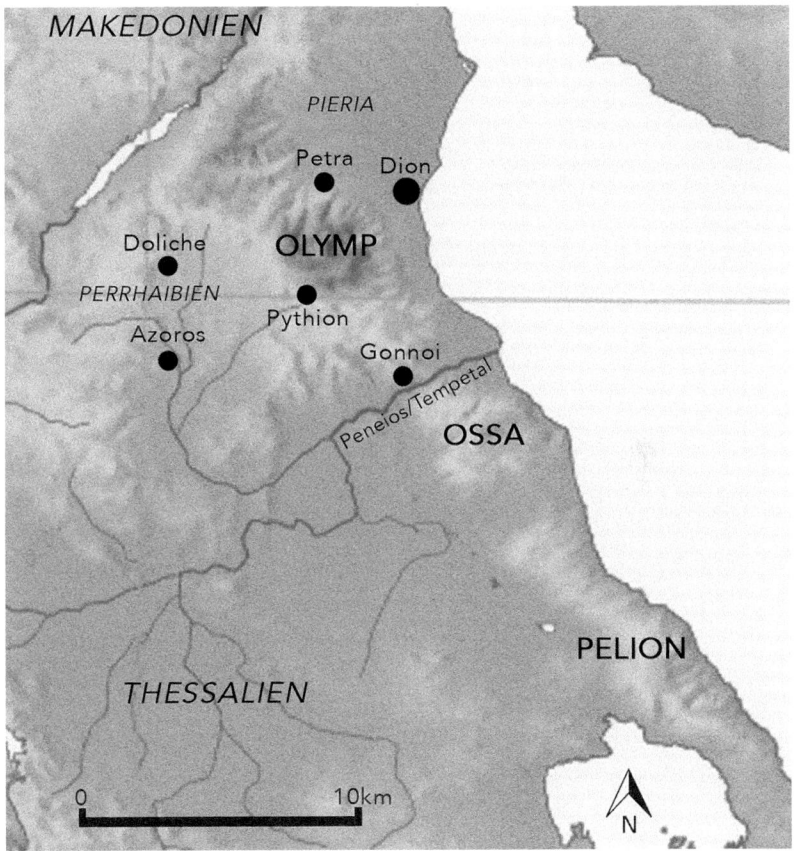

Abb. 2: Siedlungen und Landschaften am Olymp.

Die erste Beschreibung des Olymps in der antiken Literatur findet sich gleich im ersten Buch der Ilias.[5] Da heißt es über Thetis, die zu Zeus ging:

> »Und stieg in der Frühe hinauf zum großen Himmel und zum Olympos und fand den weitumblickenden Kroniden, wie er entfernt von den anderen saß auf der höchsten Kuppe des vielgipfligen Olympos.« (Hom. Il. 1,497–499)

In diesem Text wird der Olymp als der Sitz des Zeus auf einem Berg mit vielen Gipfeln beschrieben, zugleich wird deutlich, dass er gedanklich dem Himmel angenähert ist. Diese Idealisierung und Distanzierung des Olymps findet sich auch in anderen Zeugnissen Homers. So heißt es in Homers Ilias als Hera in den Himmel fährt:

> »Von selber dröhnten auf die Tore des Himmels, die die Horen hüten,
> Denen anvertraut ist der große Himmel und der Olympos,
> Bald zurückzuschieben die dichte Wolke, bald vorzulegen.« (Hom. Il. 5,749–751)

Hier sehen wir, dass der Olymp nicht als Berg vorgestellt ist, sondern dem Himmel gleichgestellt wird, seine Tore werden von den Horen, also den Göttinnen der Jahreszeiten, bewacht, welche die Wolken als Tore schieben. In den beiden Texten aus der Ilias wird der Olymp also unterschiedlich akzentuiert, einmal als Berg, einmal als himmlischer Göttersitz.

Zeus hielt auf dem Olymp Hof, und entsprechend ist der Olymp auch Namensgeber des wichtigsten Beinamens des Zeus, der Olympios war. Der Beiname Olympios im Singular ist fast nur für Zeus belegt.[6] Gelegentlich konnte auch Herakles diesen Beinamen tragen (nach seiner Aufnahme in den Olymp),[7] und es gibt wenige Belege für Göttinnen wie Hera in Olympia, Aphrodite in Sparta, die Erdgöttin Gaia in Athen, Demeter, Artemis in Eretria (abgeleitet von einem dortigen Olymp), die Geburtsgöttin Eileithyia in Olympia und Nike in Athen.[8] Im Vergleich zu den hunderten Belegen für Zeus Olympios ist das wenig, und man kann die Belege als Ausnahmen werten, welche die Regel bestätigen, dass Zeus und der Olymp auf das engste miteinander verbunden waren. So überrascht es auch nicht, dass eines seiner wichtigsten Heiligtümer, das auf der mehrere hundert Kilometer entfernten Peloponnes gelegene Olympia, sich aus demselben Wortstamm ableitet. Die Götter insgesamt wurden auch als Olympische – nach ihrem Wohnsitz – bezeichnet.[9]

Dennoch, und das sei vorweggenommen, war die räumliche Inbesitznahme des Berges Olymp – sei es durch Besuche, sei es durch Bauwerke – in der Antike und in der gesamten Vormoderne unterentwickelt. Insofern ist er tatsächlich dem Hades vergleichbar als ein präsenter, aber eben doch auch unbekannter Ort.

Im Folgenden sollen Grundzüge der Geschichte des Bergs Olymp in der Antike behandelt werden. Dabei wird einerseits betrachtet, welche Vorstellung die Antike von dem Olymp als Sitz der Götter hatte, andererseits wird untersucht, wie der tatsächliche Ort in der Antike aussah und durch menschliche Aktivitäten gefasst war. Es geht also um ein zentrales Thema der Klassischen Archäologie, nämlich um das Verhältnis von Texten zu Monumenten. Zur Einführung in das Thema seien eine Photographie des Berges Olymps und ein Ausschnitt aus der Götterversammlung im Ostfries des Parthenon von Athen nebeneinandergestellt (▶ Abb. 3 und ▶ Abb. 4).

Abb. 3: Die Gipfelregion des Olymps.

Das Bild zeigt ein Gebirge mit zahlreichen, dicht beieinanderliegenden Gipfeln. Dieses ist das Olympgebirge, mit dessen Topographie wir uns noch genauer beschäftigen werden. Bereits auf den ersten Blick wird deutlich, dass es in seiner schroffen Morphologie durchaus charakteristische Züge aufweist, die – auch das sei vorweggenommen – nie in einer bildlichen Darstellung der Antike erscheinen. Wir besitzen keine antike Darstellung des Berges, welche die geographischen Charakteristika präg-

1 Annäherung: Der präsente Unbekannte

Abb. 4: Ausschnitt aus dem Bild der Götterversammlung im Ostfries des Parthenon von Athen: Hermes, Dionysos, Demeter und Ares. Die Pfeile bezeichnen Steine, Mitte 5. Jh. v. Chr., London, British Museum.

nant in Szene setzt, doch gibt es einige Bilder, die durchaus die Vorstellung vom Olymp als eines Berges mitberücksichtigen. Das ist bemerkenswert, denn von einigen anderen Bergen, wie etwa dem Ararat in Armenien (▶ Abb. 5), dem Vesuv in Italien oder dem Mons Argaios in der heutigen Türkei (▶ Abb. 60–62) besitzen wir antike Darstellungen, die recht genau die morphologischen Charakteristika des jeweiligen Berges ins Bild setzen.[10] Die frühesten dieser realistischen Bergdarstellungen, die wir kennen, stammen allerdings erst aus dem Späthellenismus (1. Jh. v. Chr.).[11]

Obschon auf dem Berg Olymp kaum archäologische Spuren zu finden sind und es kaum Darstellungen des Olymps in der Bildkunst gibt, kann die Archäologie dennoch dazu beitragen, die antike Vorstellung von dem Göttersitz besser zu verstehen. Es zeigt sich, dass er auf vielfältige Weise in archäologischen Zeugnissen präsent ist.

Schauen wir auf den Ausschnitt des Parthenonfrieses mit der Götterversammlung, die auf dem Olymp stattfindet, so sehen wir, dass dieser nicht zu den Bildern gehört, welche an die konkrete Topographie des Berges anknüpfen; allerdings können wir Aspekte sehen, die uns über die grundsätzliche Vorstellung vom Olymp Auskunft geben.

Abb. 5: Bronzemünze von Königin Erato und König Tigranes IV. von Armenien mir Ansicht des großen und des kleinen Ararat auf der Rückseite, ca. 2 v. Chr.–1 n. Chr.

Der Parthenon, eines der wichtigsten Denkmäler des klassischen Athens, wurde 447–438 v. Chr. gebaut und ist als Tempel der Athena Parthenos ein Monument der Bürgerschaft von Athen.[12] Auf dem Parthenonfries konstituiert sich die Polis, also die Stadt Athen. Dargestellt ist der alle vier Jahre stattfindende Panathenäenzug, ein Festzug zu Ehren der Stadtgöttin Athena. Der Fries läuft oben an der Cella entlang. Der Panathenäenzug wird zweizügig – das heißt von zwei Seiten startend und gegenläufig – dargestellt. Auf der Ostseite, der als Eingang des Tempels wichtigsten Seite eines griechischen Tempels, gipfelt das Geschehen im Zielpunkt des Festzuges, nämlich der Übergabe eines neuen Gewands für die Stadtgöttin Athena an einen hohen Kultbeamten der Stadt, oder nach einer neuen Deutung in der Vorbereitung eines mythologischen Menschenopfers.[13] In unserem Zusammenhang ist die genaue Bedeutung der Szene zweitrangig. Wichtiger ist das, wovon die Versammlung eingefasst wird. Denn umgeben ist diese Szene von einer Götterversammlung. Diese ist dem Geschehen vollkommen enthoben, und die thronenden Götter sind alle deutlich größer als die Sterblichen und die Heroen des Zuges. Untersuchungen zur Raum- und Zeitauffassung des Parthenonfrieses haben deutlich gemacht, dass es ein Hin und Her der Bewegungen gibt und auch Brüche. Insgesamt ist aber eine zeitliche und räumliche Einheitlichkeit zu beobachten, die durch den Auftritt der Götter durchbrochen wird.

Die Götter sind auf Sitzmöbeln in der Götterversammlung gezeigt, welche nur im Olymp gedacht sein kann. Sie sind dem Geschehen vollständig enthoben und scheinen nicht darauf zu reagieren, insbesondere nicht auf die Mittelszene, von der sie abgewandt sind. Ihre Anordnung erfolgt paarweise: von links nach rechts Hermes und Dionysos, Demeter und Ares (▶ Abb. 4), Hera (mit Iris) und Zeus. Dann folgen Athena und Hephaistos, Poseidon und Apollon sowie Artemis und Aphrodite (mit Eros). Die Götter sind durch Attribute behutsam gekennzeichnet, sitzen auf Hockern bzw. Zeus auf einem Thron. Bemerkenswerterweise fehlt bei dieser Götterversammlung eine Ortsangabe. Der Olymp ist hier nicht als Berg visualisiert bzw. konkretisiert – lediglich ein paar umherliegende Steine kann man vorsichtig auf den felsigen Olymp beziehen.[14] Im Bild überwiegt, dass die Götter über allem und dem Menschlichen stehen; das Menschliche ist wiederum auf die Götter bezogen, die sich aber selbst genug sind.[15]

Stellt man die Photographie des Berges Olymp und die Darstellung der Götterversammlung im Olymp nebeneinander, so muss man feststellen, dass der Kontrast zwischen dem realen und dem vorgestellten Raum nicht größer sein könnte. Es ist eine banale Beobachtung, die aber formuliert werden muss: Ein Versuch, die tatsächliche Topographie des Olymps in das Bild der Götterversammlung zu integrieren, ist kaum unternommen worden. Der einzige, aber eben entscheidende Vergleichspunkt besteht in dem Charakteristikum des allem Menschlichen enthoben Seins.

1.1 Der Olymp heute

Mittlerweile wird der Olymp jedes Jahr von tausenden Bergsteigern erklommen. Es gibt Schutzhütten, Wanderwege und Karten, und das ganze Bergmassiv ist bis in den letzten Winkel mit modernster Technik vermessen.[16] Trotz dieser Erschließung und Erforschung bleibt der Olymp doch ein zutiefst imaginärer Berg, der in der Populärkultur vielfältige Assoziationen erweckt, die sehr lose um das Thema »Sitz« und »göttlich« kreisen.

Abb. 6: Kratzbaum Modell »Olymp« der Firma Albert Kerbl GmbH.

So wirbt eine deutsche Friseursalonausstattungsfirma »Olymp« mit besonders qualitätvollen Friseurstühlen.[17] Mit denselben Assoziationen, allerdings auf die in der westlichen Welt mit einer göttlichen Aura versehenen Hauskatzen bezogen, spielt eine Firma für Tierbedarf an, die ein Kratzbaummodell mit erhöhtem Katzensitz mit dem Namen »Olymp« anbietet (▶ Abb. 6). Weit hergeholt, aber im Kern noch erkennbar, ist die Wahl des Firmennamens »Olymp« für einen führenden Hersteller mobiler Toilettenkabinen (sog. Dixi-Klos) (▶ Abb. 7). Abgeschiedenheit und Sitzen mögen hier die Namenswahl beeinflusst haben. Noch loser wird die Bezugnahme auf den Berg Olymp bei der Herrenoberbeklei-

1 Annäherung: Der präsente Unbekannte

Abb. 7: Mobile Toilettenkabine der Firma Olymp.

dungsfirma Olymp, die ihren Firmennamen damit erklärt, dass Sie Hemden produziert, mit denen sich erfolgreiche Männer »im persönlichen Olymp« fühlen sollen.[18] Die Übertragbarkeit und Universalität der Idee vom Olymp, die nicht an den nordgriechischen Berg gebunden ist, wird hier deutlich, wobei sie zusätzlich noch individualisiert wird. Der Olymp ist potentiell überall.[19] Diese örtliche Übertragbarkeit des Olymps ist vielfach zu beobachten. Ein aktuelles Beispiel ist die erfolgreiche Jugendbuchreihe »Percy Jackson«, in der der Olymp kurzerhand nach New York verlegt wurde.[20] Die Universalität des Olymps wird auch anhand eines weiteren Beispiels deutlich. Die japanische Firma Olympus ist bekannt für optische Geräte, darunter Kameras. Gegründet wurde die Firma 1919 in Tokyo unter dem Namen Takachiho Seisakusho.[21] Der Takachiho mit dem Gipfel Takamagahara ist ein Berg, der in der japanischen Mythologie Ort der Götter und des Lichts

16

ist. Da der für westliche Käufer sperrige Name Takachiho Seisakusho zu kompliziert war, wurde die Firma 1949 in Olympus umbenannt, was sicher dazu beitrug, dass die Firma heute ein Weltmarktführer für optische Geräte ist. Diese Übertragung unterstreicht die Wirkmächtigkeit und Anschlussfähigkeit der Olympidee.[22]

Die Beispiele zeigen, dass ähnlich wie in der Antike auch heute der Olymp Projektionsfläche von Vorstellungen des kollektiven Gedächtnisses ist, wobei diese Vorstellungen nicht zwingend etwas mit dem nordgriechischen Berg und seiner realen Topographie zu tun haben.

1.2 Der Beginn der wissenschaftlichen Erforschung

Die Erkundung und wissenschaftliche Erforschung des Olymps begannen bereits in der Antike. Die Vorstellung, die Homer von der Höhe des Berges hatte, dass man nämlich von ihm einen ganzen Tag herunterfalle,[23] wurde später nüchterner gesehen. So berichtet Plutarch, ein Autor des 2. Jh. n. Chr., in seiner Biographie des römischen Feldherren Aemilius Paullus Folgendes:[24]

> »Hier erhebt sich das Olymposgebirge zu einer Höhe von mehr als zehn Stadien. Das wird in einer Inschrift des Mannes bezeugt, der sie gemessen hat, folgendermaßen:
> ›Des Olympos Gipfel über dem Python Apollons
> Hat eine heilige Höhe – sie ward nach dem Senkblei gemessen –
> Von einer vollen Zehnheit von Stadien, darüber hinaus noch
> Von hundert Fuß, vermindert um vier.
> Des Eumelos Sohn hat diese Messung vollzogen,
> Xeinagores. Du Herrscher, sei gnädig und verleihe ihm Gutes‹
> Allerdings behaupten die Geographen, daß weder die Höhe eines Berges noch die Tiefe eines Meeres zehn Stadien übersteige; aber Xenagoras scheint seine Messung nicht nur oberflächlich, sondern kunstgerecht und mit Hilfe von Instrumenten gemacht zu haben.« (Übersetzung: Konrat Ziegler)

Soweit Plutarch. Leider wissen wir nicht genau, wann dieser ansonsten unbekannte Xenagoras die Messung vorgenommen hat; es wird angenommen, dass er im ersten Drittel des 2. Jh.s v. Chr. lebte.[25] Das Ergebnis von seiner Messung ist erstaunlich: ein Stadion sind 600 Fuß. Insgesamt ist die gemessene Höhe also 6 096 Fuß. Legt man einen griechischen Fuß von 30,7 cm zu Grunde, so ergibt sich eine Höhe von 1 871,47 m. Da natürlich nicht die absolute Höhe gemessen wurde, sondern die relative, muss die Höhe des Standortes noch einbezogen werden. Das Heiligtum von Pythion wird bei dem Dorf Selos am westlichen Fuß des Olymps lokalisiert.[26] Zu dieser Ortslage muss man die rund 900 Höhenmeter des Standortes hinzurechnen und käme so zu einer Höhe des Berges von 2 771 m, was den heute gemessenen 2 918 m des höchsten Gipfels erstaunlich nahe kommt. Das Ergebnis ist umso beachtlicher, wenn man bedenkt, dass Xenagoras möglicherweise gar nicht den höchsten Gipfel Mytikas gemessen hat, sondern jenen Gipfel, vor dem er in Pythion/Selos genau stand, nämlich den Agios Antonios, der auf 2 817 m liegt (▶ Abb. 37). Wahrscheinlich hat Xenagoras mit einem Winkelmessgerät, der sogenannten Dioptra, die Höhe bestimmt.[27] Auch mit diesem Gerät bleibt es eine herausragende Leistung, da zur Bestimmung der Höhe die Kenntnis der genauen Entfernung zum Fußpunkt des Berges fehlte. In der Antike gab es immer wieder Versuche, Berghöhen zu messen, uns liegt jedoch keine weitere Überlieferung zum Olymp vor.[28] In diesem Zusammenhang ist bemerkenswert, dass in der Antike der Olymp nicht als der höchste bekannte Berg galt, sondern Kenntnis davon bestand, dass es höhere Berge gab.[29]

Plutarchs Bericht über Xenagoras ist das einzige Zeugnis für eine wissenschaftliche Auseinandersetzung in der Antike mit der Geographie des Olymps. Erwähnt wird der Olymp immerhin in dem Werk des alexandrinischen Geographen Klaudios Ptolemaios (2. Jh. n. Chr.). Dort ist in seiner Geographie in Buch III Kapitel 12,16 der Breitengrad 39 Grad 20 Minuten für Olymp, Ossa und Pelion angegeben. Tatsächlich ist der Breitengrad aber 39 Grad 40 Minuten, eine Abweichung, die nicht gravierend und auf das Berechnungsverfahren von Ptolemaios zurückzuführen ist.[30]

Gibt es Hinweise darauf, dass der Olymp in der Antike bestiegen wurde? Auf einem Nebengipfel des Olymps, dem Agios Antonios, gab es in frühhellenistischer Zeit, im 3. Jh. v. Chr. ein Heiligtum des Zeus Olympios, welches in der Spätantike noch einmal für einige Zeit genutzt wurde.[31] Dieses Heiligtum ist der einzige Hinweis für menschliche Präsenz auf dem Olymp in der Antike. In diesem Zusammenhang ist zu beachten, dass Bergsteigen aus ästhetischen Gründen erst ein Phänomen seit dem 17. Jh. ist, und es für Menschen der Antike eigentlich nur zwei Gründe gab, einen Berg zu besteigen. Und das waren entweder wirtschaftliche Gründe im Kontext von Weidewirtschaft[32] oder religiöse, wie wir an Bergheiligtümern anderenorts feststellen können.[33] Daher können wir davon ausgehen, dass nur für die kurze Zeit der Nutzung des Heiligtums auf dem Agios Antonios der Olymp von Menschen besucht wurde, denn für Weidewirtschaft war die karge Gipfelregion nicht geeignet. Insgesamt gilt es zu berücksichtigen, dass Berge in der Antike Orte waren, die eine Andersartigkeit (Alterität) gegenüber der Stadt und der Zivilisation aufwiesen, und entsprechend nicht bevorzugte Aufenthaltsorte von Menschen waren.[34] In Krisenzeiten konnten Bergregionen daher auch Rückzugsgebiete sein.[35]

Nach dem 2. Jh. n. Chr. fehlen weitere Quellen, die uns über eine wissenschaftliche Auseinandersetzung mit dem Olymp berichten. In der Spätantike und im Mittelalter gibt es zwar Berichte darüber, wie der Gipfel des Olymps ausgesehen haben soll und welche geheimnisvollen Handlungen dort stattgefunden haben sollen, doch sind diese Berichte stark legendarischer Natur und gehen nicht auf eine tatsächliche Inaugenscheinnahme oder aufklärerische Auseinandersetzung mit dem Berg zurück, wie sie etwa Xenagoras oder Ptolemaios beabsichtigten.[36] So gerät der nordgriechische Olymp für mehrere Jahrhunderte aus dem Fokus des Interesses.

Als unzugänglicher Ort war der Olymp unter osmanischer Herrschaft ein Rückzugsgebiet für die Klephten, je nach Perspektive Räuber oder Freiheitskämpfer, und wegen der unsicheren Lage wagten sich nur wenige westliche Forschungsreisende in die Gegend.[37] Einer der frühesten Berichte stammt von dem englischen Arzt Edward Brown, in dessen 1673 erschienenem Reisebericht, der allerdings den Olymp nur aus einiger Entfernung beschreibt.[38] Er erwähnt aber den Schnee auf dem Olymp, der, wie wir heute wissen, nur im August und September fehlt.[39] Der Bericht von Brown ist für den Göttinger Theologen Johann Karl Volborth 1776 eine wichtige Quelle für seine geographisch-philologische Schreibtischarbeit zum Olymp.[40] Brown erwähnt, dass der türkische Sultan Mehmed IV. (1648–1687) 1669 auf einen der Gipfel geritten sei.[41] Der erste westliche Reisende der Neuzeit, der 1780 den Versuch einer Besteigung des Olymps unternahm, war Charles Sigisbert Sonnini, den Aufstieg jedoch kurz vor einem der Gipfel (wir wissen nicht genau, welcher) abbrach. Den von ihm erreichten Gipfel beschreibt er folgendermaßen:

> »So lange wir noch Bäume und Stauden hatten, um uns daran zu halten, so lange konnten wir immer aufwärts kommen; allein in einiger Entfernung von dem Gipfel des Berges ist alle Vegetation erstarrt und die Natur bringt durchaus nichts mehr hervor. Dieser Gipfel ist ganz nackend und stellt eine mit Schnee und Eis bedeckte runde Wölbung vor, auf der es unmöglich ist, sich aufrecht zu halten oder gar zu gehen. Man darf sich nicht verwundern, dass die Griechen eine Bergspitze, die nie ein menschlicher Fuß betreten kann, zum Wohnort der Götter gemacht haben.«[42] (Übersetzung: Achim Lichtenberger)

Trotz aufklärerischer Perspektive ist nicht zu übersehen, dass Sonninis Bericht von Phantastik durchsetzt ist, und man fragt sich, ob er überhaupt jemals den Gipfel gesehen hat oder er durch literarische Texte inspiriert war.[43] Bemerkenswert ist das Motiv, dass der Gipfel nicht von Menschen betreten werden könne – eine Distanzierung, die bereits bei Homer angelegt ist.

Der nächste, der über den Olymp berichtet, ist der Griechenlandreisende William Martin Leake, der 1806 die Küstenebene und das Vorgebirge des Olymps besuchte und eine Beschreibung hinterließ, ohne aber den Olymp selbst bestiegen zu haben.[44]

Eine ausführliche Beschreibung des Olymps verdanken wir dem schottischen Diplomaten David Urquhart, der 1830 den Olymp besuchte.[45] Mit der Hilfe eines Räuberhauptmanns klettert er im Olympgebirge, und Urquhart scheint sogar zu Nebengipfeln gelangt zu sein. Leider ist unklar, welche Gipfel er erreicht hat, da er in seinem Reisebericht Namen für die Höhen überliefert, die nicht mit den späteren Bezeichnungen übereinstimmen.[46]

Zu ungefähr derselben Zeit findet die erste nachweisbare Höhenmessung seit Xenagoras statt. Das englische Militär nimmt 1831 eine trigonometrische Höhenmessung vor und bestimmt die Höhe des Hauptgipfels mit 2 974 oder 2 973 m.[47]

Einen anschaulichen Bericht der Besteigung des Olymps im Jahr 1840 liefert uns der Philosoph und Schriftsteller Gustav von Eckenbrecher.[48] Von Eckenbrecher ist von Larissa, also von Süden, aus aufgestiegen und beschreibt die Topographie und Vegetation des Olympgebirges. Er scheint entweder den Gipfel Agios Antonios oder den Skolio erreicht zu haben und berichtet:[49]

> »Auf dem Gipfel (...) fand ich einen antiken Fußboden von Fliesen aus rothgebranntem Thon, die etwa 1 ½ Fuß im Quadrat und 2 Zoll Dicke hatten.«[50]

Leider gibt es keine weiteren Berichte zu diesem Befund, und es muss unklar bleiben, was von Eckenbrecher gesehen hat und aus welcher Zeit es stammte. Sollte von Eckenbrecher Funde auf dem Agios Antonios beschreiben, dann könnte er der Entdecker des dortigen hellenistischen Heiligtums sein.[51]

Ein Meilenstein in der wissenschaftlichen Erforschung des Olymps und seiner Umgebung ist die Arbeit des französischen Archäologen Leon Heuzey, der Grundlagenarbeiten zur Topographie Nordgriechenlands geschrieben hat. Sein auf Französisch verfasstes Buch »Der Berg Olymp und Akarnanien« von 1860 geht auf Reisen im Jahr 1855 zurück.[52] Heuzey selbst scheint auch nur einen Nebengipfel des Olymps bestiegen zu haben, und seine Beschreibungen der konkreten Topographie des Berges sind streckenweise unklar. Sein Verdienst besteht darin, die literarischen Quellen ausgewertet, eine topographische Analyse des Umlandes gemacht und Ortslagen, wie das bereits erwähnte Python, identifiziert zu haben. Seine Arbeit bleibt bis heute der Ausgangspunkt für jede landeskundliche Beschäftigung mit dem Olymp.

Auch der berühmte Afrikareisende Heinrich Barth war 1862 am Olymp und hat den Nebengipfel Agios Elias bestiegen. Dabei musste er feststellen, dass es in der Nähe höhere Gipfel gab.[53]

Bis zur Jahrhundertwende fanden verschiedene Vermessungsexpeditionen in der Region statt, insbesondere durch österreichische Unternehmungen.[54] Dennoch wagte man sich kaum in das Olympgebiet, das weiterhin fest in der Hand der Klephten war, weshalb eine exakte topographische Vermessung und weitere Erforschung bzw. Besteigung der Gipfel unterblieb. Diese erfolgte erst, als das Olympgebiet nach dem Balkankrieg 1912 an Griechenland fiel und Sicherheit in der Region einkehrte.

1 Annäherung: Der präsente Unbekannte

Zuvor wurde noch der deutsche Bergsteiger und Reisende Edward Richter 1911 am Olympmassiv von Klephten gekidnappt und kam erst nach mehrmonatiger Gefangenschaft und Zahlung eines hohen Lösegelds wieder frei. Sein Bericht ist ein anschauliches Dokument einer Zeit, in der die Grenze zwischen dem Osmanischen Reich und Griechenland südlich des Olymps lag, und hier Räuber operierten. So beschreibt er die Situation:

> »Obwohl die meisten nach Konstantinopel fahrenden Schiffe am Fuße des Olymps vorüberziehen und obwohl Salonik in der Luftlinie nur etwa achtzig Kilometer entfernt ist, bildet das Olympgebirge doch ein Gebiet, das ›unbekannter als die meisten Gegenden Zentralafrikas‹ ist. Eine sehr geringe Anzahl von ›Europäern‹ (die Orientalen zählen sich selbst nicht zu den Europäern) hat dieses Gebiet betreten. Nur ein Geograph und zwei oder drei Geologen haben je einen Teil des Gebirges beschrieben. Der Grund der Unbekanntheit dürften die Schwierigkeiten sein, welche der Reisende zu überwinden hat: Gasthäuser in unserem Sinne gibt es dort nicht, die Straßen sind sehr schlecht, Wege sind nicht gebahnt, sondern nur ausgetreten, ferner erteilt die türkische Regierung (…) sehr ungern die Erlaubnis zum Betreten der fern von Verkehr liegenden Gebiete. Auch an der Schwierigkeit einer Verständigung mit der Bevölkerung und den Lokalbehörden dürften manche Dinge scheitern. Am meisten verhindert aber die große Unsicherheit den Besuch. Ist doch das Olympgebirge das berüchtigtste Räubernest Europas. Man kann aus diesem Grunde dort auch nur unter dem Schutz einer Bedeckung reisen, die, wenn die Erlaubnis erteilt ist, von den türkischen Behörden bereitwillig von Station zu Station mitgegeben wird.«[55]

Richter reiste mit einer österreichischen Karte, die jedoch ungenau war, und an deren Korrektur er arbeitete, als er entführt wurde und seine beiden türkischen Begleitsoldaten erschossen wurden. Nach seiner Freilassung aus der Geiselhaft hat sich Richter weiter um die Erforschung des Olymps verdient gemacht.[56]

Die Erstbesteigung des höchsten Gipfels des Olymps, des Mytikas, erfolgte durch zwei Schweizer Bergsteiger und einen griechischen Führer: Daniel Baud-Bovy, Fred Boissonnas und Christos Kakalos. Sie erreichten den Gipfel am 2. August 1913.[57] Ein Jahr später, ohne Kenntnis der Erstbesteigung, erklommen Francis Farquhar und Aristides Phoutrides den dritthöchsten Gipfel Skala und brachten erstmals eine umfangreiche Photodokumentation von ihrem Aufstieg mit.[58]

Im Jahr 1919, nach dem Ersten Weltkrieg, wurde schließlich der Schweizer Geograph Marcel Kurz vom griechischen Ackerbauministerium mit einer exakten topographischen Aufnahme des Olympmassivs betraut. Vier Jahre später publizierte er das Werk »Le Mont Olympe« (1923) mitsamt zwei hervorragenden Karten, die bis heute grundlegend sind (▶ Abb. 37).[59] Das Buch bietet außerdem zahlreiche Photographien, die eine visuelle Vorstellung des Gebirges erlauben. Darüber hinaus ist die Forschungsgeschichte aufgearbeitet. Eines der Fotos zeigt den mittlerweile friedlich gewordenen Räuberhauptmann, der einst Richter entführt hatte.

Das Buch von Kurz aus dem Jahr 1923 und die Arbeit von Heuzey aus dem Jahr 1860 sind bis heute die einzigen wissenschaftlichen Monographien zum Olymp.[60] Aus archäologischer Sicht sind nur wenige Studien zu dem Berg erfolgt, ein archäologischer Survey des Gebirges hat noch nicht stattgefunden, und bislang wurden nur wenige archäologische Stätten identifiziert.[61] Auch ansonsten haben sich die klassischen Altertumswissenschaften kaum mit dem Berg beschäftigt.[62] Eine Studie zur bildlichen Darstellung bzw. zu den Raumvorstellungen des Berges fehlt, obschon es Untersuchungen zu Einzelaspekten wie etwa dem Bild der Götterversammlung gibt.[63] Auch die Klassische Philologie und die Alte Geschichte ignorieren den Berg weitgehend.[64] In den letzten Jahren sind zwar im Zuge des sogenannten *spatial turn*, der sich übergreifend mit kulturellen Aspekten von »Räumen« befasst, Berge in der Antike verstärkt ins Interesse der Kulturwissenschaften getreten, doch bleibt der Olymp weiterhin faktisch unbeachtet.[65]

1.3 Der Name Olympos

Ein nicht unwichtiger Aspekt der Erforschung des Olymps ist die Frage danach, was das Wort »Olympos« überhaupt bedeutet. Der Versuch einer Beantwortung der Frage ist allerdings fruchtlos. Denn die Wortbedeutung des Begriffs Olympos ist ungeklärt. Verschiedene Vorschläge wurden gemacht. So weist der Sprachforscher August Fick den Namen einer »vor-pelasgischen« Sprachstufe zu.[66] Diese Herleitung macht es sich einfach, verlagert sie doch die Antwort in eine dunkle mythische Vorzeit. Der Religionswissenschaftler Martin P. Nilsson hält den Namen ebenfalls für vorgriechisch und möchte ihn auf ein ansonsten unbekanntes Wort für »Berg« zurückführen.[67] Eine allgemein akzeptierte Deutung des Namens gibt es nicht.[68] Bei der Überlegung, dass Olympos eine vorgriechische Bezeichnung für Berg sei, spielt die Verbreitung des Bergnamens in Mittelmeerraum eine Rolle (▶ Abb. 47). Der Name ist vielerorts für große Berge belegt,[69] doch ist gerade die Verbreitung in Gebieten, die nicht im griechischen Kerngebiet liegen, wie etwa Zypern und Lykien, ein Hinweis darauf, dass keine gemeinsame Sprachform vorliegt, sondern dass die Verbreitung des Namens auf die Vorbildfunktion des nordgriechischen Berges zurückgeht, dessen Etymologie weiterhin unsicher bleibt.

Auch die antiken Etymologien des Namens Olympos vermögen keine überzeugenden Erklärungen zu liefern. Ein hellenistischer Text, der fiktiv dem Universalgelehrten Aristoteles zugeschrieben wurde und das byzantinische lexikalische Sammelwerk Etymologicum magnum möchten Olympos von dem griechischen Wort *hololampes* (»ganz leuchtend«) ableiten und verweisen auf eine Stelle in der Odyssee des Homer, welche den Olymp als strahlend hell beschreibt.[70] Leider ist dies keine sprachwissenschaftlich akzeptable Etymologie, sondern eine gelehrte Spielerei mit einem Homerzitat, sodass die Bedeutung des Namens Olympos ungeklärt bleiben muss.[71] Auch die mythologische Herleitung des Namens von einem Lehrer des Zeus namens Olympos, von dem Zeus laut dem griechischen Geschichtsschreiber Diodor (1. Jh. v. Chr.) den Beinamen Olympios übernommen habe,[72] kann nicht überzeugen und ist wahrscheinlich eine von zwei Varianten der Vorstellung, dass Zeus einen Lehrer namens Olympos gehabt habe. Einen solchen soll es auch auf Kreta gegeben haben, und er wurde von Zeus getötet und bestattet. Auch dabei handelt es sich um eine sekundäre Aitiologie, also eine nachträgliche Erklärung des Namens.[73] Dass der Berg nach einem weit hergeholten Beinamen des Zeus benannt wurde, ist eher unwahrscheinlich. Naheliegender ist, dass Zeus seinen Beinamen von dem Berg Olympos bekam, dessen Etymologie im Dunkeln bleibt.

2 Texte: Ambiguität: Der Berg-Himmel

Der Olymp ist in der Vorstellung der Griechen von Beginn der schriftlichen Überlieferung präsent.[1] Schon bei Homer findet sich die Vorstellung, dass der Sitz der Götter auf dem Olymp lag. Dabei ist der Olymp als Berg, und zwar als ein konkreter Berg in Thessalien und Makedonien, gedacht. Zugleich können wir eine parallele Vorstellung beobachten. Bei Homer und insbesondere in der Folgezeit löst sich die Vorstellung vom Olymp als eines konkreten Berges in Nordgriechenland, und der Olymp bekommt eine übertragene Bedeutung und wird mit dem Himmel gleichgesetzt. Trotzdem bleibt die Vorstellung des Olymps als eines Berges bestehen, auch wenn diese nicht dominiert. Der Olymp ist also ein Berg-Himmel. Wir werden im Folgenden sehen, dass bereits Homer kein kohärentes, theologisch scharf abgegrenztes Bild des Olymps entwirft, sondern Ambiguität (Doppeldeutigkeit) den Olymp charakterisiert und daraus die panhellenische, gesamtgriechische Attraktivität des Olymps resultiert.

2.1 Der Olymp Homers

Wie üblich bei der Beschäftigung mit griechisch-römischer Kultur, stellt Homer den Ausgangspunkt dar. Das griechische Pantheon, die Welt der Götter und ihre Zuordnungen, wurde von Homer im späten 8. Jh. v. Chr. fixiert und geprägt. Der griechische Historiker Herodot schreibt im 5. Jh. v. Chr. in seinen Historien Folgendes über die griechische Götterwelt:

»Aber woher jeder einzelne Gott stammte oder ob sie schon immer alle da waren, wie sie aussahen, das wußten die Griechen sozusagen bis gestern und vorgestern nicht. Hesiod und Homer haben meiner Meinung nach etwa 400 Jahre vor mir gelebt, aber nicht mehr. Sie haben den Stammbaum der Götter in Griechenland aufgestellt und ihnen ihre Beinamen gegeben, die Ämter und Ehren unter sie verteilt und ihre Gestalt klargemacht. Die Dichter, die vor diesen Männern gelebt haben sollen, kamen meiner Meinung nach erst später.« (Hdt. 2,53) (Übersetzung: Josef Feix)

Soweit Herodot, der formuliert, wie sehr die von Homer und Hesiod überlieferten Vorstellungen prägend für das griechische Pantheon waren.[2] Wir wenden uns damit dem zu, was Homer über den Olymp schreibt.

Der Olymp als Berg

Als expliziten Beleg dafür, dass der Olymp von Homer als Berg, und zwar als ein konkreter Berg in Nordgriechenland, aufgefasst wurde, kann man eine Stelle aus seinem Epos Odyssee nehmen. Darin wird berichtet, dass Otos und Ephialtes, zwei aufrührerische Söhne des Meeresgotts Poseidon, den Olymp stürmen und die unsterblichen Götter angreifen wollten:[3]

»Die drohten sogar den Unsterblichen auf den Olymp zu tragen,
das Getümmel des vieltobenden Kriegs,
und strebten, den Ossa auf den Olymp zu setzen und auf den Ossa
den blätterschüttelnden Pelion, damit der Himmel ersteigbar wäre,
und hätten es vollbracht, wenn sie zum Maß der Jugendreife gekommen wären.« (Hom. Ody. 11,313–317)

Hier wird zunächst deutlich, dass der Himmel (griechisch: *ouranos*) und der Olymp nicht identisch sind, denn die Berge, darunter der Olymp, werden aufgetürmt, um in den räumlich über dem Olymp vorgestellten Himmel zu gelangen. Dabei wird der Olymp als Berg gedacht, auf den man zwei weitere Berge, Ossa und Pelion, stapeln konnte. Ossa und Pelion sind zwei Berge südlich des Olymps, die durch literarische Quellen gut lokalisierbar sind. So zeigt sich, dass der Olymp nicht nur als Berg verstanden wurde, sondern als ein Berg, der ganz konkret in Nordgriechenland in einem bekannten topographischen Gefüge lag (▶ Abb. 2).[4] Die prominente Erwähnung der Berge bei Homer rührt daher, dass alle drei Berge wichtige Landmarken der Küstenschifffahrt darstellten und in der geographischen Vorstellung der Griechen präsent waren.[5]

Weitere Beschreibungen und Beinamen des Olymps verweisen darauf, dass konkret an einen Berg gedacht wurde.[6] So spricht Homer immer wieder von den »Häuptern« oder »Gipfeln« des Olymps, wenn er auf Griechisch die *Olympoio karenon*, die »Häupter des Olymps«, erwähnt. So heißt es in der Ilias über Apollon: »Und schritt herab von des Olympos Häuptern, zürnend im Herzen«[7].

Die Pluralform »Häupter« zeigt, dass Homer eine Vorstellung davon hatte, dass der Olymp mehrere Gipfel hatte. In dieselbe Richtung deutet auch eine Begebenheit, von der uns Homer in der Ilias berichtet: Wir befinden uns in der Situation kurz vor einem Streit zwischen Hera und Zeus. Schon vorher wurde Zeus von Thetis angegangen, für ihren Sohn Achill Partei zu ergreifen. Da heißt es über Thetis:

> »Und stieg in der Frühe hinauf zum großen Himmel und zum Olympos
> und fand den weitumblickenden Kroniden, wie er entfernt von den anderen
> saß auf der höchsten Kuppe des vielgipfligen Olympos«. (Hom. Il. 1,497–499)

Dieselbe Formulierung und dasselbe Abseitssitzen des Zeus finden sich immer wieder in der Ilias und Zeus beruft auf der höchsten Kuppe des vielgipfligen Olympos die Götterversammlung ein.[8]

Eine eher allgemeine Spezifizierung des Olymps im Sinne eines Berges erfolgt über die griechische Bezeichnung *makros* oder *megas*, »groß«, was insgesamt 17 Mal für den Olymp belegt ist. Die Bezeichnung *aganniphos*, »stark beschneit« findet sich zweimal in der Ilias, und ein weiteres Mal nur »beschneit« (*niphoeis*) wird er in dem Epos genannt.[9] Der Olymp ist auch heute die meiste Zeit des Jahres schneebedeckt; und daher lässt Homers Charakterisierung auf tatsächliche Kenntnis der klimatischen Gegebenheiten schließen. Es ist allerdings bemerkenswert, dass Homer in der Odyssee genau das Gegenteil behauptet, um den überweltlichen Charakter des Olymps als Göttersitz herauszustellen.[10] So heißt es in dem Text, nachdem Athena mit Nausikaa im Land der Phäaken gesprochen hat:

> »Als sie so gesprochen hatte, ging sie hinweg, die helläugige Athene,
> zum Olymp, wo sie sagen, daß der Sitz der Götter ist, der wankenlose immer.
> Weder von Winden wird er erschüttert noch auch von Regen je benetzt,
> noch auch naht Schnee ihm, sondern Himmelsheitre ist durchaus ausgebreitet,

> wolkenlos, und ein weißer Glanz läuft darüber hin.
> Auf ihm erfreuen sich die seligen Götter alle Tage.
> Dort ging die Helläugige hin, nachdem sie der Jungfrau Weisung gegeben hatte.« (Hom. Ody. 6,42–46)

Auch weitere Beschreibungen bei Homer lassen eindeutig darauf schließen, dass Homer an einen Berg dachte, wenn er vom Olymp sprach: »Glänzend« (*aigläeis*) ist der Olymp in der Ilias und in der Odyssee.[11] »Spitz« (*akros*) ist eine Position auf dem Olymp, wo Ares in der Ilias sitzt,[12] und »steil/hochgelegen« (*aipys*) ist der Berg wiederholt in der Ilias.[13] In der Ilias verlässt Hera die »Spitze« (*rion*) des Olymps und Zeus bindet eine Kette um die »Spitze« (*rion*).[14] *Polyptychos* (»schluchtenreich«) ist der Olymp in der Ilias[15], und an die zerklüftete Landschaft scheint auch andernorts in der Ilias gedacht zu sein, wenn die Schluchten (*ptychai*) des Olymps genannt werden.[16]

Alle diese Beschreibungen und Charakterisierungen können problemlos mit der realen Topographie des Berges in Einklang gebracht werden, und es ist jeweils der Berg als Sitz und Aufenthaltsort der Götter gedacht.

Dass der bei Homer genannte Olymp der makedonisch-thessalische war, kann sowohl an der bereits besprochenen Stelle mit den benachbarten Bergen Ossa und Pelion gesehen werden als auch aus einer berühmten Stelle der Ilias, welche einen Flug der Hera beschreibt.[17] In der Ilias wird der Weg der Hera vom Olymp zur Insel Lemnos beschrieben:

> »Here aber schwang sich hinab und verließ die Kuppe des Olympos,
> schritt über Pierien hin und die reizende Emathie
> und stürmte über der rossepflegenden Thraker beschneite Berge,
> über die obersten Gipfel, und berührte nicht die Erde mit den Füßen.
> Vom Athos aber schritt sie auf das Meer, das wogende,
> und gelangte nach Lemnos, der Stadt des göttlichen Thoas.« (Hom. Il. 14,225–229)

Diese Wegbeschreibung ist ein bemerkenswertes Zeugnis, da mit Pieria, Emathie, Thrakien, Athos und Lemnos eine eindeutige geographische Einbettung des Olymps in die nordgriechische Landschaft stattfindet (▶ Abb. 8). Darüber hinaus ist die Stelle von besonderem Interesse, da wir einiges über die zeitgenössische Raumauffassung erfahren. Hera fliegt, aber sie fliegt nicht Luftlinie, wie wir das heute mit dem Blick auf eine Landkarte machen würden. Vielmehr fliegt sie über das Land und überquert das Meer an der engsten Stelle. Diese Route folgt der Küstenschifffahrt und ist zudem Zeugnis einer linearen Raumauffassung, die sich – vergleichbar einem heutigen U-Bahn-Plan – an Strecken und nicht an den absoluten Relationen des tatsächlichen Raums orientiert.[18]

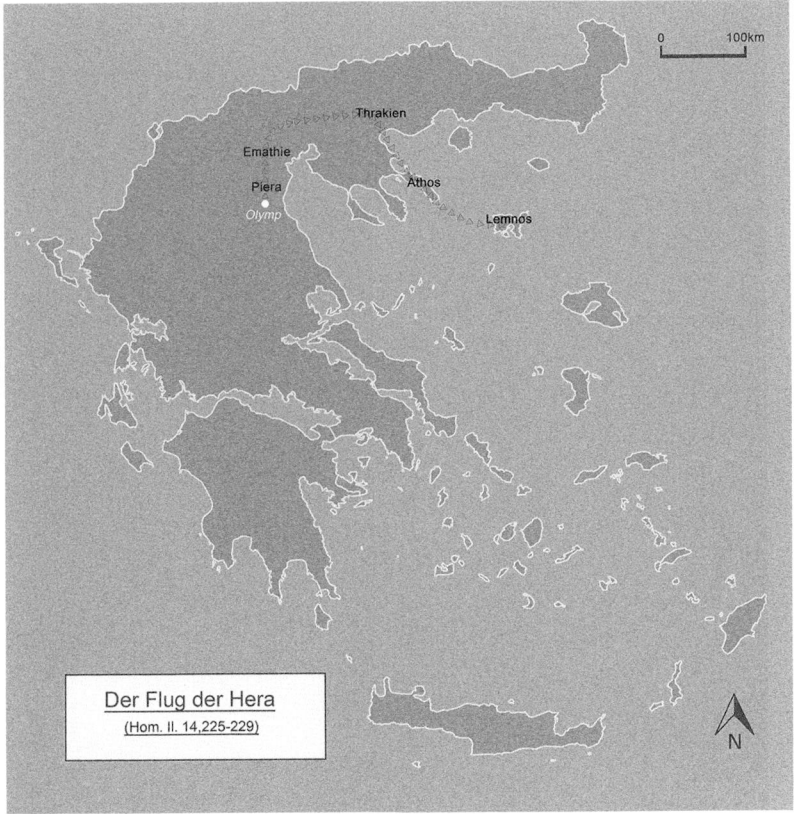

Abb. 8: Der Flug der Hera vom Olymp zur Insel Lemnos.

So viel zu den homerischen Zeugnissen, die eine topographisch-naturräumliche Spezifizierung des Olymps als Berg vornehmen. Dabei wurde deutlich, dass der Olymp konkret als ein Berg gedacht war, der in Nordgriechenland lag.

Der himmlische Olymp

Nun müssen wir uns der Frage zuwenden, inwiefern Olymp und Himmel identisch sind. Diese Frage ist von Bedeutung, da in nachhomerischen Quellen die beiden Begriffe faktisch synonym verwendet werden und wir feststellen können, dass die Vorstellung eines himmlisch-überweltlichen Charakters des Olymps bereits bei Homer ausgeprägt ist. Es gibt also schon bei ihm diese Ambiguität: Der Olymp ist sowohl als Berg vorgestellt als auch als überweltlich-himmlischer Ort.[19]

Es gibt Zeugnisse, die Himmel und Olymp sehr eng miteinander verbinden.[20] So heißt es über die Meeresgöttin Thetis in der Ilias, als sie Zeus (den Kroniden) aufsuchte:

> »Und stieg in der Frühe hinauf zum großen Himmel und zum Olympos
> und fand den weitumblickenden Kroniden, wie er entfernt von den anderen
> saß auf der höchsten Kuppe des vielgipfligen Olympos«. (Hom. Il. 1,496–499)

Ähnlich klingt es auch anderenorts in der Ilias,[21] und im Zusammenhang mit der Ankunft Heras im Olymp heißt es:

> »Von selber dröhnten auf die Tore des Himmels, die die Horen hüten,
> Denen anvertraut ist der große Himmel und der Olympos,
> Bald zurückzuschieben die dichte Wolke, bald vorzulegen.« (Hom. Il. 5,749–751)

Dies ist eine bemerkenswerte Charakterisierung, die möglicherweise auf die tatsächliche Beobachtung und Anschauung der Wolken in den Gipfeln des Olymps zurückzuführen ist. Allerdings bedeutet das noch nicht zwingend eine Gleichsetzung von Himmel und Olymp, denn der Himmel scheint den Olymp zu umgeben, so auch in einer anderen Stelle der Ilias:

> »wenn vom Olympos eine Wolke zieht in den Himmel
> aus dem Äther, dem göttlichen, wenn Zeus einen Sturmwind ausspannt.«
> (Hom. Il. 16,364–365)

Eine Rede des Zeusbruders Poseidon kann als weiteres Zeugnis für eine solche Vorstellung herangezogen werden, wenn er sagt:

> »Denn drei Brüder sind wir von Kronos her, die Rheia geboren:
> Zeus und ich und als dritter Hades, der über die Unteren Herr ist.
> Dreifach ist alles geteilt, und jeder erhielt seinen Teil an Ehre.
> Ja, da erlangte ich, das graue Meer zu bewohnen immer,
> als wir losten, und Hades erlangte das neblige Dunkel,
> Zeus aber erlangte den Himmel, den breiten, in Äther und Wolken.
> Die Erde aber ist noch allen gemeinsam und der große Olympos.« (Hom. Il. 15,187–193)

Auch bei der bereits besprochenen dramatischen Episode mit der Auftürmung der Berge Pelion, Ossa und Olymp durch Otos und Ephialtes, um den Himmel zu erstürmen, wird eine Unterscheidung zwischen Himmel und Olymp deutlich.[22]

Insbesondere in den letzten beiden zitierten Passagen der Ilias wird zwischen Olymp, einer Zwischenschicht »Äther« und dem Himmel unterschieden, wobei der Olymp, wie auch aus anderen Textzeugnissen Homers deutlich wird, in den »Äther« hereinragt und der »Äther« wiederum in den Himmel. Unterhalb von »Äther« und Olymp ist die Luft (*aer*).[23]

Dann wieder gibt es Texte, bei denen Olymp und Himmel mehr oder weniger gleichgesetzt erscheinen, so etwa in der Ilias:

> »Und sie stiegen heraus auf das Ufer und schwangen sich in den Himmel
> und fanden den weitumblickenden Kroniden, und um ihn saßen die anderen
> alle versammelt, die seligen Götter, die immer seienden.
> Und sie (Thetis) setzte sich neben Zeus, den Vater, und Platz machte ihr Athene.
> Und Here legte ihr einen goldenen schönen Becher in die Hand
> und erfreute sie mit Worten, und Thetis trank und reichte ihn zurück.
> Und ihnen begann die Reden der Vater der Männer und der Götter:
> ›Gekommen bist du zum Olympos, Göttin Thetis (…)‹.« (Hom. Il. 24,97–104)

Hier scheint eine Gleichsetzung oder zumindest ein sehr enges Beieinander von Olymp und Himmel vorzuliegen.

Das Verhältnis zwischen Himmel und Olymp bleibt diffus, und auch eine andere Stelle zeigt dies. Am Beginn des achten Gesangs der Ilias fordert Zeus die anderen Götter zum Seilziehen heraus, um seine Autorität zu sichern. Derjenige, der sich gegen ihn stelle, habe keine Chance:[24]

> »Dann wird er erkennen, wieweit ich der Stärkste bin von den Göttern allen!
> Wenn aber – auf! Versucht es, Götter! Daß ihr alle es wißt:

> Hängt ein Seil, ein goldenes, auf, herab vom Himmel,
> und alle faßt an, ihr Götter, und alle Göttinnen!
> Doch werdet ihr nicht vom Himmel auf den Boden niederziehen
> Zeus, den höchsten Ratgeber, auch nicht, wenn ihr noch so sehr euch mühtet.
> Doch sobald auch ich dann im Ernste ziehen wollte:
> Mitsamt der Erde zöge ich euch hinauf und mitsamt dem Meer;
> und das Seil bände ich dann um die Spitze des Olympos,
> und in der Schwebe hinge dann das alles.
> Soweit bin ich überlegen den Göttern, überlegen den Menschen!‹
> So sprach er, und die waren alle stumm in Schweigen,
> von dem Wort betroffen, denn sehr gewaltig hatte er gesprochen.« (Hom. Il. 8, 17–29)

Diese Episode unterstreicht in eindrücklicher Weise die Zwischenstellung des Olymps zwischen Himmel und Erde. Wir sehen also, dass es in den homerischen Epen ein Nebeneinander von Vorstellungen gibt, die einerseits den thessalisch-makedonischen Berg Olymp als Sitz der Götter identifizieren. Andererseits gibt es auch ein universalistisches Verständnis, welches den Olymp in einen weit entfernten, überirdischen, himmlischen Raum versetzt. Diese Ambiguität des Olymps, die bereits bei Homer angelegt ist, ist prägend für die nachfolgenden Jahrhunderte griechisch-römischer Kulturgeschichte. Gerade weil Homer keine Klarheit herstellt, müssen wir davon ausgehen, dass die Ambiguität widerspruchsfrei ausgehalten wurde.[25] Es ist wohl gerade diese Universalisierung des nordgriechischen Berges, die eine Integration des Göttersitzes in lokale griechische Götterwelten ermöglichte, und so den Olymp zu einem Bezugspunkt machte, der jenseits der Lokalität des nordgriechischen Berges lag.[26] Nun wenden wir uns den Textstellen zu, die uns etwas mehr darüber mitteilen, wie man sich den Göttersitz bzw. die Göttersitze auf dem Olymp vorzustellen hat.

Wie wohnten die Götter?

Aus dem vorangegangenen ist deutlich geworden, dass der Olymp der Göttersitz war und die Götter hier wohnten.[27] Weitere Homerstellen verfestigen dieses Bild. So gibt es zahlreiche Stellen, in denen der Olymp explizit als *athanaton hedos*, als »Sitz der Unsterblichen« bezeichnet wird.[28] Konkretisiert wird dieses Bild des Sitzes durch Erwähnungen, dass die Götter dort auf dem Olymp ihre *domata* (Häuser) haben.²⁹

Besonders lebendig wird die Vorstellung von dem Leben in den Häusern auf dem Olymp am Ende des ersten Gesangs der Ilias, wo es um einen Streit während einer Götterversammlung im Zeuspalast auf dem Olymp geht. Gerade hat sich Hera, die Gattin des Zeus, für die Trojaner eingesetzt, als es zu einem finalen Machtwort des Göttervaters kommt. Dieser hat keine Lust mehr, mit seiner Frau weiter verbal zu händeln, und droht ihr eheliche Gewalt an:³⁰

»Da antwortete und sagte zu ihr der Wolkensammler Zeus:
›Unbändige! Immer mußt du ›denken‹, und ich kann dir nicht entgehen!
Ausrichten aber kannst du dennoch nichts, und immer nur ferner
Wirst du meinem Herzen, und das wird dir noch schrecklich sein!
Doch wenn dieses so ist, so wird es mir eben so lieb sein!
Aber setz dich nieder in Schweigen und gehorche meinem Wort!
Kaum werden dir sonst helfen, so viele da Götter sind im Olympos,
Wenn ich dir nahe komme und die unberührbaren Hände an dich lege!‹
So sprach er. Da fürchtete sich die Kuhäugige, die Herrin Here,
Und sie setzte sich schweigend nieder und bändigte ihr Herz.
Und aufgebracht waren im Haus des Zeus die Götter, die Uranionen.
Doch unter ihnen begann Hephaistos, der kunstberühmte, mit den Reden,
Seiner Mutter zu Gefallen, der weißarmigen Here:
›Wirklich! Heillose Dinge sind das und nicht mehr erträglich!
Wenn ihr zwei der Sterblichen wegen derart streitet
Und vor den Göttern ein Gezänk aufführt! Und gar keine Freude
Wird mehr sein an dem guten Mahl, wenn das Gemeinere obsiegt!
Der Mutter rede ich zu, wenn sie es auch selbst erkennt,
Unserem Vater zu Gefallen zu sein, dem Zeus, daß nicht wieder
Der Vater streite und uns das Mahl zusammenwerfe.
Denn ist er gewillt, der Olympier, der blitzeschleudernde,
Uns von den Sitzen zu stoßen – er ist ja der bei weitem Stärkste.
Aber gehe du ihn an mit freundlichen Worten!
Gleich wird uns dann der Olympier wieder gnädig sein!‹
So sprach er und sprang auf, und den doppelt gebuchteten Becher
Legte er seiner Mutter in die Hände und sagte zu ihr:
›Ertrage es, meine Mutter! Und halte an dich, wenn auch bekümmert!
Daß ich dich nicht, so lieb du mir bist, vor meinen Augen
Geschlagen sehe. Dann könnte ich dir, so bekümmert ich bin,
Nicht helfen. Denn schwer ist es, dem Olympier entgegenzutreten!
Denn auch ein andermal schon, als ich dir beizustehen suchte,
Ergriff er mich am Fuß und warf mich von der göttlichen Schwelle.

Den ganzen Tag lang trug es mich, jedoch mit untergehender Sonne
Stürzte ich herab auf Lemnos, und nur wenig Leben war noch in mir.
Dort pflegten mich Männer der Sintier alsbald, den Herabgestürzten.‹
So sprach er. Da lächelte die Göttin, die weißarmige Here,
Und lächelnd nahm sie mit der Hand den Becher von dem Sohn.
Der aber begann, den anderen Göttern rechtshin allen
Den süßen Nektar auszuschenken, aus dem Mischkrug schöpfend.
Und unauslöschliches Gelächter erhob sich unter den seligen Göttern,
Als sie sahen, wie Hephaistos durch das Haus hin keuchte.
So speisten sie damals den ganzen Tag bis zur untergehenden Sonne,
Und für ihren Mut war kein Mangel an dem gebührenden Mahl,
Und auch nicht an der Leier, der gar schönen, die Apollon hielt,
Und auch nicht an den Musen, die wechselnd mit schöner Stimme sangen.
Als aber untergegangen war das strahlende Licht der Sonne,
Da gingen sie, sich niederzulegen, ein jeder in sein Haus,
Wo für einen jeden das Haus der ringsberühmte Hinkende,
Hephaistos, gefertigt hatte mit kundigem Sinn.
Zeus aber ging zu seinem Lager, der Olympier, der blitzeschleudernde,
Wo er auch vormals zu schlafen pflegte, wenn ihm der süße Schlaf kam.
Dort stieg er hinauf und schlief, und bei ihm die goldthronende Here.«
(Hom. Il. 1,560–611)

Hier wird einerseits sehr menschlich das Leben der Götter beschrieben. Andererseits ist aber auch klar, dass die Götter weit entfernt sind und insbesondere Zeus eine außerordentliche Macht hat, die ihn nicht nur von den Menschen, sondern auch von den anderen Göttern absetzt. Trotzdem wird das Leben auf dem Olymp recht menschlich dargestellt, man streitet sich, trinkt, freut sich an Musik und Gesang, sitzt auf Stühlen in einem weiträumigen Haus und legt sich gemeinsam zu Bett. Hier werden die olympischen Paläste und das Leben in ihnen nach menschlichem Vorbild gezeichnet, auch wenn die Distanz zu ihnen betont wird, wenn Hephaistos davon berichtet, wie er von Zeus aus dem Olymp gestoßen wurde und einen ganzen Tag lang auf die Erde stürzte.

Unter den homerischen Vorstellungen vom Olymp ist bemerkenswert, dass die Götter in ehernen, also Häusern aus Bronze wohnten. In der Ilias werden die Häuser von Hephaistos und Zeus anschaulich beschrieben.[31] Das Motiv des »ehernen Hauses« ist von der Forschung nur wenig beachtet.[32] Ein berühmtes Vergleichsbeispiel für ein Haus aus Metall ist der sagenhafte dritte Apollontempel in Delphi, von dem der kaiserzeitliche Autor und Griechenlandreisende Pausanias im 2. Jh. n. Chr. berichtet:

> »Betreffs des dritten Tempels, daß er aus Bronze gemacht wurde, darüber braucht man sich nicht zu wundern, insofern nämlich Akristios für seine Tochter ein bronzenes Gemach herstellen ließ und in Sparta noch heute das Heiligtum der Athena Chalkioikos besteht und in Rom das wegen seiner Größe und sonstigen Ausstattung bewundernswerte Forum ein bronzenes Dach besitzt. So wäre es wohl nicht unwahrscheinlich, daß auch ein Tempel für Apollon aus Bronze gemacht worden sein soll.« (Übersetzung: Ernst Meyer) (Paus. 10,5,11)

Wie ein solches »ehernes Haus« ausgesehen haben kann, wird aus einer anderen Stelle bei Pausanias deutlich. Als er nach Sparta kommt, beschreibt er den Tempel der Athena folgendermaßen:

> »Hier ist ein Heiligtum der Athena gebaut mit Beinamen Poliouchos und Chalkioikos; den Bau des Heiligtums begann, wie sie sagen, Tyndareos. Nach seinem Tode wollten dann seine Söhne das Gebäude neu ausbauen, und dafür sollte ihnen die Beute von Aphidna als Grundlage dienen. Da aber auch diese es unvollendet ließen, errichteten die Lakedaimonier viele Jahre später sowohl den Tempel wie das Kultbild der Athena aus Bronze; Gitiadas, ein Einheimischer, führte es aus. (…) In Bronzereliefs dargestellt sind hier viele Taten des Herakles, aber auch vieles von dem, was er freiwillig leistete, und von den Taten der Söhne des Tyndareos unter anderem der Raum der Töchter des Leukippos und Hephaistos, wie er seine Mutter von den Fesseln befreit.« (Übersetzung: Ernst Meyer) (Paus. 3,17,2–3)

Aus dem Text wird ersichtlich, dass nicht der ganze Tempel aus Bronze errichtet war, vielmehr ist es so zu verstehen, dass das Gebäude an den Wänden reich mit Bronzereliefs geschmückt war. Solche archaischen Bronzereliefs wurden in Olympia und anderenorts gefunden und geben uns einen Eindruck davon, an welche Form der Ausstattung gedacht war.[33] Ehern meint hier etwas sehr Wertvolles, etwas, das zu dem Ausstattungsluxus der aristokratischen Elite gehörte, das in der homerischen Lebenswelt auch tatsächlich vorhanden war. Es greift also zu kurz, das Motiv des ehernen Hauses als literarischen Gemeinplatz abzutun, der lediglich allgemein Vorstellungen von ewiger Dauer hervorrufen sollte.[34]

In der Odyssee wird insgesamt eher allgemein von den im Olymp lebenden Göttern gesprochen, konkrete Bauten werden nicht genannt. Insgesamt ist der Olymp in der Odyssee weniger stark göttlicher Handlungsraum als in der Ilias. In der Ilias ist die Vorstellung, dass die Götter in Häusern auf dem Olymp wohnten, ausgeprägt.[35] Neben den *domata* wird auch einmal der Begriff *oikoi* für die Häuser genannt.[36] *Megaron* findet sich als Begriff für die Götterwohnungen zweimal in der Ilias.[37] *Megaron* leitet sich von griechisch *megas*, »groß« ab und bezeichnet einen großen Saal.[38] Es entsteht der Eindruck, dass jeder der olympischen Götter ein eigenes Haus auf dem Olymp hatte und dort geradezu eine göttliche Wohnsiedlung vorgestellt ist.

Um dieses Bild weiter zu konkretisieren, sei zunächst aus der Ilias zitiert. Der Kontext der Erzählung sind die Kämpfe vor Troja, bei denen die Götter sich bis auf Eris, die Göttin des Streits, zurückgezogen haben:

»Denn sie allein von den Göttern war bei den Kämpfenden,
die anderen Götter waren nicht bei ihnen, sondern in Ruhe
saßen sie in ihren Hallen (*megara*), wo einem jeden
die schönen Häuser (*domata*) erbaut waren in den Falten des Olympos.«
(Hom. Il. 11,75–77)

Eine andere Passage, in der lebendig das Leben in diesen Häusern beschrieben wird, steht in der Ilias. Die Situation ist, dass Thetis zu Hephaistos auf den Olymp kommt, um ihn um neue Waffen für ihren Sohn Achill zu bitten:

»Zu dem Haus (*doma*) des Hephaistos aber kam die silberfüßige Thetis,
dem unvergänglichen, bestirnten, hervorstrahlend unter den Unsterblichen,
dem ehernen (*chalkeon*), das er selbst gemacht hatte, der Krummfüßige.
Und sie fand ihn, wie er sich schwitzend um die Blasebälge herumbewegte,
geschäftig, denn Dreifüße, zwanzig im ganzen, fertigte er,
rings an der Wand zu stehen der gutterstellten Halle (*megaron*).
Und goldene Räder setzte er einem jeden von ihnen unter den Fuß,
daß sie ihm von selbst zum Versammlungsplatz der Götter liefen
und wieder ins Haus zurückkehrten, ein Wunder zu schauen.
Ja, die waren soweit vollendet, nur die Ohren waren noch nicht
angesetzt, die kunstreichen, die fügte er eben an und schlug die Bänder.
Während er sich damit abmühte mit kundigem Sinn,
indessen kam zu ihm heran die Göttin, die silberfüßige Thetis.
Da lief heraus und sah sie Charis mit dem glänzenden Stirnband.
Die schöne, die zur Frau hatte der ringsberühmt Hinkende.
Und sie wuchs ihr ein in die Hand, sprach das Wort und benannte es heraus:
›Warum, langgewandete Thetis! Kommst du zu unserem Haus,
Ehrwürdige und Liebe? Früher kamst du nicht häufig!

Aber komm herein! Daß ich dir Bewirtungen vorsetze.‹
So sprach sie und führte sie herein, die Hehre unter den Göttinnen,
und ließ sie niedersitzen auf einem Stuhl (*thronos*) mit silbernen Nägeln,
einem schönen, kunstreichen, und darunter war ein Schemel für die Füße.
Und sie rief Hephaistos, den kunstberühmten, und sagte die Rede:
›Hephaistos! Komm doch heraus! Thetis verlangt etwas von dir!‹«

Die Antwort des Hephaistos, der sich überschwänglich freut, sei übergangen und weiter geht es im Text:

»Sprach es, und vom Amboshalter stand auf die schnaufende Ungestalt,
hinkend, und unten regten sich die dünnen Schenkel.
Die Blasebälge stellt er weg vom Feuer, und alles Gerät,
mit dem er gearbeitet, sammelte er in einem silbernen Kasten.
Und mit einem Schwamm wischte er sich ab das Gesicht und die beiden Arme
und den Nacken, den starken, und die behaarte Brust,
tauchte in den Rock und ergriff den Stab, den dicken, und ging hinaus,
hinkend, und ihn stützend, den Herrn, liefen Dienerinnen,
goldene, die lebenden Jungfrauen glichen.
Die haben drinnen Verstand im Innern und drinnen auch Stimme
und Kraft, und wissen von den unsterblichen Göttern her die Werke.
Die keuchten, den Herrn unterstützend, daher, der aber schleppte
sich hin, wo Thetis war, und setzte sich auf einen schimmernden Stuhl (*thronos*),
wuchs ihr ein in die Hand, sprach das Wort und benannte es heraus:
›Warum, langgewandete Thetis, kommst du zu unserem Haus,
Ehrwürdige und Liebe? Früher kamst du nicht so häufig! Sage, was hast Du
im Sinn?‹« (Hom. Il. 18,369–392. 410–426)

Wir können uns das Haus des Hephaistos so vorstellen, dass es mehrere Räume hatte, darunter ein Megaron, einen großen Saal, der mit Prachtobjekten (Dreifüßen) geschmückt war.[39] Wahrscheinlich ist dieser Saal auch jener, in den Charis die Thetis hereinführt und auf einem Thron Platz nehmen lässt.[40] Möglicherweise ist auch an Höfe gedacht, denn Hephaistos verlässt seine Werkstatt und geht unterstützt von seinen goldenen Roboterfrauen in das Haus.[41]

Es ist in der Forschung umstritten, ob die in den homerischen Epen geschilderte und beschriebene Lebenswelt eine des 8. Jh.s v. Chr., also der Lebenszeit Homers, ist, oder ob einige Dinge auch in ältere Zeit, in die ägäische Bronzezeit des 2. Jahrtausends v. Chr., zurückverweisen.[42] Auch für die bei Homer beschriebene Architektur und Ausstattung des Palasts des Hephaistos lassen sich archäologische Befunde als Vergleichsbeispiele anführen, die sowohl aus der Lebenszeit Homers als auch aus

Abb. 9: Zeichnerische Rekonstruktion des Megarons des sogenannten Nestorpalasts in Pylos, 2. Hälfte des 2. Jahrtausends v. Chr.

älterer Zeit stammen. Noch aus der ägäischen Bronzezeit stammt der sogenannte Nestorpalast in Pylos (auf der Halbinsel Peloponnes).[43] Er wird in die zweiten Hälfte des 2. Jahrtausends v. Chr. datiert und besitzt ein Megaron mit Thron, einen Hof und mehrere angrenzende Wirtschaftsräume (▶ Abb. 9).[44] Ein solches Gebäude könnte in der Beschreibung Homers gemeint sein. Näher an die Lebenszeit Homers kommen wir mit dem Heroon von Lefkandi auf der Insel Euböa.[45] Dieses langgestreckte Bauwerk mit halbrundem Abschluss stammt aus dem späten 10. Jh. v. Chr. Es ist ein Grabbau, welcher der zeitgenössischen Hausarchitektur der Aristokratie nachempfunden ist. Das Heroon weist in seiner Ausstattung zahlreiche Bezüge zu homerischen Bestattungssitten und Ausstattungsluxus auf. Architekturtypologisch ist wichtig, dass es auch hier mehrere Räume gibt, von denen einer ein besonders großer

Saal ist. Aus dem 8. Jh. v. Chr. stammt ein Hofgebäude in dem Ort Zagora auf der Insel Andros, das um einen Innenhof (H 21) angelegt ist, und in einem der größeren Räume (H 19) ebenfalls eine rechteckige Herdstelle aufweist.[46] Auch solche Häuser der lokalen Oberschicht könnten die bei Homer vorgestellte Architektur reflektieren.

Dass die Hausarchitektur der Götter im Olymp in Beziehung zu der tatsächlichen Hausarchitektur der griechischen Aristokraten steht, wird in der Odyssee sogar deutlich ausgedrückt. Dort wird der Palast des Helden Menelaos in Sparta beschrieben und mit dem Palast des Zeus auf dem Olymp verglichen:

> »Schau, Nestor-Sohn, du mein Herzen Geliebter!
> Das Funkeln von dem Erz rings in den hallenden Häusern,
> und von dem Gold und Bernstein und Silber und Elfenbein!
> So mag der Hof des Zeus, des Olympiers, sein im Inneren,
> wie dieses unendlich Viele hier. Heilige Scheu faßt mich, wenn ich es sehe.«
> (Hom. Ody. 4,71–74)[47]

Durch Ilias und Odyssee bekommen wir eine gute Vorstellung davon, dass die Götter als im Olymp wohnend gedacht sind. Die Vorstellung von den Palästen der Götter ist dabei konkret an Verhältnissen der zeitgenössischen Lebenswelt – sicher ins Übertriebene gesteigert – orientiert.

2.2 Der Olymp nach Homer: Berg, Himmel, Jenseits

Damit wenden wir uns nun den nachhomerischen Zeugnissen zu. Beginnen wir mit dem griechischen Dichter Hesiod, der im frühen 7. Jh. v. Chr. schrieb. Bei ihm finden wir weitgehend dieselbe Vorstellung vom Olymp wie bei Homer. Hesiod sieht den Olymp gleichermaßen als konkreten nordgriechischen Berg wie auch in einer überweltlich himmlischen Sphäre.[48] Ein wichtiger Aspekt, der bei Hesiod neu dazukommt, ist, dass die Musen, die Göttinnen der Künste, in der am Olymp gelegenen Landschaft Pieria geboren wurden und am Olymp leben:

»Gut, dann will von den Musen ich anfangen, die ihrem Vater
Zeus im Olymp den machtvollen Sinn mit Gesängen erfreuen,
wenn sie, die Stimmen harmonisch vereint, von Gegenwart, Zukunft
und von Vergangenheit künden; die lieblichen Töne entfließen
unermüdlich dem Mund. Da lacht der Palast des gewaltig
donnernden Vaters Zeus, wenn die Göttinnen lilienklare
Stimmen weithin verströmen; es hallt der Olymp mit verschneitem
Haupt und die Häuser der Ewigen. Unter den herrlichsten Klängen
Preisen im Sang sie zuerst vom Urbeginn an die gerühmte
Sippe der Götter, die Gaia dem weiten Uranos schenkte,
und die aus ihnen entsprossenen, die Götter, die Gutes uns spenden;
dann aber preisen sie Zeus, den Vater der Götter und Menschen,
(wenn sie beginnen den Sang, die Göttinnen, oder ihn enden,)
Wie er der höchste der Ewigen sei und an Stärke der größte.
Schließlich singen vom Stamm der Menschen und starken Giganten
Rühmend die Mädchen, den Sinn des Zeus im Olymp zu erfreuen,
Töchter des agisschüttelnden Zeus, die olympischen Musen.
Diese gebar Mnemosyne, die Herrin am Hang des Eleuther,
ihm sich vereinend, dem Vater Kronion im Lande Pierien,
als ein Vergessen des Bösen, als Trost bei Not und bei Sorge.
Neun volle Nächte wohnte ihr bei der allweise Herrscher
Zeus, und fern von den Göttern bestieg er ihr heiliges Lager.
Als nun das Jahr verstrich, bei schwindenden Monden die Zeiten
Flohen und viele Tage vollendet waren im Kreislauf,
hat neun Mädchen von gleichem Sinn sie geboren, die einzig
Singen im Busen bewegt – sie tragen ein Herz ohne Sorgen –,
hoch auf verschneitem Olymp in der Nähe des obersten Gipfels.
Schimmernde Tanzplätze haben sie dort und schöne Paläste,
nahe bei ihnen bewohnen auch Himeros und die Chariten
Häuser im Glanz; dem Mund entströmen liebliche Lieder,
tanzend rühmen sie laut Gesetzte und sorgende Obacht
aller Götter, sie lassen gar liebliche Lieder entströmen.
Prunkend in heiligem Tanz und mit herrlichen Stimmen, so eilten
sie zum Olymp hinauf; rings jauchzte die bräunliche Erde
über den Sang, es erhob sich ein zartes Geräusch von den Füßen,
als sie zum Vater schritten. Dieser ist König im Himmel,
selbst gebietet er nun dem flammenden Blitz und dem Donner,
da er den Vater Kronos bezwungen an Kraft. Und den Göttern
gab er für jedes klug eine Ordnung und wies die Bereiche.
Dies nun sangen die Musen, die hoch im Olymp in Palästen,
wohnen, die neun von Zeus, ihrem mächtigen Vater, gezeugten
Töchter: Euterpe, Kleio, Thaleia und Melpomene,
Erato und Terpsichore, Polymnia und Urania
Und Kalliope – sie steht von allen am höchsten in Ansehn,

2.2 Der Olymp nach Homer: Berg, Himmel, Jenseits

denn sie gesellt sich achtbaren Königen schützend zur Seite.« (Hesiod, Theogonie 36–80) (Übersetzung: Luise und Klaus Hallof)

Hesiod lokalisiert den Palast des Zeus auf einem als verschneiten Berg vorgestellten Olymp und beschreibt das wohltuende Wirken der Musen im Palast. Die Musen selbst wohnen in Palästen in der Nähe des obersten Gipfels, wo sie auch Tanzplätze haben. Nordöstlich der Gipfelregion des Olymps liegt eine kleine Hochebene, die heute als »Musenplateau« bezeichnet wird (▶ Abb. 10).[49] Ihr Name ist modern, doch passend an die Beschreibung Hesiods angelehnt. Der von Hesiod ausgebreitete Mythos der Vereinigung von Zeus und Mnemosyne, der Göttin der Erinnerung, und die Zeugung der Musen am Olymp wird später auf dem hellenistischen Marmorrelief des Archelaos thematisch aufgenommen (▶ Abb. 34).

Abb. 10: Das sogenannte Musenplateau auf dem Olymp. Im Hintergrund der Gipfel Stefani (Zeusthron).

Die bei Homer bereits angelegte Gleichsetzung von Olymp und Himmel (*ouranos*), die auf eine Universalisierung des Olymps hinausläuft, findet sich dann auch bei dem griechischen Dichter Pindar, der im 6./5. Jh. v. Chr. wirkte, und im 6. und 5. Jh. v. Chr. bei den sogenannten Vorsokratikern sowie bei dem Tragödiendichter Sophokles.[50] Der etwas ältere Tragödiendichter Aischylos erwähnt den Olymp nur einmal.[51] Der Dramatiker Euripides setzt ebenfalls Olymp und Himmel gleich, und in seinen Werken spielt der Olymp eine größere Rolle als bei den übrigen Tragikern. Gelegentlich, etwa bei dem Komödiendichter Aristophanes, ist noch von dem konkreten Berg die Rede, doch dominiert nun immer mehr der überweltliche Olymp.[52]

Blicken wir auf die Folgezeit und die Art und Weise, wie der Olymp wahrgenommen und vorgestellt wurde, so ist bemerkenswert, dass einerseits der überweltliche Olymp dominiert.[53] Andererseits kann man beobachten, dass am nordgriechischen Berg eine Fokussierung auf die Geographie und den Naturraum des Olymps stattfindet. Auf diese Weise wird der Olymp geradezu säkularisiert, verweltlicht und seiner mythologisch-religiösen Bedeutung beraubt. So ist etwa im Kontext der Perserkriege und des Einmarschs des Perserkönigs Xerxes (486–465 v. Chr.) nach Griechenland 480 v. Chr. bei Herodot zu lesen wie Xerxes das südlich des Olymps gelegene Tempetal bestaunte:

>»Als Xerxes von Therma aus die thessalischen Berge erblickte, den Olympos und den Ossa, die gewaltig hoch sind, und als er erfuhr, dass mitten zwischen ihnen eine enge Schlucht liege, durch die der Peneios strömt, und hörte, dass dort der Weg nach Thessalien führe, da wollte er gern hinfahren und die Mündung des Peneios ansehen; denn er wollte mit dem Heer den Weg weiter im Inneren durch das obere Makedonien einschlagen (...).« (Hdt. 7,128) (Übersetzung: Josef Feix).

Es ist bemerkenswert, dass Herodot, der sonst immer wieder lokale Kulte und religiöse Verhältnisse beschreibt, hier die mythologische Bedeutung des Bergs Olymp mit keinem Wort erwähnt.[54]

Eine ähnlich nüchterne Beschreibung, bei der jeder Hinweis auf den Sitz der Götter fehlt, können wir einige hundert Jahre später bei Pausanias im 2. Jh. n. Chr. lesen, der Folgendes über Löwen in Thrakien berichtet:

>»Diese Löwen streifen auch oft in das Gebiet um den Olymp; von diesem Gebirge schaut die eine Flanke gegen Makedonien, die andere gegen Thessalien und den Fluß Peneios. Hier bezwang Pulydamas einen Löwen im Olymp, ein großes und wehrhaftes Tier, ohne mit einer Waffe ausgerüstet gewesen zu sein. Er machte sich an dieses Wagnis in Nacheiferung der Taten des Herakles, da auch von Herakles erzählt wird, daß er den Löwen in Nemea so bezwungen habe.« (Paus. 6,2,5,5) (Übersetzung: Ernst Meyer)

Auch hier ist erstaunlich, dass der nordgriechische Berg Olymp nicht mit dem Göttersitz in Verbindung gebracht wird, sondern ausschließlich ein nüchterner Jagdbericht abgelegt wird.[55]

Diese säkularisierte Betrachtung des Olymps ist allerdings ein Nebenzweig der Vorstellungen über den Olymp. Denn es kommt seit dem 5. Jh. v. Chr. und verstärkt im Hellenismus und in den nachchristlichen Jahrhunderten der römischen Kaiserzeit zu einer Entwicklung, in der der Olymp mit dem Himmel gleichgesetzt wird und dieser himmlische Olymp, der weiterhin als Berg gedacht ist, Sitz der Götter ist. Parallel dazu ist der tatsächliche makedonisch-thessalische Olymp ein realexistierender Berg, doch wird die Verbindung dieses realen Berges in der Literatur nur vergleichsweise locker auf den Göttersitz bezogen.

Spätestens in der Kaiserzeit wird der Olymp dann auch zum jenseitigen Seelensitz bzw. zu einem Ort, in dessen Nähe Seelen im Jenseits verweilen.[56] So heißt es in der griechischen Gedichtsammlung Anthologia Palatina in einem Grabepigramm des Dichters Philippos von Thessalonike (1. Jh. n. Chr.):

»Der Sarkophag hier umfängt des Aetios heilige Reste,
der ein Ehrenmann und Meister der Redekunst war.
Nieder zum Hades entglitt nur der Leib, zum Olympos die Seele
Wo sie Freuden genießt ewig im Kreise des Zeus
Und der anderen Seeligen. Unter den Menschen unsterblich
Aber zu machen vermag weder das Wort noch ein Gott.« (Anth. Palat. 7,362)
(Übersetzung: Dietrich Ebener)

Ähnlich auch die Grabinschrift eines unbekannten Dichters:

»Ich, Soterichos, der ich Armeen aufstellte, liege
Hier in dem Grab, hinterließ den lieben Kindern die Früchte
Meiner Bemühung. Wie Nestor führte ich Reiterschwadronen;
Niemals erwarb ich mir Schätze durch unrechtes Handeln.
Deswegen sehe ich auch nach meinem Tode den Glanz des Olympos.« (Anth. Palat. 7,678) (Übersetzung: Dietrich Ebener)

Diese Vorstellung des Seelensitzes findet sich auch in einem weiteren kaiserzeitlichen Grabepigramm für die verstorbene Prote. Dort wird zwar zwischen Olymp und Elysium (einer Art Paradies) unterschieden, doch sind die beiden eng räumlich benachbart.

»Du bist nicht gestorben, Prote, sondern übergegangen an einen besseren Ort,
und Du bewohnst die Inseln der Seligen in Heiterkeit
dort in den Elysischen Feldern springst Du in Freude
Du blühst und Du bist sanft, Du ermangelst alles Schlechten:
weder Kälte ist dir lästig, noch weht Wärme Krankheit zu Dir,
Du hast keinen Hunger und keinen Durst; und Du ersehnst nicht
die Menschen aus Deinem fernen Leben; Du lebst nämlich ohne Beschwerde
im reinen Licht des Olymp, der benachbart ist.« (App. II 461) (Übersetzung:
Achim Lichtenberger)

Der Olymp als jenseitiger und überirdischer Seelensitz findet sich auch in kaiserzeitlichen und spätantiken Steinepigrammen im griechischen Osten.[57] Die Vorstellung, dass der Olymp ein jenseitiger Seelensitz ist, kann vielleicht als eine Art privater Vergöttlichung (Apotheose) verstanden werden.[58] Nach dem Modell der Vergöttlichung von Herrschern, wird dies auch für andere Menschen reklamiert. Die Universalisierung des Berges und die Loslösung von einem konkreten nordgriechischen Berg sind die Voraussetzungen dafür, dass der Olymp offen wurde für Verstorbene. Verwandt mit diesen Vorstellungen sind die Herrscherapotheosen, die allerdings eher auf die Vorbilder von Halbgöttern und Heroen zurückgehen, welche in den Olymp aufgenommen wurden; der berühmteste ist Herakles.[59] Auch die Apotheose des römischen Kaisers war als Aufnahme in den Olymp unter die Götter gedacht, wie die Satire des Seneca auf die »Verkürbissung« des Kaisers Claudius (41–54 n. Chr.) belegt. Bei dieser kommt Claudius zunächst im Himmel bzw. Olymp an, ihm wird dann aber die Aufnahme unter die Götter verwehrt.[60] Seneca überzieht den Kaiser mit Spott, wenn er statt zu einem Gott, zu einem Kürbis wird, der keinen Zugang zum Olymp hat.

In der Zeit nach Homer verschwindet die Vorstellung vom Olymp als einem Berg nie vollständig, doch wird sie immer stärker überlagert von der Idee, dass der Olymp ein überweltlich-himmlischer Ort ist, losgelöst von Nordgriechenland. Daran anknüpfend kann der Olymp in der Kaiserzeit dann im Rahmen einer Privatapotheose zum Seelensitz werden.

3 Bilder: Der homerische Göttersitz

Bei der Betrachtung der literarischen Zeugnisse zum Olymp ist deutlich geworden, dass ausgehend von Homer ein Bild des Olymps entworfen wurde, nach dem der Olymp als Sitz der Götter einerseits ein konkreter Berg in Nordgriechenland ist, andererseits aber auch ein übernatürlich-himmlischer Ort. Diese Ambiguität wird ausgehalten und nicht aufgelöst. Auch in der Folgezeit wechselt der Olymp zwischen diesen beiden Vorstellungen, wobei mehr und mehr der überweltlich-himmlische Olymp dominiert. Im Folgenden werden wir Bildzeugnisse der Antike betrachten, auf denen der Olymp verbildlicht wurde. Dabei ist vorauszuschicken, dass der Olymp als konkreter Berg nicht wirklichkeitsgetreu dargestellt und nur andeutungsweise bildlich umgesetzt wurde.[1] Die Mehrzahl der Zeugnisse zeigt erzählerische Szenen, die im Olymp spielen oder auf ihn bezogen sind. So gibt es allgemeine Götterversammlungen, bei denen ein erzählerischer Zusammenhang nicht immer deutlich ist, dann wieder gibt es solche, bei denen mehrere oder einzelne Götter bei einem Geschehen verbildlicht werden, das im Olymp stattfindet. Dazu gehören die »Geburt der Athena«, die »Einführung des Herakles in den Olymp«, die »Rückführung des Hephaistos in den Olymp« sowie die »Gigantomachie«.

3.1 Die Götterversammlung

Wir haben bereits die Götterversammlung auf dem Ostfries am Parthenon in Athen (▶ Abb. 4) gesehen und dabei beobachtet, dass die Götter sehr menschlich dargestellt sind, aber dennoch allem Menschlichen enthoben und auf sich selbst bezogen bleiben. Ein konkreter Raum, der zu dem tatsächlichen Naturraum und der Positionierung auf dem Berg Olymp in Beziehung gesetzt werden könnte, ist kaum erkennbar. Offensichtlich überwiegt die Vorstellung eines überweltlich-himmlischen Olymps. Es ist nur behutsam durch umherliegende Steine der Versuch unternommen worden, die Positionierung auf einem Berg bildlich umzusetzen.

Der Archäologe Heinrich Knell hat sich mit den Darstellungen der Götterversammlung beschäftigt. Er unterscheidet die »mythologisch bedingte Götterversammlung« und »Daseinsbilder«. Erstere ist die Darstellung von Göttern in einem narrativen Kontext, in dem sie anwesend oder beteiligt sind. Die Daseinsbilder sind von narrativen Situationen getrennt und zeigen die Götter in ihrem göttlichen Sein. Beide Bereiche können sich auch gelegentlich überschneiden; der Parthenonfries ist genau ein solcher Grenzbereich von isoliertem Daseinsbild und Integration in einen erzählerischen Kontext, denn die herausgehobenen Götter sind umgeben von menschlichem Geschehen.

Abb. 11: Götterversammlung im Ostfries des Siphnierschatzhauses in Delphi, um 525 v. Chr., Archäologisches Museum Delphi.

Eine andere bekannte Götterversammlung ist auf dem Ostfries des Siphnierschatzhauses von Delphi abgebildet (▶ Abb. 11).² Das Schatzhaus wird um 525 v. Chr. datiert, ist also spätarchaisch. Es war rundum von einem Fries bedeckt, der mythologische Szenen sowie die Gigantomachie, den Kampf der Götter gegen die Giganten, darstellte. Besonders interessant ist der Ostfries. Dieser gliedert sich in zwei Teile, links eine Götterversammlung, rechts Kämpfe vor Troja. Beischriften identifizieren zwei Männer, die um einen Gefallenen kämpfen. Es handelt sich um die Helden Achill und Memnon, die über dem gefallenen Antilochos streiten.

Links ist eine Götterversammlung dargestellt. Ursprünglich zeigte sie zehn Götter, von denen acht gut erhalten sind. Links außen ist Ares und vor ihm sitzend Eos. Die zweite Figur von rechts ist Hera, und vor ihr ist Athena. Die fünfte Figur von links saß auf einem Thron mit Rückenlehne und hatte eine Fußbank, sodass hier an Zeus zu denken ist. Ein weiterer Thron, auf dem eine verloren gegangene Figur saß, dürfte einer Zeus ebenbürtigen Gottheit, wie Poseidon, gehört haben. Wir sehen, dass die Gottheiten wild gestikulieren und an dem Geschehen in der Mitte Anteil nehmen. Vermutlich saß in der Mitte Hermes, der eine Seelenwägung vornimmt, denn unter dem Fuß des Zeus stand der Name Achill, sein Schicksalslos lag in der Waagschale. Die Wägung verweist darauf, dass hier in Parallelität zu dem Kampfgeschehen das Schicksal der Helden bestimmt wurde. Bei dieser Götterversammlung sehen wir – wie auf dem Parthenonfries – eine Beziehung zwischen göttlicher und menschlicher Ebene, doch findet im eigentlichen Sinn keine Kommunikation zwischen den beiden statt. Das Geschehen im Olymp bleibt der menschlichen Ebene enthoben und es erfolgt keine bildliche Umsetzung der realen Topographie eines Berges. Eine räumliche Ausgestaltung oder Möblierung des Olymps, welche über die Sitzmöbel hinausgeht, fehlt.

In der griechischen Vasenmalerei findet sich das »Daseinsbild« der Götterversammlung ebenfalls. Gemeinsam ist allen diesen Darstellungen, und das gilt auch für die narrativen Szenen mit Götterversammlung, dass die Ebene der Götter nicht mit der Ebene der Menschen gemischt wird und keine direkte Interaktion stattfindet.

Auf griechischen Vasenbildern sieht man immer wieder eine direkte Interaktion zwischen Göttern und Menschen, etwa beim Parisurteil oder wenn Zeus sich in Stiergestalt Europa annähert.[3] Solche Szenen der Begegnung sind aber ausnahmslos als auf der Erde spielend gedacht, niemals begegnen sich Götter und Menschen im Olymp. Der Olymp ist den Menschen unzugänglich. Oftmals gehen auch die Begegnungen von Menschen und Göttern auf der Erde nicht gut aus, wie im Fall des Jägers Aktaion, der Artemis beim Bade sah und zur Strafe von seinen eigenen Hunden zerfleischt wurde.[4]

Ein Beispiel der friedlichen Begegnung von Göttern und Menschen ist die Hochzeit von Peleus und Thetis, bei der die Anwesenheit der olympischen Götter ein wichtiges Bildelement ist.[5] Peleus ist ein Sterblicher, der mit der Göttin Thetis verheiratet wird. Gerade dieses Bildschema ist ein Beleg für die Regel, dass Menschen keinen Zugang zum Olymp haben. Obwohl hier Götter und Sterbliche zusammen auftreten, findet die Hochzeit nach den Schriftquellen gerade nicht auf dem Olymp, sondern auf dem benachbarten Pelion statt. Es sind also andere Orte – durchaus oft Berge[6] –, an denen Menschen und Götter zusammentreffen, doch nicht auf dem Olymp.

Abb. 12: Schale des Oltos mit Götterversammlung, um 520 v. Chr., Tarquinia, Museo Nazionale Archeologico.

Eine rotfigurige Schale des Vasenmalers Oltos aus Tarquinia (um 520 v. Chr.) zeigt eine Götterversammlung, bei der die Götter im Olymp dargestellt und durch Beischriften gekennzeichnet sind (▶ Abb. 12).[7] Wir sehen Zeus sitzend mit Donnerkeil, dem der olympische Mundschenk Ganymed Nektar eingießt. Links von ihm sitzen Hebe, Hermes und Athena, ihm gegenüber Hestia, Aphrodite und Ares. Hestia ist die einzige thronende Göttin in der Szene. Wahrscheinlich ist das Bild so zu interpretieren, dass Zeus ihr opfert und als göttliches Vorbild jenes Opfer der Herdgöttin darbringt, welches auch der Hausherr zum Beginn und Ende eines Festmahls gibt. Im Anschluss daran sieht man Dionysos, wie er einen Wagen besteigt, begleitet von seinem Gefolge. Trotz der detaillierten Darstellung olympischen Geschehens können wir an diesem Bild sehen, dass die Antwort auf unsere Fragestellung, wie sich die antiken Menschen den Olymp vorstellten und ihn bildlich darstellten, nicht ganz einfach ist. Denn in die Bildgestaltung sind unterschiedliche Intentionen eingegangen und die Götter werden hier als Abbild der Menschen gezeigt und nach ihrem Vorbild in Ausstattung und Handlungen gestaltet.

Abb. 13: Schale aus Vulci mit Götterversammlung, um 490/480 v. Chr., London, British Museum.

Eine andere bemerkenswerte Darstellung der Götterversammlung auf dem Olymp findet sich auf einer rotfigurigen Schale (490/480 v. Chr.) aus Vulci, auf der außen Zeus und Hera im Olymp sitzend mit Ares, Ganymed und Iris zu sehen sind.[8] Eine Säule deutet an, dass sie sich in gebauter Architektur befinden (▶ Abb. 13). Parallelisiert wird diese Szene aus dem Olymp mit einer lebensweltlichen Szene im Schaleninneren.

Wichtig ist auch bei diesen Darstellungen die scharfe Trennung zwischen der Ebene der Menschen und jener der Götter. So wird die Szenerie – wenn auch eine Charakterisierung der realen Topographie des Berges Olymp fehlt – in einer göttlich-himmlischen Sphäre lokalisiert, zu der Sterbliche keinen Zugang haben. Diese Daseinsbilder, die die Götter nur bedingt durch ihr Tun und stärker durch ihr Wesen und ihre Attribute charakterisieren, sind eine spätere Entwicklung im Vergleich zu Handlungsbildern, die im Olymp spielen und zu denen wir nun kommen.

3.2 Die Geburt der Athena

Athena wurde nicht von einer Frau, sondern aus dem Kopf des Zeus geboren. Bei der Kopfgeburt assistierte Hephaistos mit einer Axt, indem er den Kopf des Zeus spaltete. Auf bildlichen Darstellungen des Mythos sind häufig noch andere Götter und Geburtshelfer anwesend. Der zugrundeliegende Mythos ist, dass ein Orakel vorhersagte, dass das von Zeus erster Geliebten Metis zu gebärende Kind Zeus gefährlich werden würde. Ein Sohn würde ihn stürzen, eine Tochter ihm ebenbürtig sein. Als Metis schwanger wurde, verschlang Zeus daher seine Geliebte. Die Schwangerschaft ging im Leib des Zeus weiter, und schließlich konnte Zeus Athena gebären (ohne dass sich das Orakel erfüllen musste).

Auf dem frühgriechischen Reliefpithos aus Tenos, einem großen reliefierten Vorratsgefäß aus dem frühen 7. Jh. v. Chr. erkennen wir bei der Kopfgeburt den thronenden Zeus und weitere anwesende Gestalten, deren Göttlichkeit durch ihre Flügel unterstrichen wird (▶ Abb. 14).[9]

3.2 Die Geburt der Athena

Abb. 14: Ausschnitt aus einem Reliefpithos mit der Geburt der Athena, frühes 7. Jh. v. Chr., Archäologisches Museum Tenos.

Eine weitere Raumangabe findet sich nicht, der dargestellte Dreifuß erinnert jedoch an die Dreifüße aus der homerischen Beschreibung des olympischen Megarons des Hephaistos.[10]

Auf einem schwarzfigurigen Deckelgefäß aus der Zeit um 570 v. Chr. ist ebenfalls die Kopfgeburt der Athena dargestellt.[11] Zeus sitzt in der Mitte auf einem kostbaren Thron mit Fußbank und neben ihm stehen Hephaistos und Poseidon sowie Geburtsgöttinnen. Auch hier ist als Ort des Geschehens der Olymp gedacht, doch fehlt jede weitere Ausgestaltung des Palastes oder des Berges. Der Bildraum wird nicht erschlossen.

Auf einer etwas späteren schwarzfigurigen Schale (um 550 v. Chr.) aus Vulci im British Museum in London wird diese Szene ebenfalls dargestellt. Diesmal allerdings sind nur Zeus und Athena sowie Hephaistos abgebildet (▶ Abb. 15).¹² Die ganze Szene wirkt reichlich isoliert. Auf der anderen Seite der Schale ist eine Darstellung der Einführung des Herakles in den Olymp, bei der gleichermaßen die Dreiergruppe isoliert wirkt. Diese Komposition ohne weitere Begleitpersonen ist ein eher seltenes Bild. In der Regel werden mehrere anwesende Götter gezeigt, was notwendig ist, um die Szenerie räumlich im Olymp zu verorten, der sonst keine topographische Charakterisierung erführe.

Einen neuen Aspekt der räumlichen Lokalisierung der Kopfgeburt der Athena bringt der nach Mitte des 5. Jh.s v. Chr. errichtete Parthenon in Athen.¹³ Neben dem Fries besteht der Reliefschmuck des Bau-

Abb. 15: Schale mit der Geburt der Athena, um 550 v. Chr., London, British Museum.

werks aus Metopen sowie den Giebelskulpturen. Bei Pausanias heißt es dazu:

> »Tritt man in den Tempel ein, den sie Parthenon nennen, so bezieht sich die ganze Darstellung im Giebel auf die Geburt der Athena, der rückwärtige Giebel aber enthält den Streit des Poseidon mit Athena um den Besitz des Landes.« (Paus. 1,24,5) (Übersetzung: Ernst Meyer).

Leider sind die Giebelskulpturen heute sehr viel stärker zerstört als der Fries und die Metopen, doch hat sich die Klassische Archäologie intensiv mit einer Rekonstruktion der Komposition befasst und kommt zu verlässlichen Ergebnissen. Der Ostgiebel bezeichnet die Eingangsseite des Tempels und ist somit der wichtigere. Er zeigt die Kopfgeburt der Athena (▶ Abb. 16). Insbesondere der Mittelteil, in dem die eigentliche Geburt der Athena dargestellt war, ist so stark zerstört, dass eine seriöse Rekonstruktion nicht möglich ist. Wahrscheinlich dürfte aber, anders als bei den älteren, archaischen Darstellungen, bei denen in geradezu skurriler Weise die kleine Athena aus dem Kopf des Zeus springt, hier eine beruhigtere »klassische« Form gewählt worden sein, bei der Athena neben ihrem Vater steht.

Wegen der Zerstörung der Giebelmitte können wir vor allem die an den Seiten, in den Zwickeln dargestellten Personen diskutieren, bei denen es sich allesamt um Götter handeln dürfte. Wie schon beim Parthenonfries sind sie nur sehr sparsam mit Attributen versehen, sodass ihre Identifikation über ihr Wesen und ihre Verhaltensweisen zu rekonstruieren ist. Nur für zwei Gottheiten liegen einigermaßen sichere bzw. unangefochtene Identifikationsvorschläge vor. In der linken Giebelecke lagert ein jugendlicher nackter Mann auf einem Tierfell. Haltungsmotiv (gelagert sein) und Tierfell kennzeichnen ihn als jugendlichen Dionysos.[14] In der rechten Giebelecke ist eine Dreiergruppe von Frauen zu sehen. Die ganz rechtsliegende trägt ein Gewand, einen Chiton, welcher ihr von der rechten Schulter gerutscht ist. Dieses erotische Motiv und die Lässigkeit kennzeichnen sie als Aphrodite. An wen sie sich anlehnt und wer daneben sitzt, ist unklar. Dasselbe gilt für eine weitere Dreiergruppe aus der linken Giebelecke, welche an Dionysos anschließt. Es sind zwei sitzende Frauen, für die Kore und Demeter vorgeschlagen wurde. Eine anschließende Gestalt mit stark aufgeblähtem Gewand, die

3 Bilder: Der homerische Göttersitz

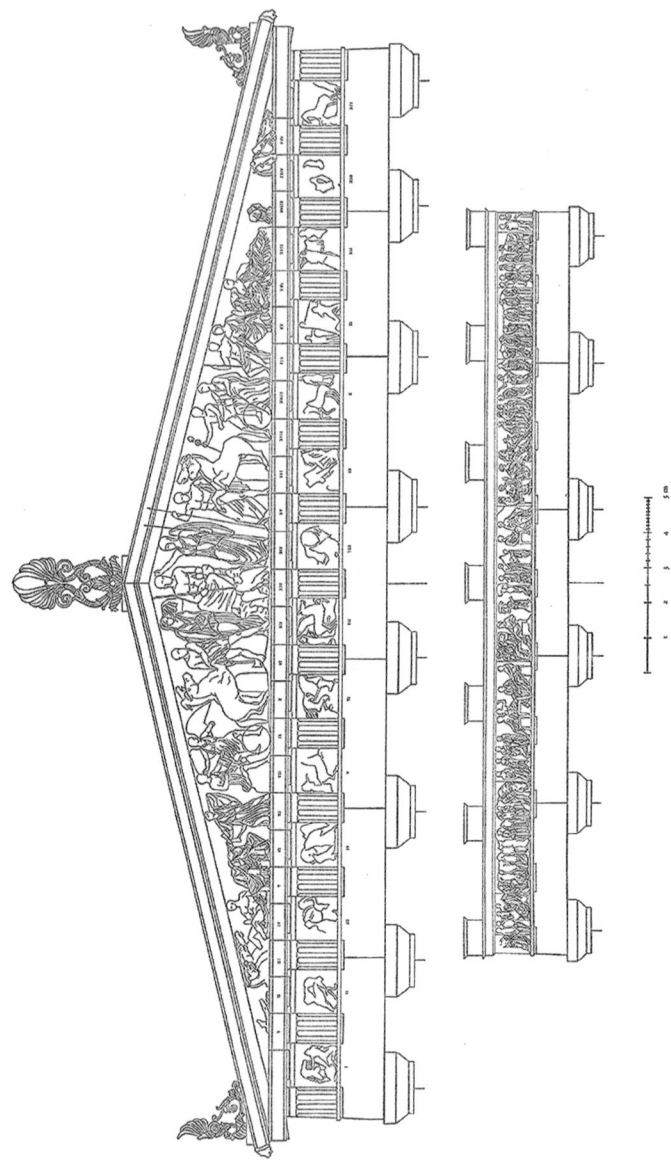

Abb. 16: Rekonstruktion des Ostgiebels und des Ostfrieses des Parthenon von Athen, Mitte 5. Jh. v. Chr.

von dem dramatischen Geschehen in der Bildmitte hinwegeilt, dürfte die Götterbotin Iris sein, doch bleibt diese Identifikation ungesichert. Weitere Fragmente eines männlichen Oberkörpers und einer Frau wurden Hephaistos und Hera zugeordnet, von denen anzunehmen ist, dass sie auch bei dem Geschehen anwesend waren.

Ganz in den Zwickelecken sind weitere Figuren, welche identifiziert werden können.[15] Von links steigt ein Pferdegespann mit Wagenlenker auf, und ganz rechts sieht man ein Pferd absteigen. Zu dem Pferd ganz rechts gehört ein nach vorne gebeugter Frauenkörper, der das Pferdegespann führt. Diese beiden Gespanne bezeichnen den aufsteigenden Sonnengott Helios und die absteigende Mondgöttin Selene. Die Gestirnsgottheiten, die nicht am Geschehen in der Giebelmitte beteiligt sind,[16] sind die entscheidenden Figuren, die darauf verweisen, dass das Geschehen in einem überweltlichen, himmlischen Olymp stattfindet.[17] Die beiden Gestirnsgottheiten rahmen das Ereignis in der Giebelmitte und geben auf diese Weise den Ort der Geburt an, welche in einem weit entfernten Olymp stattfindet.

Dass hier in der Tat eine Raumangabe intendiert gewesen ist, sei am Beispiel eines berühmten anderen Tempelgiebels erläutert, dem etwas älteren Ostgiebel des Zeustempels von Olympia (vor 456 v. Chr.).[18] Dort ist einer der Gründungsmythen von Olympia dargestellt – die Wettfahrt zwischen dem Heros Pelops und dem König Oinomaos. In den Zwickeln ist jeweils ein Flussgott als Ortspersonifikation angegeben. Links ein breit und ruhig gelagerter älterer bärtiger, rechts ein jüngerer, bartloser und etwas unruhig liegender Flussgott. Die Wettfahrt zwischen Pelops und Oinomaos fand in Olympia statt und ebendort gibt es zwei Gewässer: zum einen den größeren Fluss Alpheios, zum anderen den wilderen Bach Kladeos. Schauen wir auf die topographische Situation von Olympia, so sehen wir, dass der ältere Flussgott auf der zum Fluss Alpheios gewandten Seite liegt, während der jüngere Flussgott zum wilden Kladeos weist. So hatte der antike Betrachter des Ostgiebels eine sehr konkrete topographische Situation vor Augen, die der realen in Olympia entsprach. Derartige Zwickelfiguren wurden also in der Bildsyntax von Giebeln als Ortsangaben genutzt.

Vergleichen wir die Ortsangabe im Giebel von Olympia mit der in Athen, so können wir sehen, dass ähnliche Formen der räumlichen

Rahmung gewählt wurden, mit der abstrakt auf konkrete Räume verwiesen wurde. In Athen wurden allerdings nicht thessalisch-makedonische Ortspersonifikationen (etwa das Ossagebirge und die Ebene von Pieria) gewählt, sondern kosmische Gottheiten. Damit wird verdeutlicht, dass der Olymp des Parthenonostgiebels in einer himmlisch-übernatürlichen Sphäre angesiedelt ist.

Die Gestirnsgottheiten geben somit einen himmlischen Raum an. Bei genauer Betrachtung der weiteren Giebelfiguren wird aber eine weitere Raumangabe deutlich. Es sind Felsen dargestellt, die zur Giebelmitte hin ansteigen (▶ Abb. 17).[19] Sie sind gut auf der Rückseite des Dionysos und der Dreiergruppe zu erkennen, und wir dürfen vermuten, dass sich die Angabe von Felsen zur ansteigenden Bildmitte hin fortsetzte. Daher ist anzunehmen, dass mit der Andeutung des ansteigenden Geländes der Berg Olymp gemeint ist.[20] Wir treffen wieder auf das homerische Spannungsverhältnis zwischen realem, physisch als Berg auf-

Abb. 17: Rückseite des Dionysos im Ostgiebel des Parthenon von Athen, Mitte 5. Jh. v. Chr., London, British Museum.

gefasstem Olymp und imaginiertem Himmel. In dieser Ambiguität fehlen aber jegliche Bezüge zu einem makedonisch-thessalischen Bergmassiv. Das Geschehen wird zwar auf einem Berg verortet, aber es gibt keine erkennbaren Hinweise auf Lokalkolorit und eine geographische Positionierung in Nordgriechenland.

3.3 Die Einführung des Herakles in den Olymp

Die Versammlung von Göttern ist, wie wir im Zusammenhang mit der Kopfgeburt der Athena gesehen haben, charakteristisch, um den Olymp als Handlungsort zu bestimmen. Dies wird auch an den Darstellungen der Apotheose des Herakles deutlich, der nach seinen übermenschlichen Taten in den Olymp aufgenommen wurde.[21] Gerade hier ist die Anwesenheit der Olympier zentrales narratives Element, aus dem deutlich wird, dass das Geschehen im Olymp stattfindet. Dies sei an dem berühmten Porosgiebel von der Athener Akropolis erläutert, welcher in das 6. Jh. v. Chr. zu datieren ist (▶ Abb. 18).[22] Dargestellt ist links ein großes thronendes Paar, ein Mann in Seitenansicht und eine Frau in Frontalansicht. Zu diesen tritt von rechts ein kleinerer Mann mit Löwenhaube, begleitet von weiteren Personen. Offensichtlich zeigt dies die Einführung des Herakles in den Olymp, gerade als der göttliche Heros mit Löwenhaube vor Zeus und Hera tritt. Die begleitenden Gestalten sind als weitere Götter anzusehen, die wiederum anzeigen, dass hier der Bereich der Götter, eben jener des Olymps, gemeint ist. Allerdings fehlen Darstellungselemente, die den Ort geographisch einbetten. Vor dem Hintergrund der homerischen Olympvorstellung haben wir es hier weniger mit einem Berg als mit einem himmlischen Ort zu tun.

Auch weitere Darstellungen des Einzugs des Herakles in den Olymp zeigen die olympischen Götter zur räumlichen Verortung des Geschehens. Gelegentlich gibt es Vasenbilder mit diesem Sujet, bei denen der Raum etwas stärker gegliedert ist, indem er etwa mit einer Säule differenziert wird. Ein solches Bild findet sich auf einer Amphora in London

3 Bilder: Der homerische Göttersitz

Abb. 18: Porosgiebel von der Akropolis in Athen mit Einführung des Herakles in den Olymp, 6. Jh. v. Chr., Athen, Archäologisches Nationalmuseum.

(480/460 v. Chr.), wo Herakles in Anwesenheit von Nike und Zeus im Olymp ankommt (▶ Abb. 19).[23] Die Säule charakterisiert den Ort als Palast des Zeus.

Einen neuen Aspekt der räumlichen Verortung bietet ein besonders aufschlussreiches Stück, die um 500 v. Chr. zu datierende rotfigurige Sosiasschale in Berlin (▶ Abb. 20).[24] Sie zeigt Herakles, wie er in den Olymp eingeführt wird, begleitet von seiner Schutzgöttin Athena und von Artemis. Auch hier finden wir nur wenig Angabe von Mobiliar, und wie üblich fehlt eine topographische Charakterisierung des Olymps als konkreter Berg. Allerdings ist unter einem Henkel die Mondscheibe mit eingeschriebenem Kopf der Selene angegeben. Dieses ungewöhnliche Detail verrät, dass das Geschehen weit oben im Himmel bzw. auf dem Olymp zu verorten ist.[25]

Eine himmlische Verortung des Olymps kann auch bei deutlich späteren Vasenbildern der Aufnahme des Herakles unter die Götter beobachtet werden. Bei diesen Bildern – wie etwa dem Kelchkrater aus dem 4. Jh. v. Chr. in New York – wird die Apotheose zur Himmelfahrt (▶ Abb. 21).[26] Herakles steigt zusammen mit seiner Schutzgöttin Athe-

3.3 Die Einführung des Herakles in den Olymp

Abb. 19: Amphora mit der Einführung des Herakles in den Olymp, um 480/460 v. Chr., London, British Museum.

Abb. 20: Sosiasschale mit Einführung des Herakles in den Olymp, um 500 v. Chr., Berlin, Antikensammlung.

Abb. 21: Kelchkrater mit Himmelfahrt des Herakles, 4. Jh. v. Chr., New York, Metropolitan Museum.

na in einem Wagen zum Himmel auf. Ob hier an eine Fahrt auf den makedonisch-thessalischen Olymp oder in den himmlischen Olymp gedacht ist, kann nicht sicher bestimmt werden. Das Fehlen von Angaben, die auf einen Berg hindeuten, legt nahe, dass der Olymp hier eher als ein weit entfernter, himmlischer Ort vorgestellt ist.

3.4 Die Rückführung des Hephaistos in den Olymp

Der gehbehinderte Hephaistos, der als Handwerker und Tüftler unter den Göttern hervortritt, hat, um sich für den Sturz aus dem Olymp an seiner Mutter Hera zu rächen, ihr einen Thron mit unsichtbarer Fessel konstruiert, den er ihr in den Olymp als Geschenk schickt. Nachdem Hera sich auf diesen Thron gesetzt hat, schließt die Fessel, und Hera kommt nicht mehr von dem Sitz los. Hephaistos verlässt den Olymp, und die Götter versuchen, ihn zur Rückkehr in den Olymp zu bewegen, damit Hera befreit werden kann. So versucht es Ares erfolglos mit Gewalt, und erst Dionysos als Gott des Weines schafft es mit einer anderen Macht, dem Alkohol. Er macht Hephaistos betrunken und kann ihn so wieder zurück in den Olymp bringen. Dieser Mythos zu dem notorischen Außenseiter Hephaistos war in der archaischen Vasenmalerei beliebt. Da der Zielpunkt der Rückführung der Olymp war, ist er auch für uns von Interesse.

Mit den Darstellungen des Hephaistos in der Vasenmalerei hat sich der Archäologe Frank Brommer beschäftigt.[27] Es gibt verschiedene Darstellungsformen des Mythos: Häufig sind der Zug des Dionysos mit seinen Begleitern und Hephaistos, zumeist auf einem Maultier reitend, dargestellt, sowie die Ankunft des Hephaistos im Olymp. Sehr späte Vasenbilder zeigen auch, wie Hephaistos Hera von dem Thron befreit.

Bereits auf korinthischen Vasen archaischer Zeit (frühes 6. Jh. v. Chr.) begegnet das Thema,[28] doch konzentrieren wir uns auf die Vasen aus Athen, die die wesentlichen Elemente zeigen. Vorweg muss darauf hingewiesen werden, dass solche Vasen aufwendiges Symposionsgeschirr waren und sie in Kontexten des Weingenusses Verwendung fanden. Entsprechend erklärt sich die Beliebtheit des Themas und die dionysische Akzentuierung.

Schauen wir uns zunächst einen Ausschnitt aus dem großen sogenannten François-Krater in Florenz an, der übervoll mit Mythendarstellungen ist und um 570 v. Chr. datiert wird (▶ Abb. 22).[29] Er enthält bereits alle Bildelemente: Wir sehen in einem Zug, der von Dionysos angeführt wird, den Hephaistos auf einem Maulesel mit verdrehten Beinen sitzend dargestellt, hinter ihm ein wilder Zug von Silenen und Mänaden, den Begleitern des Dionysos. Der Zug wird empfangen von Aphrodite, und hinter ihr sitzen Zeus und Hera auf Thronen, wobei Hera mit den Armen gestikuliert, um auf ihre missliche Lage aufmerksam zu machen. Dahinter sieht man Athena und Ares, der missmutig wirkt und wohl von Athena belehrt wird (schließlich hatte er behauptet, er könne Hephaistos zurückbringen). Dahinter wiederum stehen Artemis, Poseidon und Hermes. Wir haben also die bekannten Elemente der Darstellung der Götterversammlung, doch fehlt eine räumliche Spezifizierung. Bemerkenswert ist auch hier die Trennung der Welt der Olympier von der sonstigen Welt, zu der im Übrigen auch die animalischen und menschlichen Begleiter des Dionysos gehören.

Abb. 22: Ausschnitt aus dem François-Krater mit der Rückführung des Hephaistos, um 570 v. Chr., Florenz, Archäologisches Museum.

Auf der François-Vase wird das Thema in besonderer Ausführlichkeit ausgebreitet. Auf anderen Bildern sehen wir eher verkürzte Fassungen. So auf einem etwas späteren Kantharos aus der Landschaft Böotien (um 570/560 v. Chr.) in Dresden (▶ Abb. 23), auf dem das ganze Geschehen nur auf den dionysischen Zug reduziert ist, und die Ankunft im Olymp fehlt. Es entsteht der Eindruck, der Mythos trete etwas in den Hinter-

3.4 Die Rückführung des Hephaistos in den Olymp

Abb. 23: Kantharos mit Rückführung des Hephaistos, um 570/560 v. Chr., Dresden, Staatliche Kunstsammlungen.

grund, und es stünde vor allem das dionysische Treiben im Zentrum.[30] Ähnlich stellt es sich auf einer schwarzfigurigen Schale (um 550 v. Chr.) in New York dar, wo das Treiben wild und in Gegenbewegungen dargestellt wird, sodass das Ziel der Rückführung, der Olymp, gegenüber dem Weg dahin zurücktritt (▶ Abb. 24).[31] Spätere Vasen zeigen dagegen wieder die Ankunft im Olymp, so etwa ein Krater (475/425 v. Chr.) im ägyptischen Museum in Kairo, der die Ankunft des musizierenden Zugs, angeführt von Hermes, vor Hera auf einem prächtigen Thron zeigt (▶ Abb. 25).[32]

Wir könnten weitere Bilder anführen, sie würden den Eindruck verdichten. Es ist bemerkenswert, dass der Olymp, der Zielpunkt des Zugs, nicht näher räumlich spezifiziert wird und es bei den diskutierten Beispielen kein einziges gibt, bei dem eine Andeutung eines Berges visualisiert wurde. Ganz im Gegenteil: Wenn es Hinweise auf einen Ort des

3 Bilder: Der homerische Göttersitz

Abb. 24: Schale des Oakshott Malers mit der Rückführung des Hephaistos, um 550 v. Chr., New York, Metropolitan Museum.

Abb. 25: Krater mit Rückführung des Hephaistos, 475/425 v. Chr., Kairo, Ägyptisches Museum.

Geschehens gab, so wiesen sie – wie auf der Sosiasschale – nicht auf den als Berg aufgefassten Olymp, sondern auf einen himmlisch-überweltlichen Ort.

3.5 Der Sturz des Hephaistos aus dem Olymp

Bereits Homer beschreibt, wie Hephaistos von Zeus aus dem Olymp gestoßen wurde.[33] Diese Geschichte wurde aber in der griechischen Bildkunst nicht aufgegriffen, die einzige gesicherte Darstellung stammt aus der römischen Kaiserzeit (▶ Abb. 26).

Abb. 26: Friesplatte aus Ostia mit Sturz des Vulcanus (Hephaistos) aus dem Olymp, 2. Jh. n. Chr., Berlin, Antikensammlung.

Bei der Darstellung handelt es sich um einen Marmorfries aus Ostia, der sich heute zum Teil in Ostia und zu einem anderen Teil in Berlin befindet und in das 2. Jh. n. Chr. datiert wird. Gezeigt werden darauf Szenen aus dem Leben von Hephaistos und Athena.[34] Eine Platte in Berlin zeigt den Sturz des Hephaistos (oder besser Vulcanus) vom Olymp. Der Schmiedegott ist bartlos als Kind dargestellt, doch voll gerüstet. Er stürzt von oben nach unten, und oben sieht man die Halbbüsten von Zeus/Jupiter und Hera/Juno, jeweils mit Attributen. Auch wenn der

Olymp hier nicht in seiner natürlichen Bergtopographie, sondern als »Himmel« (mit Wolken) dargestellt ist, so gibt es doch einen bemerkenswerten Hinweis auf den makedonisch-thessalischen Berg. Denn unterhalb des herabstürzenden Hephaistos ist eine gelagerte Frau mit Meerungeheuer (*ketos*) gezeigt, und links von der Szenerie sieht man Athena/Minerva, die auf einem felsigen Untergrund steht, bei dem es sich um die Insel Lemnos handelt, auf welche Hephaistos Homer zufolge stürzt.[35] Insgesamt ist also eine exakte geographische Situation
abgebildet, auch wenn sie mit der himmlischen Olympvorstellung kombiniert wurde. Allerdings ist die Darstellung einzigartig in der Überlieferung und wohl damit zu erklären, dass der Fries an einem Bauwerk für Hephaistos/Vulcanus angebracht war und eine ausführliche Narration der Biographie des Gottes gezeigt werden sollte.

3.6 Die Gigantomachie

Die Gigantomachie war der existentielle Kampf zwischen den olympischen Göttern und den Giganten. Die Giganten waren riesenhafte Urzeitwesen, die, aufgehetzt von der Erdmutter Gaia, versuchten die Götter zu stürzen und attackierten den Olymp. Insbesondere in der Vasenmalerei des 6. Jh.s v. Chr. ist der Kampf der Götter gegen die Giganten, bei dem letztlich die Ordnung durch den Sieg der Götter bestätigt wurde, ein beliebtes Thema.[36] Wir finden einzelne Götter, Göttergruppen oder gar alle olympischen Götter im Kampf gegen die Giganten dargestellt, so etwa auf einer schwarzfigurigen Amphora in Paris, auf der Athena einen Giganten niederkämpft.[37] Diese Zweikampfszene deutet keine räumliche Verortung des Themas auf dem Olymp an. Dasselbe gilt für die rotfigurige Schale des Oltos (um 510 v. Chr.) in London, auf der Dionysos, Athena, Ares und Herakles gegen Giganten ankämpfen (▶ Abb. 27).[38] Auch hier fehlt jegliche topographische Konkretisierung. Auf einigen Vasen, wie etwa einer rotfigurigen Hydria (um 480 v. Chr.) in London, sieht man, dass die Giganten mit Felsbrocken kämpften (▶ Abb. 28).[39]

3.6 Die Gigantomachie

Abb. 27: Schale des Oltos mit Gigantomachie, um 510 v. Chr., London, British Museum.

Abb. 28: Hydria mit Gigantomachie, um 480 v. Chr., London, British Museum.

Dasselbe Motiv findet sich auf einer unteritalischen rotfigurigen Amphora (um 410/400 v. Chr.) in Paris, auf der Steinbrocken im Gelände herumliegen (▶ Abb. 29).[40] Bei solchen Bildern wird vielleicht auf die felsige Topographie des Olymps angespielt, in jedem Fall sollen die Steine den rohen und gewalttätigen Charakter der Giganten zeigen.

Dass es um den Olymp geht, könnte eine rotfigurige Schale des Brygos-Malers aus Vulci (um 480 v. Chr.) in Berlin zeigen, auf der eine Säule andeutet, dass es das Haus des Zeus ist, aus dem der Göttervater ausfährt (▶ Abb. 30).[41] Dasselbe gilt für eine schwarzfigurige Amphora in Toronto, auf der Athena einen Giganten zwischen zwei Säulen bekämpft.[42]

Am deutlichsten lokalisiert wird der Kampf auf einem singulären Kraterfragment aus Ruvo in Neapel um 400 v. Chr. (▶ Abb. 31).[43] Hier sehen wir die Giganten, wie sie, angestachelt von Gaia, Steinbrocken aufeinandertürmen, um den Olymp zu stürmen. In der Staffelung, also der Hinter- und Übereinanderstellung der Figuren wird ansteigendes Terrain bildlich umgesetzt. Zwischen den Giganten unten und den Göttern oben ist ein dekorierter Kreisbogen eingeschrieben. Auf diesem Bogen sieht man von rechts Helios im Sonnenwagen fahren, links Selene absteigen. Beide scheinen, wie auf dem Parthenonostgiebel, am Geschehen nicht beteiligt.[44] Der Kreissegmentbogen gibt den Himmel an, wie durch die Gestirnsgottheiten deutlich wird.[45]

Dies ist eines der wenigen Vasenbilder, auf dem tatsächlich so etwas wie die ansteigende Topographie des Berges Olymp verbildlicht wurde.[46] Dabei gilt es zu berücksichtigen, dass diese Darstellung auch durch neue Möglichkeiten der Vasenmalerei im späteren 5. Jh. v. Chr. zu erklären ist. In dieser Zeit wird die frieshafte Nebeneinanderstellung der Figuren auf einer einzigen Standlinie aufgebrochen und mehrere Ebenen im Vasenbild übereinander gestaffelt, sodass ein komplexer Raum entworfen werden kann.[47] Bei diesem Bild deuten die einrahmenden Helios und Selene wieder die überirdisch-himmlische Dimension an. Auch sehen wir, dass der Aushandlungsprozess zwischen einem als Berg und einem als Himmel aufgefassten Olymp, wie schon bei Homer, auch um 400 v. Chr. nicht abgeschlossen ist.[48] Der Krater in Ruvo zeigt eindrücklich die Ambiguität von himmlischem und realem Olymp, so wie wir es auch im Parthenonostgiebel beobachten konnten. Die kom-

3.6 Die Gigantomachie

Abb. 29: Amphora mit Gigantomachie, um 410/400 v. Chr., Paris, Louvre.

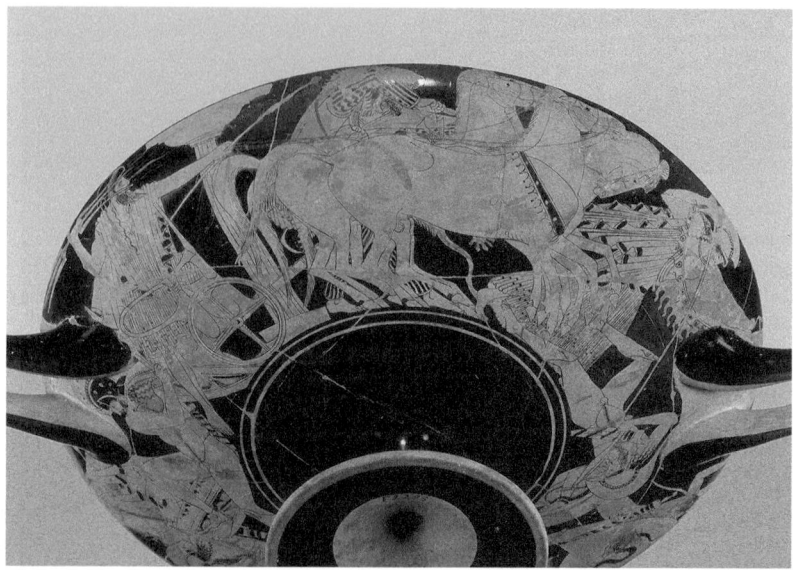

Abb. 30: Schale des Brygos-Malers mit Gigantomachie, um 480 v. Chr., Berlin, Antikensammlung.

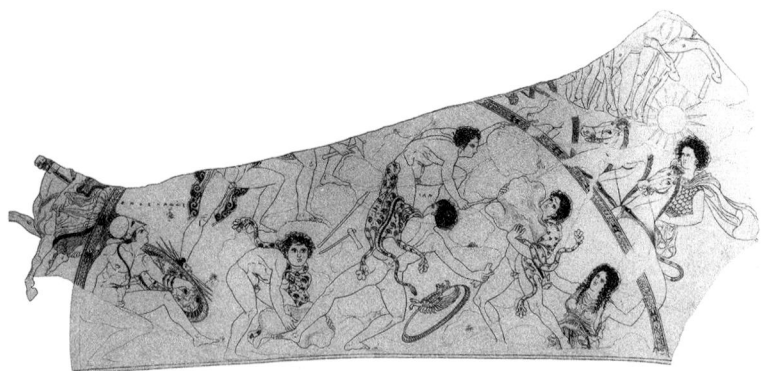

Abb. 31: Umzeichnung eines Kraterfragments aus Ruvo mit Gigantomachie, um 400 v. Chr., Neapel, Archäologisches Nationalmuseum.

positorische Nähe zum Parthenon erklärt sich auch daher, dass der Krater aus Ruvo in seiner Bildkomposition auf die Reliefs des Schildes der Athena Parthenos von Phidias zurückgeht.[49] Danach wären Form und Konzeption der Darstellung letztlich auf einen der berühmtesten Künstler der griechischen Klassik, auf Phidias, zurückzuführen.

Eine Weiterentwicklung der formalen Gestaltungsmöglichkeiten in der Angabe von Raum und Perspektive im 4. Jh. v. Chr. bietet die Möglichkeit, im Bild ein räumliches Oben und Unten besser zu unterscheiden. Eine Bewegung von oben nach unten wird auf einer attischen Amphora in Paris (410/400 v. Chr.) deutlich, wo viele Götter am Kampf beteiligt sind (▶ Abb. 29).[50] Die umherliegenden Steine im Bild können einerseits Wurfgeschosse, andererseits auch Topographie angeben. Im Vergleich zu den archaischen Vasen erlaubten nun ein verändertes Raumdarstellungsvermögen, die Auflösung einer Standfläche sowie die Staffelung eine solche Darstellung. So entsteht ein Oben und Unten, welches zur Charakterisierung des Olymps – sei es als Himmel, sei es als Berg – genutzt werden kann und wird.[51]

Neben der Vasenmalerei nimmt auch die Bauplastik, also die plastische Dekoration von Architektur, das Thema der Gigantomachie auf. Auch hier dürfte die Bestätigung der bestehenden Ordnung die Beliebtheit des Themas in dieser Zeit begründen. Die meisten Darstellungen seit archaischer Zeit entsprechen den Vasenbildern; sie interessieren sich nicht für die Angabe einer besonderen Topographie, sondern für die Sicherung der göttlichen Ordnung. Unter dem Einfluss des Parthenon dürfte Ende des 5. Jh.s v. Chr. auch im Ostgiebel des Athena-Nike-Tempels von der Athener Akropolis die Gigantomachie von den Gestirnsgottheiten eingerahmt gewesen sein, was wiederum ein Hinweis auf die himmlische Lokalisierung des umkämpften Göttersitzes ist.[52]

Die ausführlichste Schilderung der Gigantomachie in der Bauplastik kennen wir aus Pergamon in der heutigen Türkei, vom großen Zeusaltar (▶ Abb. 32).[53] Die Friese dieses Monuments aus der ersten Hälfte des 2. Jh.s v. Chr. befindet sich heute in Berlin. Kürzlich hat der Archäologe Andreas Scholl ausführlich und überzeugend dargelegt, dass der Pergamonaltar als olympischer Palast des Zeus zu deuten sei und der Gigantomachiefries daher Geschehen verbildlicht, welches am Palast des Zeus auf dem Olymp gedacht ist.[54] Der Altar war 35,64 m breit und 33,40 m tief und stand auf dem Burgberg von Pergamon. Über eine ca. 20 m breite Freitreppe zwischen zwei vorspringenden Seitenteilen war sein Inneres betretbar. Er war außen rundum mit dem Gigantomachiefries geschmückt und hatte oben eine umlaufende Säulenhalle. Im inneren Altarhof gab es einen zweiten Fries, den sogenannten Telephosfries, welcher den Gründungsmythos von Pergamon darstellte. Auf dem Dach standen Statuen.

Abb. 32: Pergamonaltar, 1. Hälfte 2. Jh. v. Chr., Berlin, Antikensammlung.

Als bautypologisch-architektonisches Vorbild des Altars hat man bislang Altäre in Ionien (heutige Westküste der Türkei) gesehen, die allerdings in Pergamon ins übertrieben Monumentale gesteigert seien.[55] So wurde etwa der Altar des Poseidon und der Meeresnymphe Amphitrite auf der Insel Tenos (spätes 2. Jh. v. Chr.) als Teil dieser architektonischen Tradition gesehen.[56] Die Ähnlichkeiten sind evident. Allerdings gibt es auch Unterschiede, der wichtigste ist, dass beim Pergamonaltar durch die Säulenhalle der Frontseite das Gebäude zu einem tatsächlichen Hof geschlossen wurde. Außerdem ist der Sockel sehr viel höher und die Außenhallen haben einen eigenen architektonischen Raumwert. Vor diesem Hintergrund schlägt Scholl eine andere bautypologische Herleitung vor, und zwar von der sogenannten Flügelrisalitstoa.⁵⁷ Dabei handelt es sich um Säulenhallen mit an den Seiten vorspringenden Seitenteilen, Risalite genannt. Der älteste Beleg dafür ist die aus dem letzten Drittel des 5. Jh. v. Chr. stammende Säulenhalle (Stoa) des Zeus Eleutherios auf der Athener Agora. Die weitere Verwendung des Bautyps ist eng mit den Bühnengebäuden griechischer Theater verbunden. Diese können wir zwar erst im 4. Jh. v. Chr. in Steinbauweise fassen, doch dürfte es bereits Vorgänger im 5. Jh. v. Chr. gegeben haben. Scholl verweist auf das Bühnengebäude des Dionysostheaters in Athen aus dem 4. Jh. v. Chr., welches einen ähnlichen Bühnenaufbau aufweist. Außerhalb des Theaters sind solche Flügelrisalitstoen in klassischer Zeit ausgesprochen selten, und als Theaterbühnen riefen sie die Vorstellung einer Palastfassade hervor, wie Vasenbilder des 4. Jh.s v. Chr. belegen. Denn so sehen die Bühnenbilder auf den Vasen aus, und ein Gutteil der klassischen Tragödien spielte vor einem Palast. Entsprechend kann man mutmaßen, dass die Stoa des Zeus Eleutherios architektonisch auf den Palast des Zeus Bezug nahm.

Diese Beobachtung wird im Fall des Pergamonaltars auch dadurch unterstützt, dass ein zentraler Bestandteil hellenistischer Paläste der Peristylhof war. Ein Peristylhof ist ein von Säulenhallen umgebener rechteckiger Hof. Diesem entspricht beim Pergamonaltar der Altarhof. Im Zusammenhang mit der homerischen Beschreibung des Palasts des Menelaos und des Zeus wird von der *aule* (Hof) des Zeuspalasts geschwärmt, was sich auf einen solchen Hof beziehen kann.⁵⁸ So folgert Scholl zur Positionierung des als Palast des Zeus gedeuteten Pergamonaltars auf dem Burgberg:

> »Vielleicht ging man sogar noch weiter und hat die spektakuläre landschaftliche Lage des Altargebäudes als Anspielung auf den mythischen Standort des Zeuspalastes verstanden. Der 2 900 m hohe Götterberg in Thessalien mag durch die topographische Situation des Altars über einem steilen Berghang, die auf Fernsicht und Fernwirkung von Westen berechnete Frontseite und durch den so ungewöhnlich hohen Sockel der Säulenhalle mit monumentaler Treppe zusätzlich evoziert worden sein. Hierher mag auch die Beobachtung gehören, daß die nach Westen gerichtete Mittelachse des Altars um einige Grad Richtung Norden abweicht und damit vielleicht auf den mehrere hundert Kilometer weit entfernten Olymp an der thessalischen Ostküste orientiert werden sollte.«⁵⁹

Ganz offensichtlich nimmt der Pergamonaltar Bezug auf den Palast des Zeus auf dem Olymp, und die Gigantomachie auf dem Fries ist sinnvollerweise dort, an dem olympischen Palast des Zeus verortet. Sollte die Überlegung von Scholl korrekt sein, dass in Pergamon der nordgriechische Olymp evoziert wurde, hätten wir einen weiteren Beleg für die potentielle räumliche Übertragbarkeit der Olymptopographie an andere Orte. Voraussetzung für die Lokalisierung auf dem Burgberg von Pergamon ist die Ambiguität der Vorstellung vom Olymp als einem Berg und einem überweltlich-universellen Ort.

Schauen wir uns noch einige Kampfszenen des Pergamonaltars an (▶ Abb. 33). Besonders eindringlich wird es an den oberen Treppenzwickeln der Innenrisalite, an denen die Giganten beinahe den olympischen Palast erstürmt haben und erst in letzter Sekunde von dem Adler des Zeus zurückgehalten werden.

Abb. 33: Ausschnitt aus dem Gigantomachiefries des Pergamonaltars, südliche Treppenwange: Der Adler des Zeus verhindert die Erstürmung des Olymps durch die schlangenbeinigen Giganten, 1. Hälfte 2. Jh. v. Chr., Berlin, Antikensammlung.

Insgesamt ist die von Scholl vorgetragene Interpretation schlüssig und überzeugend, und wir haben damit ein weiteres Beispiel, bei dem die Vorstellung vom Olymp und dem Palast des Zeus bildlich-architektonisch umgesetzt wurde. Beim Pergamonaltar können wir zudem ein »Oben« und »Unten« als Raumangabe beobachten wie schon auf den Vasen des 4. Jh.s v. Chr. Ob dieses »Oben« und »Unten« sich auf einen Berg oder den Himmel bezog, bleibt in der Friesgestaltung allerdings offen.

3.7 Apotheosen

Das mythologische Vorbild für die Vergöttlichung eines Sterblichen bzw. die Aufnahme eines Sterblichen unter die Olympier ist die Einführung des Herakles in den Olymp.[60] Grundsätzlich gilt, dass es eine unüberwindliche Distanz zwischen Sterblichen und Unsterblichen gibt. Eine Distanz, die zwar auf der Erde gelegentlich überschritten wird (Aktaion), die aber gerade im für Sterbliche nicht erreichbaren Olymp manifest wird. Allein in der Vergöttlichung (Apotheose) wird diese Distanz überbrückt, indem der Status der Sterblichen zu Unsterblichkeit erhöht wird.

Ein Bildwerk, welches in diesem Zusammenhang diskutiert werden muss, ist das Marmorrelief des Archelaos von Priene, welches die Apotheose Homers zeigt (▶ Abb. 34).[61] Das Relief wurde in Bovillae in Italien gefunden, es befindet sich heute im British Museum in London und wird in die Mitte des 2. Jh.s v. Chr. datiert. Es hat eine Höhe von 1,21 m und ist 76 cm breit. Es trägt seinen Namen nach dem Künstler, der das Relief hergestellt hat, ein Grieche namens Archelaos aus Priene. Das Relief ist in vier Ebenen (Registern) aufgebaut. Die oberen drei Register zeigen eine felsige Berglandschaft, das untere eine Gruppe von Personen. Die meisten Figuren sind durch Beischriften eindeutig benannt.

Ganz oben auf dem Berg lagert Zeus mit Hüftmantel, Szepter und Adler. Zu ihm herauf blickt mit eingestütztem Arm keck Mnemosyne, seine Geliebte, mit der er in neun Nächten die neun Musen gezeugt

3 Bilder: Der homerische Göttersitz

Abb. 34: Archelaosrelief mit Darstellung des Olymps, Mitte 2. Jh. v. Chr., London, British Museum.

hat.[62] Die neun Musen folgen entsprechend in den beiden oberen Registern. Zum Teil gehen die statuarischen Typen der neun Musen auf bekannte Typen zurück, etwa die aufgestützte Polyhymnia. Die Forschung hat sich bei diesem Relief bislang vor allem mit den Musen beschäftigt und sie auf eine Statuengruppe des Künstlers Philiskos zurückgeführt.[63] Im ersten Register des Berges steht in einer Grotte Apollon als Musenführer mit Lyra. Vor ihm ist der Omphalos, ein nabelförmiger Kultstein des Gottes, wodurch der Ort als ein Apollonheiligtum ausgezeichnet ist. Ganz rechts steht auf einer hohen Basis ein Mann im griechischen Mantel mit Schriftrolle in der Hand, hinter ihm erhebt sich ein in Flachrelief angegebener Dreifuß. Diese Figur wird als Dichter gedeutet, dessen Erfolge durch den Preisgewinn des Dreifußes verdeutlicht werden. Der unbekannte hellenistische Dichter könnte der Auftraggeber des Reliefs gewesen sein.

Das unterste Register zeigt durch Beischriften eindeutig gekennzeichnete Personen. Links sitzt auf einem Thron mit Fußbank der bärtige Homer. Begleitet wird er von Personifikationen, menschengestaltigen Darstellungen konkreter Sachen oder abstrakter Begriffe. Er wird von hinten bekränzt von Oikoumene (Erdkreis), während Chronos (Zeit) dahinter steht. Neben Homer knien seine beiden Kinder Ilias und Odyssee. Vor ihm steht als Opferdiener Mythos an einem Rundaltar, auf den Historia (Geschichte) Weihrauch streut. Am Altar wartet ein Opfertier. Hinter Historia folgen weitere weibliche Personifikationen, die Poiesis (Poetik), die Tragödie und die Komödie (jeweils mit Theatermasken). Dahinter drängt sich eine weitere Gruppe weiblicher Personifikationen: Physis (Natur), Arete (Tugend), Mneme (Gedächtnis), Pistis (Treue) und Sophia (Weisheit).

Das untere Register zeigt die Apotheose Homers, seine Vergöttlichung. Homer wurde an verschiedenen Orten im antiken Mittelmeerraum kultisch verehrt. Dies zeigt auch die untere Szene, welche aus einem göttlichen Schema (Thron, Szepter, Fußbank) Homers sowie dem dargestellten Opfer und den huldigenden Personen gebildet wird.

Uns stellt sich die Frage, welcher Berg hier dargestellt ist. Die topographische Verortung des Geschehens spielt in den Studien zum Archelaosrelief nur eine untergeordnete Rolle, dabei bieten sich mehrere Möglichkeiten an. In der Forschung wurde vor allem der Musenberg Helikon oder der bei dem Apollonheiligtum von Delphi gelegene Parnass vorgeschlagen.[64] Wahrscheinlicher scheint jedoch eine Identifikation des Berges mit dem Olymp. Für den Olymp spricht, dass die Musen dort bereits von den frühesten Schriftstellern lokalisiert werden.[65] In Dion, der Stadt am Fuße des Olymps, wurden sie gemeinsam mit Zeus Olympios verehrt. In der Nähe des Olymps wurden sie gezeugt, was die auf antiken Bildwerken sehr seltene Anwesenheit ihrer Mutter Mnemosyne erklären kann, die ansonsten auch in Musengruppen kaum auftritt.[66] Der Olymp bietet außerdem sowohl ein Heiligtum des Apollon am Fuß (Pythion), als auch sinnvollerweise eine Positionierung des Göttervaters Zeus auf dem Gipfel, was bei Helikon und Parnass nur zum Teil einen Sinn ergeben würde. Ein weiteres Argument ist, dass das Grundthema des Reliefs, die Apotheose des Homer, am besten auf den Ort zu beziehen ist, an dem eine Vergöttlichung vollzogen wurde, nämlich den Olymp.[67] Folgt man dieser Argumentation, besitzen wir mit dem Archelaosrelief eine der wenigen Darstellungen, auf denen die Topographie des Berges Olymp zumindest durch die Felslandschaft angegeben wird, auch wenn die geographische Gebirgsformation des nordgriechischen Berges – mit Ausnahme des Hinweises auf das Apollonheiligtum von Pythion – keine naturgetreue bildliche Umsetzung erfährt. Es wurde kein Versuch unternommen, die vielgipfelige Topographie bildlich umzusetzen.

Die häufigsten antiken Darstellungen der Apotheose sind jene der römischen Kaiser.[68] Die Gottwerdung der römischen Kaiser begann mit der Apotheose des Caesar und setzte sich fort über die gesamte römische Kaiserzeit. Zahlreiche Darstellungen dieser Statusveränderung des Kaisers hin zu einem Gott sind überliefert, wobei Darstellungen dominieren, die den Kaiser und weitere Mitglieder des Kaiserhauses auf einem Adler oder einem anderen Flügelwesen nach oben fliegend zeigen (▶ Abb. 35).[69] Es ist in diesem Zusammenhang bemerkenswert,

Abb. 35: Rückseite eines Sesterzes für die vergöttlichte Kaiserin Faustina d. Ältere mit Apotheoseflug der Kaiserin, 167–180 n. Chr.

dass nur äußerst selten expliziert wird, wie man sich räumlich den Ort der Statusveränderung vorzustellen hat, wo der Kaiser unter den Göttern weilt. Am Ende der Georgica, eines Lehrgedichts über den Landbau, schreibt der Dichter Vergil über den vergöttlichten Kaiser Augustus (27 v. Chr.–14 n. Chr.), *viam adfectat Olympo*[70], also, dass er in der Apotheose zum Olymp aufgestiegen sei. Hier findet sich die Vorstellung, dass der Ort der Kaiserapotheose der Olymp ist.[71] Dabei ist allerdings zu bedenken, dass die lateinischen Schriftsteller den Himmel (*caelum*) mit dem Olymp als Göttersitz identifizierten.[72] Auch in der Satire des Seneca, der Verkürbissung des Kaisers Claudius (41–54 n. Chr.), geht der verstorbene Kaiser zunächst in den Olymp, doch wird ihm dort die Aufnahme verweigert.[73] Es scheint also die Vorstellung vorzuherrschen, dass der Ort, an dem die Vergöttlichung vollzogen wird, ähnlich wie bei Herakles, der Olymp ist, wobei auch bei Seneca Olymp und Himmel synonym verwendet werden. Die Satire des Seneca ist neben Vergil eines der wenigen literarischen Zeugnisse, bei denen der Ort der Kaiserapotheose mit dem Olymp gleichgesetzt wird.[74]

Die Bilder der Kaiserapotheose lassen den Zielpunkt fast ausnahmslos offen, der Weg ist das Ziel. Die Betonung liegt auf dem Flug in den Himmel. Darstellungen des Zielpunkts (des Olymps?) finden sich unter all den Zeugnissen dieses Schemas, wie wir sie etwa von den Münzen kennen, nicht. Nur ein einziges Bildzeugnis ist bekannt, auf dem tatsächlich das Ziel des Flugs gezeigt wird (▶ Abb. 36).[75] Es handelt sich um ein spätantikes Elfenbeinrelief des 5. Jh.s n. Chr., auf dem der zu konsekrierende Kaiser (oder ein hoher Beamter?) dreimal dargestellt ist. Zunächst sehen wir ihn in einem Prozessionswagen, der von Elefanten gezogen wird, dann sehen wir ihn von dem *rogus* (dem Scheiterhaufen) in einem Gespann auffahren und schließlich weiter oben auf dem Relief, wie er von Flügelwesen in den/auf den Olymp getragen wird. Ganz oben, an einem nicht klar bestimmten Ort, erwarten ihn bereits fünf Gestalten, bei denen es sich wohl nicht um die klassischen olympischen Götter handelt, da sie nicht mit spezifizierenden Attributen versehen sind, sondern um bereits vergöttlichte Personen. Bemerkenswert an der Darstellung ist, dass wir hier mit fast 1 000 Jahren Zeitdifferenz ein Motiv finden, welches wir bereits von der Sosiasschale kennen, nämlich die Angabe der Mondscheibe, die hier noch um ein Tierkreiszeichenband erweitert wurde. Sie verdeutlicht den überirdischen, kosmischen Ort, an dem sich die Götter befinden. Die Vorstellung von einem Berg fehlt, die Gottwerdung erfolgt an einem überirdisch-himmlischen Ort.

Abb. 36: Spätantikes Elfenbeinrelief mit Apotheose, 5. Jh. n. Chr., London, British Museum.

3.8 Die Geburt des Hermes

Abschließend sei noch ein letztes »Bildzeugnis« angesprochen, das nur in einer literarischen Quelle überliefert ist. Philostratos, ein griechischer Schriftsteller, der um 200 n. Chr. wirkte, hat die Eikones geschrieben. Es handelt sich dabei um Beschreibungen von Bildern (*eikones*). Diese Beschreibungen sind jedoch zum Großteil literarische Konstrukte und fiktiv. In Kap. 26 ist eine anschauliche Beschreibung zu finden, die sich auf Geschehen auf dem Olymp bezieht:[76]

> »Geburt des Hermes. Das kleine Bübchen, noch in Windeln, das die Rinder in den Erdspalt treibt, dann auch jener, der Apollons Geschosse stiehlt, das ist Hermes. Allerliebst sind die Diebereien des Gottes. Hermes soll nämlich, als ihn Maia gebar, am Stehlen Freude gehabt und mit viel Geschick gestohlen haben; doch tat er, der Gott, es nicht etwa aus Armut, sondern aus Laune und zum Scherz. Wenn du aber auch seine Spur sehen willst, schau, was auf dem Bilde gemalt ist! Geboren wird er auf den Höhen des Olympos, gerade oben, am Sitz der Götter. Dort sagt Homeros, spürt man weder Regen noch hört man den Wind, ja nicht einmal von Schnee werde er je gepeitscht wegen seiner überragenden Höhe, sondern sei vollkommen göttlich und frei von allem Leid, an dem die Berge der Menschen teilhaben. Hier pflegen die Horen Hermes nach seiner Geburt. Der Maler hat jeder die ihr eigene Gestalt gegeben; sie wickeln das Kind in Windeln und streuen die schönsten Blumen darüber, damit es nicht gewöhnliche Windeln habe. Und diese wenden sich nun der Mutter des Hermes zu, die als Wöchnerin daliegt.
> Er aber ist heimlich den Windeln entschlüpft, kann schon gehen und steigt vom Olympos herab. Der Berg hat seine Freude an ihm, denn er lächelt ganz wie ein Mensch; du magst annehmen, daß Olympos sich freut, weil Hermes auf ihm geboren ward.« (Übersetzung: Otto Schönberger)

In der Beschreibung geht es mit einer Dieberei des Hermes weiter.

Der Text ist für unsere Fragestellung nach Bildzeugnissen vom Olymp nicht unproblematisch, da er einem literarischen Genre, der Bildbeschreibung, verpflichtet ist und kaum auf ein echtes Bild Bezug nimmt. Die Bildbeschreibung ist trotzdem ein wichtiges Zeugnis, weil hier wieder die Vorstellung von einem Berg vorherrscht. Diese ist mit einem gelehrten Bezug auf Homer zu erklären, was wiederum die Verbindlichkeit des homerischen Olympbilds für die gesamte Antike unterstreicht. Philostratos gibt dem ganzen noch eine originelle Wendung, indem er den Berg vermenschlicht und ihn lächeln lässt.⁷⁷ Die fiktive Bildbeschreibung ist eines der wenigen Beispiele für die Personifizierung eines Berges und das einzig bekannte für den nordgriechischen Olymp.⁷⁸

4 Geographie: Der makedonisch-thessalische Berg

Bei der Betrachtung der antiken Darstellungen des Olymps sowie der Ereignisse und Begebenheiten, die im oder am Olymp spielten, wurde deutlich, dass eine Visualisierung der tatsächlichen Topographie des Berges nicht beabsichtigt war und auf Bildzeugnissen der Göttersitz Olymp kaum als Berg aufgefasst wurde. Nur wenige Bilder, wie etwa der Parthenonostgiebel, der Krater aus Ruvo und das Archelaosrelief, begreifen den Olymp als Berg. Ansonsten scheint vor allem ein weit entfernter, als himmlisch-überweltlich aufgefasster Raum den Olymp zu bezeichnen. Die Distanz des Raumes kann sehr unterschiedlich sein. Auf dem kaiserzeitlichen Relief aus Ostia scheint er nicht unendlich weit entfernt zu sein, während er auf der Sosiasschale und dem Parthenonostgiebel in kosmischer Entfernung lag. Selbst die vorgenannten sind aber Ausnahmebeispiele; die Mehrzahl der Bildzeugnisse kommt völlig ohne den Versuch einer wirklichkeitsgetreuen Raumangabe aus. Gelegentlich sind noch Andeutungen eines Palastes gemacht. Insgesamt passen jedoch die Bildzeugnisse zu den Vorstellungen des Homer: Der Olymp ist sowohl der thessalisch-makedonische Berg als auch ein himmlisch weit entfernter Ort.

4.1 Das Olymp-Gebirge

Der Olymp ist nicht ein einzelner Berg, sondern es handelt sich um ein kompaktes Gebirge.[1] Es hat mehrere Gipfel und weist eine Grundfläche

4 Geographie: Der makedonisch-thessalische Berg

von ca. 20 km Durchmesser auf (▶ Abb. 37). Charakterisiert ist das Gebirge durch die tiefe Schlucht des Baches Enipeas. Südlich des Gebirges liegt ein weiteres Gebirge, das Ossagebirge, welches durch das in der Antike berühmte Tempetal geteilt wird. Der Name wird zurückgeführt auf das griechische Wort für »schneiden«, *temnein*. Poseidon soll es laut Herodot durchgeschnitten haben.[2] Durch das Tempetal fließt der Fluss Peneios.[3]

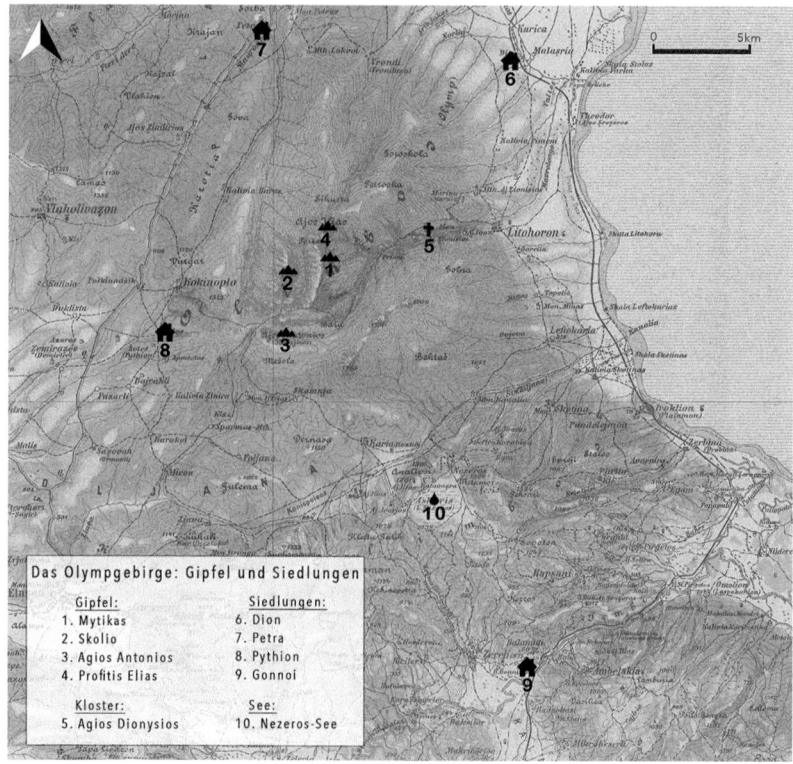

Abb. 37: Karte des Olympgebirges auf Basis der Karte von Marcel Kurz (1924).

Geologisch besteht das Olympmassiv aus Schiefer, Kalkstein und Marmor und gehört zu einer ungefähr Nord-Süd verlaufenden Gebirgskette, welche das thessalische Becken nach Osten abschließt.[4] Dieses Becken ist das größte intramontane Becken Griechenlands und das Kerngebiet der Landschaft Thessalien. Das Becken wird durch eine Hügelkette in ein östliches Becken, mit dem Hauptort Larissa, und in ein westliches Becken geteilt. Das thessalische Becken wird zu allen Seiten von höheren Bergen und Gebirgen begrenzt. Im Norden liegen das Chasia (1 565 m), Kamvounia (1 615 m) und der Olymp (2 917 m), im Osten die Ossa (1 978 m), Mavrovouni (1 054 m) und das Pelion (1 548 m). Nach Süden wird das Becken abgeschlossen durch den Othrys (1 726 m) und im Westen durch die Kette des südlichen Pindos (1 548 m). In dem thessalischen Becken sammelt sich das Wasser von diesen Gebirgen und fließt über den Peneios zwischen Olymp und Ossa durch das Tempetal ins Mittelmeer. Mehrere Nebenflüsse speisen den Peneios. Das Tempetal war zu allen Zeiten der wichtigste Verkehrsweg von der Küste in das thessalische Becken und von höchster strategischer Relevanz.

Das Olympgebirge gehört sowohl zu Thessalien als auch zu Makedonien. Die Gipfellandschaft ist makedonisch, die nach Süden vorgelagerten Vorgebirge sind thessalisch und gehören zur Landschaft Perrhaibien. Das Olympgebirge selbst wird von zwei Erosionsschluchten begrenzt, im Süden vom Tempetal und im Nordwesten von dem Tal von Petra. Allgemein unterscheidet man in der Topographie des Gebirges den nördlichen Hocholymp und den südlichen Niederolymp, die durch eine ungefähr Ost-West verlaufende Senke getrennt werden.

Der Niederolymp besteht vorwiegend aus Kalk und Marmor. Das Gelände steigt zunächst sanft vom Tempetal aus in einem zerklüfteten kompakten Bergmassiv an, welches erst kurz vor der Senke zum Hocholymp seine höchsten Gipfel erreicht.[5] In einer Senke liegt der 3 km breite Nezeros-See, der heute weitgehend ausgetrocknet ist.[6] Dieses Gebiet des Niederolymps ist von verkehrstechnischer und militärstrategischer Bedeutung, da es eine dem Tempetal alternative Ost-West-Route bietet.[7]

Beginnend von der Senke zwischen Nieder- und Hocholymp steigt das Gelände zunächst langsam nach Norden über ein mit Bäumen und Sträuchern bewachsenes wasserreiches Bergland aus kristallinen Schiefern an. Das eigentliche Gebirgsmassiv des Hocholymps besteht aus schieferigem Marmor, und türmt sich steil und vielgipflig auf. Oberhalb von 2 000 m ist es felsig und kahl. Zahlreiche Schluchten prägen die Gebirgslandschaft. In diesen Schluchten bleibt selbst im Sommer noch Schnee liegen (▶ Abb. 38).[8] Die eigentlichen Gipfel sind verhältnismäßig abgerundet und abgeflacht, Friedrich Stählin, einer der besten Kenner der historischen Landeskunde Thessaliens, vergleicht sie mit den »Kuppeln einer byzantinischen Kirche«[9]. Nur der Hauptkamm weist einige scharfe Gipfel auf. Sie liegen in einer nach Norden offenen Schleife. Durch eine Senke getrennt liegt südlich davon der Agios-Antonios-Gipfel (2 817 m). Weiter nördlich von den Hauptgipfeln liegt der Profitis Elias (2 803 m) und östlich davon eine flach abfallende Hochfläche (2 650 m), die den modernen Namen Musenebene oder Musenplateau trägt.

Abb. 38: Schluchten im Gebiet des Hocholymp.

Die Hauptgipfel haben im Laufe der Entdeckungsgeschichte unterschiedliche Namen getragen. Der höchste Gipfel heißt Mitka oder Mytikas und hat eine Höhe von 2 918 m (▶ Abb. 39). Es folgt der weiter westlich ge-

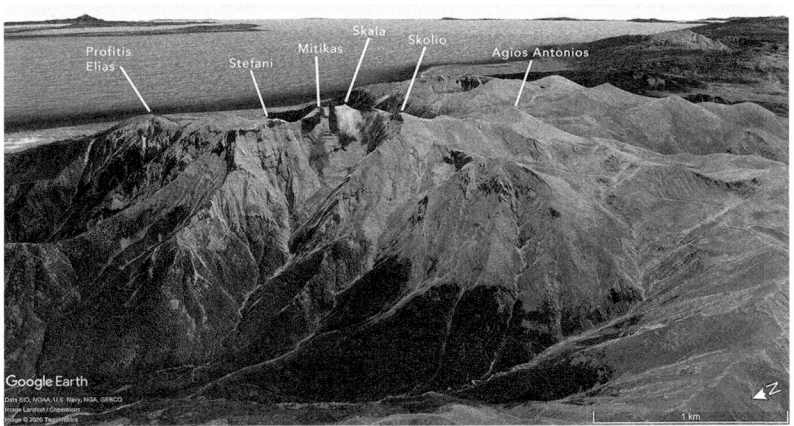

Abb. 39: Google Earth-Ansicht der Gipfelregion des Olymps.

legene Gipfel Skolio mit 2 911 m, gefolgt von dem neben dem Mytikas gelegenen Stefani (oder Zeusthron) mit 2 909 m. Der Gipfel Skala mit einer Höhe von 2 866 m liegt zwischen Skolio und Mytikas. In der Gruppe der höchsten Gipfel ist ein weiterer der Profitis Elias, nördlich von den genannten Gipfeln mit einer Höhe von 2 803 m. Der südlich von der Zentralgruppe gelegene, durch eine Senke getrennte Agios Antonios weist eine Höhe von 2 817 m auf.

4.2 Orte und Siedlungen am Olymp

Obwohl die Höhenzüge der Olympregion zu unwirtlich für menschliche Besiedlung waren, gab es im Bereich des Niederolymps und an den Ausläufern des Gebirges doch eine ganze Reihe von Siedlungen in griechisch-römischer Zeit (▶ Abb. 2).[10] Die bedeutendste Stadt, die nach Zeus benannte Stadt Dion, zu der auch das Gebiet des Hocholymps territorial gehörte, lag nordöstlich des Gebirges und ist Gegenstand des nächsten Kapitels. Zunächst sollen die kleineren Siedlungen, Festungen und Heiligtümer betrachtet werden. Es geht um die Orte der thessalischen Tripolis Pythion, Doliche und Azoros sowie um Petra und Gonnoi.

Beginnen wir mit Pythion, dem Ort westlich des Agios Antonios, von dem wir bereits gehört haben, da von ihm aus Xenagoras im 2. Jh. v. Chr. die Höhe des Olymps bestimmt hatte.[11] Hier gab es ein Apollonheiligtum. Zusammen mit Doliche und Azoros bildete Pythion eine Tripolis, also einen politischen Bund.[12] Pythion war das Bundesheiligtum der thessalischen Tripolis. Pythion liegt beim heutigen Ort Selos und schloss das Tal von Petra nach Süden hin ab.[13] Die Lokalisierung des Ortes Pythion in Selos ergibt sich einerseits aus Beschreibungen in der antiken Literatur von taktischen Kriegszügen in der Region, andererseits aus zahlreichen antiken Spolien, darunter hellenistischen Inschriften, die an dem Ort verbaut wurden. Heuzey hat den Ort ausführlich beschrieben, und es gibt einige Überreste von antiker Bebauung. In den letzten Jahren wurde auch der Apollontempel archäologisch erforscht.[14] Der Verfasser eines spätantiken Lexikons, Stephanos von Byzanz (6. Jh. n. Chr.), überliefert, dass in Pythion Pythia stattfanden, also Festspiele für Apollon.[15]

Das Apollonheiligtum von Pythion ist vermutlich auch auf dem Archelaosrelief (▶ Abb. 34) abgebildet, der einzigen hellenistischen Abbildung des Berges Olymp.[16] Wir können davon ausgehen, dass der Apollonkult in dieser Region eine bedeutende Rolle gespielt hat, denn Apollon war – wie auf dem Relief dargestellt – mit den Musen assoziiert, und die Musen hatten ihre Heimstatt in Pieria, jener Ebene nördlich des Olymps.

Apollon ist auch auf weitere Weise auf das engste mit der Region verbunden. Eines der wichtigsten panhellenischen, also gesamtgriechischen Apollonheiligtümer lag in Delphi. Alle acht Jahre fand dort das »Septerion«-Fest statt, welches in einen Zug zum Tempetal gipfelte, wo ein Ritual erfolgte, welches der Sühne Apollons für die Tötung des Drachens Python galt.[17] Dieses Fest ist bereits seit dem 6. Jh. v. Chr. belegt.[18] Aus dem Tempetal wurde dann auch der Lorbeerzweig für die Sieger der pythischen Wettspiele in Delphi gebracht. Dazu berichtet uns der kaiserzeitliche Autor Aelian:

»Auf, jetzt möchte ich auch das sogenannte Tempe(tal) in Thessalien mit Worten zeichnen und nachbilden. (...)

Es ist der Platz zwischen Olymp und dem Ossa gelegen; das sind zwei sehr hohe Gebirge, die durch göttliches Wollen voneinander getrennt wurden. Dazwischen findet sich ein Platz, der sich in der Länge über 40 Stadien erstreckt, in der Breite an manchen Stellen 1 Plethron misst, an anderen auch ein wenig mehr. Mitten hindurch fließt der sogenannte Peneios, in den die übrigen Flüsse zusammenfließen; sie vereinen ihr Wasser mit ihm und machen den Peneios groß.

Bunte und vielfältige Aufenthaltsorte hat der Platz, nicht als Werke von Menschenhand, sondern der Natur, die einst, als dieses Gebiet seinen Ursprung hatte, ihren ganzen Ehrgeiz auf seine Schönheit verwandte. Efeu gedeiht üppig und dicht, er grünt und rankt, den edlen Reben gleich, an den Bäumen empor und ist mit ihnen verwachsen. Manch eine Eibe geht bis unmittelbar an die Kuppe des Berges hinauf und beschattet den Felsen; der ist zwar darunter verborgen, man sieht aber überall nur Grün: Das ist ein wahres Fest für die Augen! In den Ebenen selbst, im Tal, gibt es bunte Haine und überall geschützte Stellen, wo in der Hitze des Sommers Wanderer Zuflucht und den angenehmen Aufenthalt finden, der ihnen willkommene Erfrischung bietet. Es fließen auch viele Quellen hindurch, und zu lieblichem kühlem Trank strömt das Wasser herbei. Man sagt, diese Gewässer seien auch für diejenigen gut, die in ihnen baden, und seien der Gesundheit zuträglich. (...)

In der Mitte des Tempe(tals) nimmt der Fluss Peneios seinen Lauf, ruhig und sanft dahingleitend wie Öl. Viel Schatten liegt über dem Fluss, den die an seinen Ufern wachsenden Bäume mit ihren herabhängenden Zweigen hervorbringen und so für den größten Teil des Tages die vorrückenden Sonnenstrahlen abhalten und den Schiffern ermöglichen, im Kühlen zu fahren. Alle Anlieger versammeln sich, opfern, machen eine Zusammenkunft und trinken gemeinsam. Und da es viele sind, die ihre Opfer darbringen und ständig Brandopfer verbrennen, ist es verständlich, dass diejenigen, die auf und ab gehen oder mit dem Boot fahren, die lieblichsten Düfte begleiten. So heiligt die ständige Verehrung der höchsten Mächte den Ort.

Hier, sagen die Kinder der Thessalier, hat auch der pythische Apollon auf Befehl des Zeus Buße getan, als er mit seinem Bogen den Drachen Python getötet hatte, der damals, als noch Ge die Herrin des Orakels war, Delphi bewachte. Er bekränzte sich mit diesem Lorbeer aus dem Tempe(tal) und nahm einen Zweig in die Rechte; so kam der Sohn des Zeus und der Leto nach Delphi und übernahm das Orakel. Es gibt auch einen Altar genau an der Stelle, wo Apollon sich bekränzt und den Zweig abgebrochen hat. Und noch jetzt schicken die Delphier in jedem neunten Jahr eine Gesandtschaft vornehmer Knaben, die von einem von ihnen geleitet wird. Wenn die Knaben angekommen sind und ein großartiges Opfer im Tempe(tal) dargebracht haben, flechten sie sich Kränze aus Lorbeer, mit dem sich auch der Gott damals bekränzt hatte, und gehen wieder fort. Sie ziehen die Straße entlang, die Pythias genannt wird (...). Auch bei den Pythischen Spielen überreicht man den Siegern Kränze aus diesem Lorbeer.« (Aelian, var. Hist. 3,1) (Übersetzung: Kai Brodersen)

Es wird in dem Text zwar nicht Python genannt, sondern ein Altar im Tempetal, doch zeigt der Text, wie sehr die Region mit einer apollonischen Sakrallandschaft verbunden war.[19] Eine Weihinschrift aus dem Tempetal bezeugt Freilassungen von Sklaven an einem Altar des Apollon.[20] Ob dieser Altar jener aus der Beschreibung Aelians war, ist unklar. Die starke Verbindung des Tempetals zu Delphi und Apollon wird auch aus Schriften des Autors Plutarch ersichtlich, der für das Fest ein etwas anderes Ritual beschreibt, welches aber ebenfalls in Delphi beginnt und in einer rituellen Reinigung im Tempetal endet.[21]

Zusammenfassend kann festgehalten werden, dass Python ein bedeutendes Apollonheiligtum hatte, welches in eine panhellenische Sakraltopographie eingebettet war.

Damit kommen wir zu dem nächsten Ort der Tripolis, Doliche, welches westlich von Python bei dem Ort Sarantaporo lag.[22] Dort wurden zahlreiche antike Spolien gefunden, doch wenig erhaltene Bausubstanz, die uns über die Gestalt des Ortes Auskunft geben könnte. Der Ort sei vor allem wegen seines Namens erwähnt, ein Ortsname, der nur noch ein weiteres Mal im antiken Mittelmeerraum belegt ist: In Syrien, in der Kommagene, gibt es ebenfalls ein Doliche.[23] Das Doliche in der Kommagene war der Ort, an dem ein wichtiges Zeusheiligtum stand, ein Zeuskult, der als Jupiter Dolichenus in der römischen Kaiserzeit weit nach Westen ausstrahlte.

Der dritte Ort der Tripolis ist Azoros, welches südlich von Doliche und ebenfalls westlich von Python bei dem modernen Ort Azoros (Vuvala) lag.[24] Hier gibt es wieder Spolien und Reste antiker Gebäude, ohne dass genauere Aussagen zum Aussehen der Siedlung gemacht werden können. Für alle drei Orte der Tripolis würde es sich lohnen, eine eingehende archäologische Erforschung vorzunehmen.

Nördlich des Olymps, in Makedonien, liegt Petra in einem Passtal, welches nach Petra benannt ist und neben dem Tempetal ebenfalls eine wichtige Verbindung von Makedonien nach Thessalien darstellt. Dementsprechend wird der Ort vor allem in Zusammenhang mit Kriegszügen genannt. Auch für diesen Ort würde sich ein archäologischer Feldsurvey lohnen, da moderne Forschungsreisende verstreute Ruinen beschreiben, ohne dass wir uns ein zusammenhängendes Bild aus dem Befund machen können.[25]

So wie Petra eine Sperrfestung des Nordwest-Passes war, so blockierte die Stadt Gonnoi den westlichen Zugang zum Tempetal und wird daher in der antiken Literatur bei Beschreibungen von Kriegszügen genannt.[26] Benannt ist Gonnoi wahrscheinlich nach der »knieförmigen« (dreieckigen) Mauer der Siedlung (von griechisch *gonu*, das Knie). Die Stadt lag auf drei Hügeln und war seit der Jungsteinzeit (Neolithikum) besiedelt. Möglicherweise wurde bereits im sogenannten Schiffskatalog der Ilias auf den Ort angespielt.[27] Das wichtigste städtische Monument in Gonnoi ist ein Tempel der Athena, unter dem ein bereits älterer (eisenzeitlicher) Bau lag. Bis in die Spätantike war der Ort besiedelt. Bei Gonnoi gab es Heiligtümer der Artemis und des Asklepios.

4.3 Kriegsschauplatz Olymp

Der Olymp als Grenze zwischen Makedonien und Thessalien war zu allen Zeiten ein strategisch wichtiges Gebiet und Schauplatz von kriegerischen Auseinandersetzungen.[28] Grundsätzlich fällt auf, dass in antiken Beschreibungen von Kriegen Berge prominent erwähnt werden.[29] Das Gebiet des Niederolymps spielte in den Perserkriegen eine Rolle, als 480 v. Chr. der Perserkönig Xerxes (486–465 v. Chr.) mit seinem Heer dort ankam.[30] Bei Herodot ist zu lesen:

> »Als Xerxes von Therma aus die thessalischen Berge erblickte, den Olympos und den Ossa, die gewaltig hoch sind, und als er erfuhr, daß mitten zwischen ihnen eine enge Schlucht liege, durch die der Peneios strömt, und hörte, daß dort der Weg nach Thessalien führe, da wollte er gern hinfahren und die Mündung des Peneios ansehen; denn er wollte mit dem Heer den Weg weiter im Inneren durch das obere Makedonien einschlagen (…).« (Hdt. 7,128) (Übersetzung: Josef Feix)

4 Geographie: Der makedonisch-thessalische Berg

Xerxes hielt sich in der Gegend auf, um durch Thessalien nach Griechenland zu gelangen. Daher schickten die Thessaler Gesandte nach Griechenland. Weiter heißt es:

> »Denn als sie erfuhren, daß die Perser in Europa einfallen wollten, schickten sie Gesandte nach dem Isthmos. Dort aber waren die Vertreter Griechenlands versammelt, die man in den Städten gewählt hatte, die gut griechisch gesinnt waren. Als die Gesandten der Thessaler zu ihnen kamen, sprachen sie: ›Griechen, ihr müßt den Paß am Olymp besetzen, um Thessalien und ganz Griechenland vor dem Kriege zu sichern. Wir sind bereit, den Paß mit euch zu verteidigen; aber auch ihr müßt ein starkes Heer dorthin senden. Wenn ihr das nicht tut, so wißt, daß wir ein Abkommen mit den Persern schließen werden. Denn es geht nicht an, daß wir, die wir so weit vor dem griechischen Mutterlande die Wache halten, verlassen für euch in den Tod gehen. Wollt ihr uns nicht helfen, so könnt ihr uns auf keine Weise zwingen; denn noch nie kannte die Not ein Gebot. Wir wollen dann eben versuchen, selbst auf unsere Rettung zu sinnen.‹ Also sprachen die Thessaler.
> Die Griechen aber beschlossen daraufhin, zu Schiff ein Landheer nach Thessalien zu entsenden, um den Paß zu verteidigen. (...) Das Heer gelangte nach Tempe und zu dem Paß, der das untere Makedonien mit Thessalien verbindet und am Peneios zwischen dem Olymp und dem Ossa hindurchführt. Dort bezog das Griechenheer, etwa 10000 Schwerbewaffnete, ein Lager.«

Die Griechen besetzten also das Tempetal, wurden jedoch von den Persern umgangen. Bei Herodot zogen sich die Griechen bald zurück, dort heißt es:

> »Ich glaube (allerdings), Angst bestimmte sie, als sie erfuhren, daß es noch einen anderen Paß nach Thessalien gebe aus dem oberen Makedonien durch das Land der Perrhaiber bei der Stadt Gonnos, wo das Heer des Xerxes dann auch wirklich einbrach.« (Hdt. 7,172–173) (Übersetzung: Josef Feix).

Vermutlich ist Xerxes durch das Tal zwischen Hocholymp und Niederolymp gezogen und am Nezeros-See vorbei nach Süden Richtung Tempetal und Gonnoi (▶ Abb. 37).

Ein weiteres Mal ist die Region Ort taktischer Kriegsführung während der Kriege Roms gegen Makedonien 169 v. Chr. Es standen sich die Heere des Konsuls Marcius Philippus und des Makedonenkönigs Perseus (179–166 n. Chr.) gegenüber.[31] Der Bericht des Livius im 44. Buch seiner römischen Geschichte ist detailliert. Der Ausgangspunkt ist ein ähnlicher wie bei Xerxes. Da das Tempetal von den Makedonen besetzt war, benötigten die Römer einen anderen Weg nach

4.3 Kriegsschauplatz Olymp

Makedonien. Die Römer planten, am Nezeros-See vorbeizuziehen. Bei Livius heißt es:

»Perseus, der in diesen Tagen die Annäherung des Feindes erfuhr, allein nicht wußte, welchen Weg er nehmen würde, entschloss sich, alle Pässe mit Mannschaft zu besetzen. Auf die Höhen der Kambunischen Berge, sie heißen dort Volustana, schickte er 10000 Mann leichter Truppen unter Anführung des Asklepiodotos. Neben der Bergfestung, die über dem See Askuris lag – der Ort heißt Lapathos –, musste Hippias den Pass mit 12000 Makedoniern besetzen. (…) Unterdessen stand es für den Konsul fest, durch den Gebirgswald zu ziehen, in welchem, wie ich gesagt habe, bei Lapathos auf Befehl des Königs Hippias sein Lager genommen hatte. (…) Allein der Weg war so steil, so rau und abgerissen, dass die ohne Gepäck vorausgehenden Truppen, nachdem sie nur mit Mühe in zwei Tagen einen Weg von 15000 Schritten zurückgelegt hatten, sich lagern mußten.« (Liv. 44,2,9) (Übersetzung Otto Güthling)

Es folgen Berichte über den Zug durch das Gebirge des Niederolymps. Dazu schreibt Livius:

»Ein Durchzug durch das Waldgebirge Tempe hat seine Schwierigkeiten, wenn auch kein Krieg ihn unsicher macht. Den Pass entlang, der in einer Länge von 5000 Schritten so eng fortgeht, dass für ein beladenes Zugtier nur ein schmaler Weg bleibt, sind auf beiden Seiten die Felsen so schroff, dass man, ohne schwindlig und bewußtlos zu werden, kaum hinabblicken kann. Auch das Tosen und die Tiefe des in der Mitte fließenden Peneos sind schrecklich. Diese schon durch die Natur so grauenvolle Gegend war an vier verschiedenen Stellen mit königlichen Posten besetzt. Der eine stand vorn am Eingang bei Gonnoi, der andere bei Kondylos in einem uneinnehmbaren Kastell, der dritte bei Lapathos mit dem Beinamen der Schlagbaum; der vierte war in der Mitte des Tales, wo es am engsten ist, über dem Weg selbst aufgestellt, so daß schon zehn Bewaffnete ihn leicht behaupten konnten.« (Liv. 44,6,6) (Übersetzung Otto Güthling)

Die weitere Ereignisgeschichte muss uns nicht interessieren. Wir sehen aber, dass das Gebiet des Niederolymps von weltgeschichtlicher Bedeutung und durch militärische Befestigungen und Siedlungen geprägt war, die in Kriegssituationen immer wieder relevant wurden.[32]

4.4 Gab es einen Altar und Mysterien auf dem Olymp?

Antike Quellen berichten von einem Zeusaltar auf dem Olymp. So heißt es bei Solinus, einem lateinischen Autor Mitte des 4. Jh.s n. Chr.:[33]

> »Denn sie halten den Olymp von Homer nicht wegen der Kühnheit derer, die ihn besucht haben, für berühmt. Zuersteinmal ist er bekannt, wegen des herausragenden Gipfels, so dass sie seine Spitze Nachbar des Himmels nennen. Es gibt einen Altar auf dem Gipfel, der Zeus geweiht ist.«

Und weiter wird beschrieben, dass die an dem Altar niedergelegten Opfergaben nicht von Wind oder Regen beeinträchtigt würden. Vielmehr würde man beim erneuten Besuch im darauffolgenden Jahr alles so vorfinden, wie es zurückgelassen wurde.

Plutarch und der Kirchenvater Augustinus (354–430 n. Chr.) ergänzen, dass Buchstaben, die in die Opferasche des Altars geschrieben wurden, bis zum nächsten Jahr unversehrt blieben.[34] Offenbar stellte man sich einen Aschealtar auf dem Olymp vor, wie er etwa aus dem Zeusheiligtum von Olympia belegt ist. Im Zeuskult waren Opfer an einem Aschealtar, welcher über längere Zeit nicht abgetragen wurde und so zu einem großen Kegel anwachsen konnte, beliebt.[35] Zeus wurde auch anderenorts unter freiem Himmel und ohne eigentlichen Tempelbau an einem Altar verehrt. Erfunden dürfte die Charakterisierung der wundersamen Erhaltung der Schrift in der Asche sein.[36] Bereits Homer berichtet, dass kein Wetter den Gipfel des Olymps erreiche, und diese homerische Vorstellung eines überweltlich-idealen Ortes scheint in der späteren Überlieferung mitzuschwingen.[37]

Der in der antiken Literatur genannte Altar ist die einzige Erwähnung einer baulichen Inbesitznahme des Olymps durch die Menschen der Antike. Es ist zu betonen, dass die antike Überlieferung nichts von einem anderen Heiligtum am Olymp zu berichten weiß, was im Übrigen angesichts der Topographie nicht verwundert. Ein größeres Heiligtum auf dem Olymp wäre architektonisch und logistisch kaum zu realisieren gewesen.

In der Spätantike gibt es weitere Belege für mögliches Kultgeschehen auf dem Olymp. Doch sind dies weniger Zeugnisse über die tat-

4.4 Gab es einen Altar und Mysterien auf dem Olymp?

sächlichen Verhältnisse dort, als für die christliche Einstellung zu paganem Kult sowie zur Alterität und Wildnis von Bergen. Über den paganen Magier Cyprian, der später zum Christentum konvertierte und Bischof von Antiochia wurde, wird in seiner Pseudo-Autobiographie um 370 n. Chr. Folgendes berichtet:[38]

> »Ich kam auch zum Olymp, dem Berg der Götter, wie man sagt, und ich wurde in den Umgang mit dem Echo und die Interpretation von Geräuschen eingeweiht. Ich sah dort Baumstümpfe, die Visionen erzeugten, und Kräuter, die durch göttliches Eingreifen zu wirken schienen. Ich sah dort die Abfolgen der Jahreszeiten unter dem Wechsel der Winde und der Tage, die durch bestimmte gegensätzliche Energien hervorgerufen werden. Ich sah dort Tänze von Dämonen, die sangen, andere im Krieg und andere im Hinterhalt liegen, betrügend und verwirrend, und ich sah dort die Schlachtreihe jedes Gottes und jeder Göttin, die vierzig Tage und weitere acht an dem Ort geblieben waren. Von dort senden sie die Winde wie aus Königspalästen aus, damit jeder seine Arbeit auf der Erde und unter allen Völkern verrichte. Und ich ernährte mich nach Sonnenuntergang nur von Nüssen, und als ich fünfzehn Jahre alt wurde, wurde ich von den sieben Hierophanten in die Energien jedes der Winde eingeweiht. Denn meine Eltern waren sehr begierig darauf, dass ich die Geheimnisse der Erde, der Luft und des Meeres entdecke, nicht nur das, was gemäß der Natur mit der Zerstörung und der Entstehung von Kräutern und Baumstümpfen und Körpern zu tun hat, sondern auch die Energien, die der Fürst dieser Welt ihnen allen eingeprägt hat, im Gegensatz zur Formung durch Gott.«[39] (Übersetzung: Achim Lichtenberger)

Abhängig von diesem Text erwähnt Anfang des 5. Jh.s n. Chr. auch die byzantinische Kaiserin Eudokia in ihren Schriften diese Mysterien.[40]

Das spätantike Zeugnis ist insofern bemerkenswert, als der Kontext des Berichts ist, dass Cyprian von verschiedenen geheimen Einweihungsfeiern (Mysterien) berichtet, in die er eingeführt worden sei, darunter die von Mithras, Apollon sowie Demeter und Kore.[41] Die von Cyprian genannten Mysterien beziehen sich allesamt auf tatsächlich in der Antike praktizierte und sehr bekannte Mysterienkulte. Daher könnte man zunächst vermuten, dass auch der Bericht über die Mysterien am Olymp auf tatsächliche Begebenheiten zurückgeht.[42] Allerdings ist dies wenig wahrscheinlich.[43] Der unbekannte Autor der Pseudo-Autobiographie nimmt den Olymp als Göttersitz zum Ausgangspunkt, den bösen Charakter der paganen Götter zu beschreiben. Der Bericht zu den olympischen Mysterien ist deutlich länger als der zu den anderen Mysterien, was die Sonderstellung der Passage noch einmal betont. In dem Text finden sich zudem orphische Vorstellungen und Bezüge zu den Geheimlehren des Corpus Hermeticum. Dies unterstreicht, dass es sich um eine theologische Fiktion handelt, die möglicherweise daran anknüpft, dass der mythische Sänger und Dichter Orpheus am Olymp gewirkt haben soll.[44] Die Erwähnung der Jahreszeiten (Horen) ist vermutlich auf die Kenntnis der homerischen Vorstellung zurückzuführen, dass die Horen die Tore des Olymps bewegten.[45] Daraus ergibt sich, dass dieser Bericht ein literarisch-theologisches Konstrukt ist, das keine Aussagen über reale spätantike Mysterienkulte am Olymp zulässt.

Damit bleibt nur der Bericht des Solinus über den Altar auf dem Olymp. Unternimmt man den Versuch, diesen Bericht mit archäologischen Zeugnissen zu verbinden, findet man in der Gipfelregion des Hocholymps nur zwei Stellen, die dafür in Frage kommen. Dabei handelt es sich um den Gipfel des Agios Antonios sowie um den Profitis Elias.

4.5 Das Zeus Olympios-Heiligtum auf dem Agios Antonios

Die bedeutendsten archäologischen Befunde aus der Gipfelregion des Olymps stammen vom Gipfel Agios Antonios (▶ Abb. 39).[46] Leider haben bislang keine systematischen archäologischen Untersuchungen auf dem Gipfel stattgefunden. Möglicherweise hat bereits von Eckenbrecher im Jahr 1840 Reste des Gipfelheiligtums besucht, doch ist seine Beschreibung zu vage.[47] Der erste eindeutige Bericht, der sich auf den Agios Antonios bezieht, ist aus den Jahren 1922/1923 und stammt von Helmut Scheffel, der deutscher Konsul in Volos, und rund 20 Jahre später, 1943, durch Warnung und Stillhalten an der Rettung eines Großteils der Juden von Volos vor der Deportation in die deutschen Vernichtungslager beteiligt war:

4.5 Das Zeus Olympios-Heiligtum auf dem Agios Antonios

»Auf der höchsten Spitze [des Olymps] haben wir keine Spuren einer antiken Kultstätte gefunden, wohl aber auf einem der Vorberge, der etwa eine Stunde südlich vom Hauptgipfel sich erhebt und ausweislich unseres Höhenmessers etwa 2900 m hoch ist, vom Hauptgipfel also nur ungefähr um 100 m überragt wird. Hier glaubten wir Altarreste zu erkennen und lasen zwischen den Steinen des Gipfels einige hundert Scherben auf, die trotz ihrer Kleinheit und überaus starken Verwitterung und Verscheuerung sich uns als unzweifelhaft antik erwiesen: etwa die Hälfte zeigte mehr oder minder deutliche Reste der alten schwarzen Glasurfarbe. Schon allein die von uns aufgehobenen Fragmente verteilten sich mindestens auf mehrere Dutzend Gefäße. Nach den Henkeln, Böden und Randstücken zu schließen, scheint es sich vor allem um kleine Gefäße zu handeln, um Schalen, Näpfe, Becher und dergleichen, und zwar, wie uns archäologischerseits mitgeteilt wird, wohl um Gefäße aus den späteren Jahrhunderten des klassischen Altertums.

Damit ist ein starker Opferdienst in antiker Zeit für diesen Nebengipfel erwiesen. Will man nicht annehmen, daß die Spuren antiken Kultes auf dem Hauptgipfel völlig verschwunden sind, oder daß man bei dem geringen Höhenunterschied im Altertum diesen Nebengipfel für den Hauptgipfel hielt, so könnte man vielleicht vermuten, daß der Hauptgipfel als Sitz der Götter ohne Kult war. Eine eingehende Untersuchung der verschiedenen Gipfel wird uns der Lösung dieses Problems näher bringen und vielleicht auch Aufschluß darüber verschaffen, ob der bei Solinus Polyhistor I X überlieferte ›Zeusaltar auf dem Gipfel‹ mit unserer Opferstätte identisch sein muß. Die fabelhafte Erhaltung der Opfergaben, von der Solin phantasiert, trifft leider auf unsere Gefäße nicht zu.«[48]

Zu Scheffels Bericht, der wesentliche Beobachtungen enthält, sei Folgendes angemerkt: Dass auf dem Agios Antonios Altarstrukturen beobachtet worden seien, konnte später nicht erhärtet werden. Möglicherweise haben Scheffel hier die literarischen Zeugnisse angeregt. Was die zeitliche Einordnung der Befunde angeht, so bezieht sich Scheffel wohl auf die typisch spätklassisch/frühhellenistische Glanztonkeramik, die sich in das 4./3. Jh. v. Chr. datieren lässt. Hinsichtlich seiner Frage, ob in der Antike dieser Ort als ein Nebengipfel oder als Hauptgipfel angesehen wurde,[49] lässt sich auf die früheste Höhenmessung des Olymps, jene des Xenagoras, verweisen.[50] Er nahm Maß unmittelbar am Fuß des Agios Antonios in Pythion, und vielleicht ist daher zu erwägen, dass hier in der Antike in der Tat der höchste Gipfel angenommen wurde.

Die archäologischen Befunde auf dem Agios Antonios blieben in der Folgezeit unbeachtet, bis die Universität Thessaloniki 1961 eine Wetterstation auf dem Gipfel errichtete und daher eine Notgrabung und einen

4 Geographie: Der makedonisch-thessalische Berg

archäologischen Survey unternahm (▶ Abb. 40). Die Ergebnisse wurden 1967 von Basil Kyriazopoulos und George Livdas publiziert.[51] Die Untersuchungen konnten in größerem Umfang archäologisches Fundmaterial dokumentieren. Dabei handelt es sich einerseits um Blöcke mit Inschriften und anderen Architekturteilen, andererseits um Keramik, Kleinfunde, Münzen sowie große Mengen von Schaf- und Ziegenknochen. Das Fundmaterial stammt aus hellenistischer Zeit, die früheste Bronzemünze ist eine des makedonischen Königs Antigonos Gonatas (283/276–239 v. Chr.), sowie aus der Spätantike (Münzen von Kaiser Konstantin II. [337–361 n. Chr.] bis Leo I. [457–473 n. Chr.]). Der Charakter der Befunde legt nahe, dass hier ein Heiligtum mit geregeltem Opferkult existierte, welches in hellenistischer Zeit genutzt wurde und in der Spätantike eine Nachnutzung erfuhr. Die meisten Funde wurden in einer Schicht gemacht, die an einigen Stellen zwischen 0,30 und 1,50 m tief war und in der die Opferreste gemischt eingebracht waren. Asche und Tierknochen deuten darauf, dass es sich auf dem Agios Antonios um einen Aschealtar handelte, wie er etwa aus Olympia oder vom Berg Kasios in Syrien bekannt ist.[52]

Mehrere Marmorblöcke weisen Reste von Inschriften auf, in denen Zeus Olympios genannt wird sowie dessen Priester. Die Inschriften werden in hellenistische Zeit datiert, für eine der Inschriften wurde kürzlich sogar eine kaiserzeitliche Datierung vorgeschlagen.[53] Weitere Steine stammen von Basen für Bronzestatuen, und ein Marmorknie mit Beinansatz ist erhalten. Offenbar waren hier Statuen und Inschriftenstelen aufgestellt, wie für ein reguläres Heiligtum üblich. Die Erwähnung von einem Priester des Zeus Olympios wird darauf bezogen, dass der Priester zu dem nahegelegenen Zeus-Olympios-Heiligtum von Dion gehörte, doch ist dieser Schluss keineswegs zwingend,[54] besonders weil der Gipfel auf der Südseite des Olympgebirges lag und damit eher zu Thessalien gehörte als zu dem auf der Nordseite gelegenen makedonischen Dion.

Die Ausgräber haben einen Plan der Fundsituation veröffentlicht, der Aufschlüsse über die Fundverteilung zulässt (▶ Abb. 40). Die Quadrate I und II beziehen sich auf moderne Gebäude. Der mit III eingekreiste Bereich bezeichnet das Areal, in dem die Opferschichten gefunden wurden. IV–X gibt die Orte an, an denen die Steinblöcke für Stelen und

4.5 Das Zeus Olympios-Heiligtum auf dem Agios Antonios

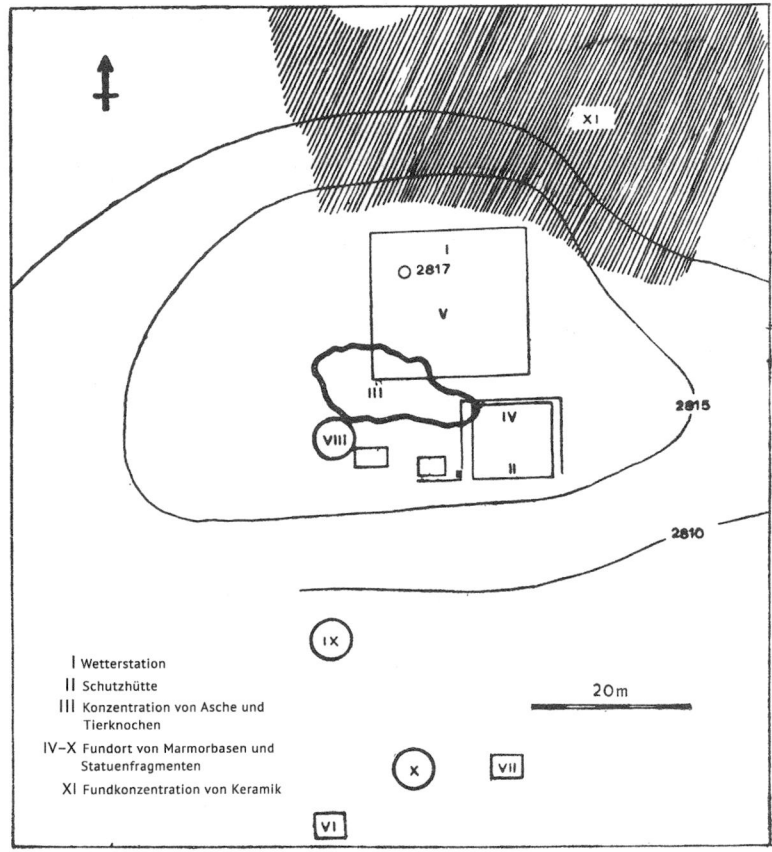

Abb. 40: Plan der Ausgrabungen auf dem Gipfel Agios Antonios.

Statuen angetroffen wurden, und der schraffierte Bereich XI markiert wiederum das Gebiet, in dem Keramik gefunden wurde.

Betrachtet man diese Befunde, so ergibt sich, dass auf der höchsten Kuppe des Agios Antonios Opferkult stattfand. Bemerkenswert ist, dass gemäß der Dokumentation auf der Nordseite die Keramik gefunden wurde und am Südabhang sowie auf der Kuppe die Steinblöcke. Ohne den Befund überinterpretieren zu wollen, stellt sich die Frage, ob die Statuen und Inschriften auf der Kuppe sowie dem südlichen Abhang aufgestellt waren, während eine Form der Kultpraxis des Heiligtums dazu führte, dass die Keramikdeponierungen auf der Nordseite erfolgten. Näherte man sich vielleicht von Süden, von Thessalien, dem Heiligtum, und waren daher die Steine dort publikumswirksam aufgestellt? Und weiter: Resultierten die Keramikdepots vielleicht daher, dass die Keramik in Beziehung zu den nördlich gelegenen Hauptgipfeln niedergelegt wurde? Wäre letztere Interpretation korrekt, könnte dies darauf hindeuten, dass man in der Antike sehr wohl wusste, dass der Agios Antonios ein niedrigerer Gipfel war, den man der Zugänglichkeit wegen ausgewählt hatte.

Mit der Geschichte des Heiligtums hat sich auch der Archäologe Hermann-Josef Höper auseinandergesetzt.[55] Er möchte die Einrichtung des Heiligtums mit Antigonos Gonatas im frühen 3. Jh. v. Chr. ansetzen. Von der langen Lücke in der Münzreihe und im sonstigen archäologischen Befund schließt er auf eine rasche Aufgabe des Heiligtums und an eine Wiederinbesitznahme erst unter Konstantin II. im 4. Jh. n. Chr. Als Christen und Heiden um die Religion kämpften, nahmen möglicherweise die Heiden das alte Heiligtum wieder in Besitz, bevor der heidnische Kult im 5. Jh. n. Chr. eingestellt wurde. Die Wiederinbesitznahme des Heiligtums könnte zeitgleich zu der Überlieferung des Solinus sein, der einen Altar auf dem Olymp erwähnt. Allerdings bleibt letztlich ungewiss, ob der literarisch gefärbte Bericht des Solinus überhaupt auf dieses Heiligtum zu beziehen ist, zumal die spätantike Phase auf dem Agios Antonios durchaus auch eine christliche sein könnte. So bleibt es im Moment unklar, ob die spätantiken Befunde auf dem Agios Antonios das letzte Aufbäumen paganen Kults oder bereits die christliche Inbesitznahme des antiken Götterbergs waren.

Sollte diese Nutzungsgeschichte des Heiligtums in den wesentlichen Zügen korrekt sein, spräche viel dafür, dass die Nutzung in der Antike nur sporadisch war. Dies wiederum unterstreicht, dass der Olymp nicht wirklich räumlich in Besitz genommen wurde. Sollte allerdings eine Nutzung des Heiligtums auch in der römischen Kaiserzeit erwiesen werden,[56] wäre dies ein Hinweis auf eine kontinuierliche Nutzung. Es würde sich lohnen, auf dem Agios Antonios erneut eine archäologische Oberflächenuntersuchung vorzunehmen, um diese Fragen weitergehend zu klären.

Wichtig bleibt in jedem Fall, dass es im Frühhellenismus den Versuch gab, den Berg mit einem Heiligtum zu versehen. Wir werden auf diese Beobachtung im Zusammenhang mit dem Ausbau der Stadt Dion zurückkommen, denn dort ist in frühhellenistischer Zeit ebenfalls verstärkt Aktivität zu beobachten, die mit dem Olymp zu tun hat.

4.6 Profitis Elias und Agios Dionysios

Damit kommen wir zu dem zweiten Ort in der Gipfelregion, dem Profitis Elias (▶ Abb. 41). Stählin schreibt über ihn:

> »Auf dem Gipfel steht eine rohe, in zwei Kammern geteilte Kapelle. Sie nimmt vielleicht die Stelle des alten, zu Dion gehörenden Zeusaltars ein.«[57]

Die Existenz eines Zeusaltar von Dion auf dem Olymp ist allerdings nur eine unbelegte Hypothese, weshalb diese Identifikation zweifelhaft bleibt. Immerhin liegt der Profitis Elias, anders als der Agios Antonios, nicht in Thessalien, sondern in Makedonien, der Dion zugewandten Seite.

Die Kapelle wurde von Höper vorsichtig in das 16. Jh. datiert.[58] In Griechenland wurden vielerorts besonders hohe Berggipfel dem biblischen Propheten Elias geweiht, und diese Gipfel wurden mit Kapellen versehen, welche am 20. Juni jeden Jahres besucht werden.[59] Die von Stählin formulierte Vermutung, dass diese Kapelle einen älteren Zeuskult ersetzt, ist nicht hinreichend begründet, da dort bislang keine antiken Überreste dokumentiert wurden. Die Überlegung folgt vielmehr einer forschungsgeschichtlich überholten Annahme, dass vielerorts christliche Interpretationen antik-paganer Kulte anzutreffen sind. Das einzige wirkliche Argument dafür, dass der Gipfel einen Zeusaltar beherbergt haben könnte, ist die allgemeine topographische Erwägung, dass dieser Gipfel leichter von der makedonischen Stadt Dion erreicht werden konnte als der südlich gelegene Agios Antonios.

Abschließend sei noch auf das Kloster Agios Dionysios eingegangen, welches im Tal des Enipeas liegt (▶ Abb. 42). Vermutlich wurde es eben-

Abb. 41: Der Gipfel Profitis Elias mit einer kleinen Kapelle.

falls im 16. Jh. gegründet.[60] Von diesem Kloster aus starteten Prozessionen zum Profitis Elias.[61] Im 19. Jh. wurde es während eines Aufstandes gegen die Türkenherrschaft zerstört, doch wieder instandgesetzt. Während der deutschen Besatzung im Zweiten Weltkrieg war es ein Partisanenversteck, und 1943 wurde es von den Deutschen gesprengt, sodass es heute nur als Ruine erhalten ist. Erst seit den letzten Jahren findet ein behutsamer Wiederaufbau statt.

Der Berg Olymp war nicht nur für das Christentum ein Ort kultischer Aktivitäten, sondern auch islamische Heilige haben dort Verehrung gefunden, wie der Reiterheilige Abbas Ali.[62]

Die christliche und islamische Wiederaufnahme von auf den Olymp bezogenen religiösen Praktiken unterstreicht, dass der Berg auch über die pagane Antike hinaus nichts von seiner religiösen Anziehungskraft verloren hat.[63]

4.6 Profitis Elias und Agios Dionysios

Abb 42: Das byzantinische Kloster Agios Dionysios im Olympgebirge

5 Ideologie: Der Berg im Dienste der Politik

Im Vorangegangenen haben wir gesehen, dass eine sakrale Inbesitznahme des Olymps im Hellenismus auf dem Gipfel des Agios Antonios stattfand. Außerdem erfolgte eine Einbettung der Olympregion in eine apollinische Sakrallandschaft. Beide Vorgänge der Inbesitznahme des Berges sind angesichts der herausragenden mythologischen Bedeutung des Berges erstaunlich zurückhaltend. Es stellt sich die Frage, weshalb dieser für die griechische Religion so bedeutende Berg nicht mehr sakrale Aufmerksamkeit gefunden hat. Eine sakrale Inbesitznahme des Olymps können wir Ende des 5. Jh.s v. Chr. und vor allem im 4. Jh. v. Chr. an einem anderen Ort beobachten. Nur wenige Kilometer nordöstlich des Olymps lag die nach Zeus benannte Stadt Dion. Dion erfuhr unter dem Makedonenkönig Archelaos I. (413–399 v. Chr.) eine bauliche Ausgestaltung.[1] Unter seiner Regierung wurden olympische Spiele eingerichtet, und vermutlich geht der große Zeusaltar in Dion, der auf den Olymp ausgerichtet war, auf diese Zeit zurück. Wenn es am Olymp ein zentrales Heiligtum mit panhellenischem Anspruch gab, dann war es dieses.

5.1 Dion

Die Stadt Dion liegt nordöstlich des Olymps in der Küstenebene von Pieria (▶ Abb. 2 und ▶ Abb. 37). Der Name leitet sich von der altgriechischen Deklinationsform des Namens Zeus ab, bedeutet also so viel wie »Zeusstadt«. Es ist anzunehmen, dass dieser Name in Bezug auf den Olymp ausgewählt wurde. Die Stadt wird seit mehreren Jahrzehnten von der Universität Thessaloniki ausgegraben und hat reiche Funde zutage gebracht, die jedoch bislang nur unzulänglich publiziert und daher unzureichend von der Wissenschaft zur Kenntnis genommen wurden.[2]

Die Anfänge der Stadt Dion sind unklar. Bronzezeitliche Funde am Ort deuten auf eine längere Siedlungstätigkeit hin. Ein umfangreicher eisenzeitlicher Friedhof aus dem frühen 1. Jahrtausend v. Chr. könnte Siedlungskontinuität belegen.[3] Unter den makedonischen Königen tritt uns Dion im 5. Jh. v. Chr. erstmals in literarischen Quellen als kleine Stadt entgegen.[4] Archelaos I. hat athletische und musische Festspiele für Zeus Olympios und die Musen in Dion eingerichtet.[5] Spätestens jetzt wird Dion zum religiösen Zentrum Makedoniens.[6] Auch Alexander der Große (336–323 v. Chr.) sowie sein Vater Philipp II. (359–336 v. Chr.) sollen später Festspiele für Zeus Olympios und die Musen in Dion veranstaltet haben.[7] Alexander hat nicht nur vor dem Perserzug hier dem Zeus Olympios geopfert,[8] sondern auch sein erstes großes Siegesmonument für die Schlacht am Granikos 334 v. Chr. hier aufgestellt. Es handelt sich um eine Statuengruppe im Heiligtum des Zeus Olympios in Dion, ein Werk des berühmten Bildhauers Lysipp.[9]

Aus dem 4. Jh. v. Chr. stammen fünf makedonische Kammergräber, die in der Umgebung gefunden wurden.[10] Solche Gräber zeigen, dass hier eine wohlhabende Aristokratenschicht lebte, auch wenn wir von deren spätklassisch-frühhellenistischer Siedlung nichts bzw. nur wenig wissen. Prominente hellenistische Gebäude waren das große Theater, welches gegen Ende des 3. Jh.s v. Chr. errichtet wurde, sowie die Stadtmauer.

Blicken wir zunächst auf den Plan von Dion (▶ Abb. 43). Die Stadt hatte eine ungewöhnliche Struktur.[11] Sie war von einer mehr oder weniger rechteckigen Stadtmauer eingefasst, deren Verlauf zu einem späteren Zeitpunkt korrigiert werden musste.[12] In der Stadt befand sich Wohnbebauung, doch alle bislang entdeckten Heiligtümer lagen außerhalb der Stadtmauern.[13] Normalerweise waren städtische Heiligtümer im Zentrum griechischer Städte zu finden, doch in Dion lagen alle bekannt gewordenen Heiligtümer vor den Mauern der Siedlung. Auch die Anlagen für sportliche und musische Wettkämpfe, Theater und Hippo-

5 Ideologie: Der Berg im Dienste der Politik

Abb. 43: Plan der Stadt Dion.

drom, welche für die olympischen Spiele genutzt wurden, lagen außerhalb der Stadtmauern.

Die Stadtmauern wurden unter dem Makedonenkönig Kassander (305–297 v. Chr.) errichtet.[14] Ihre damalige Länge betrug rund 2,6 km. Die Mauer war 3 m dick und alle 33 m gab es Türme. Der insgesamt sehr reguläre Plan mit regelmäßigen Toren und entsprechend regelmäßiger Straßenführung im Inneren deutet auf eine geplante und mit hohem Aufwand umgesetzte Neugründung hin. An der Ostseite wies die Stadtmauer einen Vorsprung auf, welcher möglicherweise als eine Art Damm gegen den vorbeifließenden und schiffbaren Fluss Baphyras diente. Bereits in hellenistischer und dann in römischer Zeit sowie in der Spätantike wurde die Stadtmauer mehrfach repariert und der Verlauf geändert, sodass in der Spätantike an der östlichen Flussseite die Mauer irregulär dem Uferverlauf folgt.

An der Hauptstraße, welche die Stadt in nord-südlicher Richtung durchquerte, lagen Läden, die Märkte (Agora) sowie ein 37 m langes hellenistisches Monument aus dem späten 3. Jh. v. Chr., welches einen Waffenfries an der Front aufwies und zu einem großen – vermutlich königlichen – Siegesmonument gehörte.[15] Es unterstreicht, dass die makedonischen Könige die Stadt für ihre Selbstdarstellung nutzten. Die ausgegrabenen Areale der innerhalb der Mauern gelegenen Stadt stammen überwiegend aus römischer Zeit und bestehen aus prächtigen Wohngebäuden und Badeanlagen. Sie zeugen von einem Wohlleben der römischen Stadt, die unter Kaiser Augustus eine römische Colonia geworden war.[16] Insbesondere der Reichtum an Skulpturen und Mosaiken ist hervorzuheben. Darüber hinaus wurden außergewöhnliche Metallfunde gemacht, etwa Beschläge von aufwendigen Prachtbetten sowie die Reste einer Hydraulis, einer Wasserorgel aus dem 1. Jh. v. Chr.[17]

Im Süden der Stadt stand ein Thermenkomplex mit einem kleinen Odeion. Im Osten der Stadt am Fluss lag die sogenannte Villa des Dionysos, welche über mehrere Repräsentationsräume verfügte; benannt ist sie nach einem Dionysosmosaik.[18] Die Villa wurde um 200 n. Chr. gebaut, und in ihr fand man unter anderem eine sehr gut erhaltene Gruppe von Marmorsitzstatuen von Philosophen und Intellektuellen.[19] Zeugnis der langen Geschichte der Stadt sind Kirchen innerhalb und außerhalb der Stadtmauern.

Damit wenden wir uns den Heiligtümern und der Bebauung außerhalb der Stadt zu: Das wichtigste Heiligtum ist das des Zeus Olympios, das aus einem Altar und einem angrenzenden Hain bestand.[20] In hellenistischer Zeit wurde der Ursprung des Zeuskults in Dion auf den mythischen Helden Deukalion zurückgeführt und der Kult somit zu einem der ältesten Zeuskulte überhaupt erklärt.[21] Der große Zeusaltar wurde erst in den letzten Jahren ausgegraben und ist noch nicht hinlänglich publiziert (▶ Abb. 44).[22] Der Altar war nach Südwesten orientiert. Es handelt sich um einen 22 m breiten Monumentalaltar, der unter freiem Himmel stand und nicht auf einen Tempel, sondern zum Berg Olymp hin ausgerichtet war. Vor dem Altar befand sich eine Freifläche mit 36 in den Boden eingelassenen Ringen, an denen die Opfertiere vor der Schlachtung festgebunden wurden. Diese Installationen zeigen, dass das Heiligtum für große Opfer ausgelegt gewesen ist, und man hier beispielsweise eine Hekatombe mit 100 Opfertieren effizient durchführen konnte. Solche Opfer wurden gerne von Herrschern und großen Staats-

5 Ideologie: Der Berg im Dienste der Politik

Abb. 44: Rekonstruktionszeichnung des Zeusaltars von Dion mit Opfervorrichtung für Rinder.

männern finanziert. Da man bislang kein Tempelgebäude nachweisen konnte, ist davon auszugehen, dass der Kult des Zeus Olympios an einem offenen Altarheiligtum durchgeführt wurde. Dass dieser Altar dem Zeus Olympios geweiht war, wird durch die zahlreichen in der Gegend gefundenen Inschriften bestätigt. Darunter sind Staatsverträge, die unterstreichen, dass dieses Heiligtum, in dem auch Porträtstatuen makedonischer Könige standen, ein makedonisches Zentralheiligtum war.[23] Soweit es der Literatur zu entnehmen ist, stammt dieser Altar aus spätklassisch-hellenistischer Zeit (4./3. Jh. v. Chr.). Dieses Heiligtum stand im Fokus von Königen und Politikern und diente als ein überregionales Heiligtum einem gesamtgriechischen Publikum.

Ein weiteres Heiligtum vor den Mauern der Stadt ist jenes der Demeter, in dem die ältesten Bauten bereits aus archaischer Zeit (6. Jh. v. Chr.) stammen.[24] Hier wurden mehrere kleine Tempel gefunden, in denen Terrakottavotive standen. Altäre vor den Tempeln dienten Opfern. Ein spätklassischer Frauenkopf könnte zu einer Demeterstatue gehören. In den kleinen Tempeln wurden weitere Gottheiten verehrt, die zu Demeter in Relation standen. Der Kult der Demeter selbst wird von einer Inschriftenweihung bestätigt.

Ungefähr 150 m östlich des Theaters lag ein Heiligtum des Asklepios, das auch ein kleines Gebäude umfasste. Hier wurden Statuen des Asklepios, der Hygieia und des Telesphoros gefunden. Alle drei waren Heilgottheiten.

Im Osten der Stadt befand sich ein Heiligtum der ägyptischen Göttin Isis.[25] Ähnlich wie das Demeterheiligtum besaß es mehrere Kulträume. Während in der Antike Wasser eine wichtige Rolle im Kult spielte, wird das Gelände heute von Überschwemmungen heimgesucht. Bereits in klassischer Zeit gab es hier einen Kult der Artemis, und die Kultaktivität erstreckte sich bis in die römische Kaiserzeit, wovon hervorragende Marmorskulpturen zeugen. In einem der Kulträume wurde eine bemerkenswerte Göttin verehrt, die Venus Hypolympidia, also »die unterhalb des Olymps wohnende« Venus-Aphrodite (▶ Abb. 45).[26] Hypolympidia ist ein bislang einmaliger Beiname und unterstreicht, wie sehr der gesamte Kultbezirk und die Stadt Dion in Relation zum Berg Olymp gesehen wurden. Bei der Statue handelt es sich um ein hellenistisches Werk, welches in der römischen Kaiserzeit eine neue Basis mit Inschrift erhielt, sodass unklar bleibt, ob der Aphroditekult in Dion bereits in spätklassisch-hellenistischer Zeit einen solchen Beinamen aufwies. Letzteres ist wahrscheinlich, da es sich um eine lateinische Inschrift mit einem griechischen Beinamen handelt, dieser Beiname also offenkundig älter ist und aus einer Zeit vor der Gründung der römischen Colonia und der Einführung der lateinischen Sprache stammt. Nur aus der colonialen Münzprägung kennen wir eine Diana Baphyra.[27] Der Beiname bezieht sich auf den Fluss Baphyros, der am Olymp entspringt. Er unterstreicht ähnlich wie bei der Venus Hypolympidia, wie die Gottheiten von Dion in eine auf den Olymp bezogene Sakrallandschaft eingebettet sind.

Zwischen dem Heiligtum der Isis und dem der Demeter lag ein Heiligtum des »höchsten« Zeus, Zeus Hypsistos, in dem eine kaiserzeitliche Statue des thronenden Göttervaters gefunden wurde.[28] Der Kult des Zeus Hypsistos scheint erst der römischen Kaiserzeit anzugehören.[29]

5 Ideologie: Der Berg im Dienste der Politik

Abb. 45: Statue der Venus Hypolympidia, Archäologisches Museum Dion.

Insgesamt ist festzuhalten, wie sehr dieses Gebiet südlich der ummauerten Stadt zum Olymp hin ausgerichtet und von Heiligtümern dominiert war. Dazu gehörten auch die agonistischen Anlagen, die im Zusammenhang mit Kultfeiern genutzt wurden. Zusätzlich zu dem großen hellenistischen Theater gab es noch ein kleineres römisches Theater aus dem 2. Jh. n. Chr. Das Stadion wiederum scheint bereits aus hellenistischer Zeit zu stammen, wie Münzfunde nahelegen.

Man gewinnt den Eindruck, dass Dion eine ungewöhnliche Stadt in der Hinsicht ist, dass sie von Heiligtümern und den agonistischen Anlagen der olympischen Spiele dominiert war. Diese Heiligtümer lagen in einem räumlich von der Stadt abgesonderten Bereich, wodurch sie herausgehoben wurden. Obschon uns die schriftlichen Quellen keine Aussagen zu der Motivation des Ausbaus der Stadt überliefern oder Erklärungen geben zur ungewöhnlichen Urbanistik mit einer Konzentration der Sakralbauten außerhalb der Stadtmauern und zum Olymp ausgerichtet, so muss doch angenommen werden, dass diese Zeusstadt sich in hohem Maße aus ihrer Lage am Olymp erklärt.[30]

5.2 Die Kulturpolitik der makedonischen Könige und Zeus Olympios

Es ist allgemein bekannt, dass die Makedonen im 5./4. Jh. v. Chr. Schwierigkeiten hatten, als Griechen anerkannt zu werden. Daher bemühte sich König Archelaos I. ganz besonders, griechische Künstler und Gelehrte an seinen Hof zu holen.[31] Der Tragödiendichter Euripides etwa ging 408 v. Chr. an den Hof nach Pella, wo er das Drama der Bakchen schrieb und 406 v. Chr. verstarb.[32] Auch der Universalgelehrte Aristoteles war später am Hof Philipps II., wo er Lehrer Alexanders des Großen wurde. Es ist zu beobachten, dass die makedonischen Könige eine kulturelle Nähe zu Griechenland pflegten und Gemeinsamkeiten herausstellten. Es scheint, dass im Rahmen dieser kulturellen Akzeptanzoffensive auch Dion als dem Zeus heilige Stadt am Olymp ausgebaut wurde und Makedonien auf diese Weise den griechischen Olymp für sich reklamierte. In diesem Zusammenhang gibt es die Überlegung, dass Archelaos I. die olympischen Festspiele in Dion als Reaktion auf die Ausgrenzung der Makedonen in Olympia etabliert hatte, gewissermaßen als Gegenveranstaltung zu den Festspielen auf der Peloponnes.³³ Diese Ansicht unterstellt jedoch eine Fixierung auf Olympia und marginalisiert die Eigenständigkeit anderer Festspiele, weshalb die Olympia von Dion in eigenem Recht gesehen werden müssen: Sie dienten der Etablierung eines in Makedonien gelegenen panhellenischen Heiligtums des Zeus am Götterberg Olymp. Der Althistoriker Frank Daubner hat in diesem Zusammenhang herausgearbeitet, dass die makedonischen Könige großen Wert darauflegten, Athleten aus der griechischen Welt bei den Wettkämpfen zu empfangen.³⁴

Wir können diese Inbesitznahme des Olymps und des Zeus Olympios auch unter Philipp II. fassen. Philipp II. hatte großes Interesse an Zeus und an Olympia, und wir wissen von Plutarch, dass ein Pferd und ein Wagen von Philipp bei den Olympischen Spielen auf der Peloponnes gewonnen haben.³⁵ Immer wieder wird von der Forschung das ab 356 v. Chr. einsetzende Münzbild von Tetradrachmen Philipps II. mit dem Kopf des Zeus auf der Vorderseite und einem Pferd mit Reiter mit Siegerbinde auf der Rückseite auf den Ort Olympia und den dortigen Zeus bezogen (▶ Abb. 46a).³⁶ Es ist das erste Mal, dass Zeus in der Münzprägung der makedonischen Könige erscheint, obgleich bereits seit Archelaos I. der Adler, das Symboltier des Zeus, von den Königen auf die Münzen gesetzt wurde (▶ Abb. 46b).³⁷ Doch ein Blick auf den Kopf des Zeus auf der Vorderseite der Münzen Philipps II. macht deutlich, dass er sicher nicht der Zeus des Phidias in Olympia ist. Das ist nicht nur aus stilistischen Gründen auszuschließen, sondern auch wegen eines wichtigen antiquarischen Details, wie der Archäologe Stefan Ritter gezeigt hat.³⁸ Der Zeus in Olympia trug einen Kranz aus kleinblättrigen Ölzweigen, den Pausanias explizit erwähnt.³⁹ Der Zeus auf den Münzen Philipps II. trug aber – zu erkennen an den kleinen Beeren – eindeutig einen Kranz aus Lorbeer. Philipps II. Zeus ist aber auch nicht der Zeus des nicht weit entfernten nordgriechischen Heiligtums von Dodona (an den man ansonsten hätte denken können), denn dieser trug einen Eichenkranz (▶ Abb. 46c). Es ist daher unzweifelhaft, dass der Zeus mit Lorbeerkranz auf den Münzen Philipps II. ein anderer Zeus ist. Ritter ist der Auffassung, dass mit diesem Zeus ein allgemeiner gesamtgriechischer Zeus gemeint sei, der nicht auf den Olymp oder Dion zu beziehen sei.⁴⁰

5.2 Die Kulturpolitik der makedonischen Könige und Zeus Olympios

Abb. 46: Zeus auf Münzen. a) Tetradrachme im Namen Philipps II. aus der Münzstätte Amphipolis (329/319–317 v. Chr.) mit Zeus Olympios mit Lorbeerkranz auf der Vorderseite und siegreichem Reiter auf der Rückseite; b) Tetrobol des Archelaos I. (413–399 v. Chr.) mit Pferd auf der Vorderseite und Adler auf der Rückseite.

5 Ideologie: Der Berg im Dienste der Politik

Abb. 46: c) Tetradrachme des Pyrrhos (297–272 v. Chr.) mit Zeus von Dodona mit Eichenkranz auf der Vorderseite und Dione auf der Rückseite; d) Stater des Arkadischen Bundes, 363/362 v. Chr., mit Zeus Lykaios mit Lorbeerkranz auf der Vorderseite und sitzendem Pan auf der Rückseite.

5.2 Die Kulturpolitik der makedonischen Könige und Zeus Olympios

Abb. 46: e) Trichalkon des Thessalischen Bundes, 361/360 v. Chr., mit Zeus mit Lorbeerkranz auf der Vorderseite und Urpferd Skyphios auf der Rückseite; f) Trichalkon von Gonnoi, 4. Jh. v. Chr., mit Zeus mit Lorbeerkranz auf der Vorderseite und Widder auf der Rückseite.

Diese allgemeine Interpretation überzeugt aber nicht. Denn es muss in diesem Zusammenhang die Frage erlaubt sein, warum der Zeus Philipps II. einen Kranz aus Lorbeer trug. Der Lorbeer gehörte nicht zu den gängigen Attributen des Göttervaters, sondern war das pflanzliche Attribut des Apollon.[41] Ungefähr zeitgleich findet sich der Lorbeerkranz zwar auch auf Münzbildern des Zeus Lykaios auf den nach 363 v. Chr. ausgegebenen Stateren des Arkadischen Bundes (▶ Abb. 46d).[42] Besonders häufig ist das Bild des bärtigen Zeus mit Lorbeerkranz aber in Thessalien, und zwar sowohl auf Bundesprägungen (▶ Abb. 46e) als auch auf städtischen Bronzeprägungen im 4. Jh. v. Chr. (▶ Abb. 46f).[43] Hier lässt sich eine Ballung der Belege bereits in der ersten Hälfte des 4. Jh.s v. Chr. in der Region des Olymps attestieren, weshalb es wahrscheinlich ist, dass Zeus den Lorbeerkranz vor allem in seiner Verbindung zum Berg Olymp trägt. Ob der Zeus Lykaios des Arkadischen Bundes davon abhängig ist oder eine parallele Entwicklung vorliegt, lässt sich nicht überprüfen – es sei aber darauf hingewiesen, dass Pausanias berichtet, dass der Berg Lykaios, auf dem der Zeus Lykaios verehrt wurde, auch Olymp genannt wurde.[44]

Daraus kann geschlossen werden, dass der Lorbeerkranz des Zeus auf Tetradrachmen Philipps II. auf den Zeus des Olymps zu beziehen ist.[45] Denn für die Olympregion lassen sich plausible Erklärungsansätze finden, weshalb der Lorbeer – eigentlich ein Attribut des Apollon – zu einem Attribut des Zeus wurde: Am Fuß des Olymps lag in der Antike ein Ort namens Python mit einem Apollonheiligtum, welches auch auf dem Archelaosrelief abgebildet ist (▶ Abb. 34). Somit besteht eine Verbindung zwischen Apollon und der Olympregion. Diese kann noch vertieft werden. Alle acht Jahre fand in Delphi ein Fest statt, welches in einem Zug zum Tempetal gipfelte, wo ein Ritual erfolgte, welches der Sühne Apollons für die Tötung des Drachen Python galt.[46] Das Tempetal war jenes Tal südlich des Olymps, das den Olymp von der Ossa abtrennte. Aus dem Tempetal wurde der Lorbeerzweig für die Sieger der pythischen Spiele in Delphi gebracht. Es wird in diesem Zusammenhang zwar nicht Python genannt, sondern ein Altar im Tempetal, doch zeigt die Prozession, wie sehr die Olympregion mit einer apollonischen Sakraltopographie und dem Lorbeer verbunden war. Hier könnte einer der Gründe zu suchen sein, weshalb der olympische Zeus der Münzen mit Lorbeer geschmückt ist.

Wir sollten daher davon ausgehen, dass der bärtige Zeus mit Lorbeerkranz ein in der Olympregion verankertes Zeusbild ist und Philipp II. auf seinen Münzen den Zeus Olympios des makedonisch-thessalischen Olymps propagierte.

5.2 Die Kulturpolitik der makedonischen Könige und Zeus Olympios

Daran anknüpfend muss überlegt werden, ob auch der thronende Zeus auf Münzen Alexanders des Großen konkret auf diese makedonische Gottheit zu beziehen ist, eine Gottheit, der Alexander vor seinem Perserfeldzug opferte.[47] Selbstverständlich muss nicht jede Gottheit auf einer Münze exklusiv mit einer konkreten Gottheit eines bestimmten Ortes identifiziert werden und gerade bei diesen Münzen, die im gesamten Alexanderreich geprägt wurden, sind auch offenere Interpretationen denkbar. Dennoch ist zu bedenken, dass bei der Betrachtung des makedonischen und des hellenistischen Zeus Olympios der Gott des Bergs Olymp bislang nicht die gebührende Beachtung gefunden hat. Zu oft wird unser Bild vom Zeus Olympios vorschnell auf das Heiligtum in Olympia bezogen. Dementsprechend wäre sogar zu überlegen, ob das Rennpferd auf den Rückseiten der Tetradrachmen von Philipp II. gar nicht auf das peloponnesische Olympia, sondern auf die Agone für Zeus Olympios in Dion zu beziehen ist (▶ Abb. 46a).

Wenn diese münzkundlichen und topographischen Überlegungen korrekt sind, versuchten die makedonischen Könige durch den Ausbau von Dion und durch die königliche Münzprägung den makedonisch-thessalischen Olymp auf die Karte panhellenischer Sakraltopographie zurückzuholen.[48] Dieses Unternehmen beschränkte sich nicht auf Architektur und Münzprägung, sondern findet seinen Niederschlag auch in literarischen Produktionen. Unter den drei großen griechischen Tragödiendichtern Aischylos (525–456 v. Chr.), Sophokles (497–406 v. Chr.) und Euripides (ca. 480–406 v. Chr.) erwähnt vor allem Euripides den Olymp,[49] Aischylos nennt ihn nur einmal. In seinen Bakchen erwähnt Euripides nicht nur wiederholt den Olymp,[50] sondern auch Ortslagen in Makedonien wie die Ebene Pieria und das Lydias-Tal.[51] Dazu muss man wissen, dass Euripides die Bakchen kurz vor seinem Tod am Hof des Makedonenkönigs Archelaos I. in Pella geschrieben hat.[52] Euripides reflektiert somit oder war womöglich sogar aktiv daran beteiligt, den makedonischen Olymp im griechischen Mythos neu zu positionieren.

5.3 Thessalische Olympia

Im Vorangegangenen ist deutlich geworden, dass der Lorbeerkranz des Zeus in Thessalien gut belegt und der Zeus in der Münzprägung von Philipp II. in einem regionalen Kontext des nordgriechischen Olymps zu betrachten ist. Dass der Zeus des Olymps nicht nur für die Makedonen von besonderem Interesse gewesen ist, sondern auch für die Thessaler, zeigt eine erst kürzlich entdeckte Inschrift aus Aigai in der Aiolis in der heutigen Türkei. In dieser sind für die Zeit um 280 v. Chr. thessalische Olympia und ein Ort namens Olympion belegt.[53] Die thessalischen Festspiele erwähnte auch ein bereits länger bekannter antiker Kommentar zu einem Text des Apollonios Rhodios.[54] Die politische Organisation der Thessaler zu dieser Zeit und die Bedeutung der Olympia und des Heiligtums Olympion sind unbekannt. Thessalien durchlief in den ersten Jahrzehnten des 3. Jh.s v. Chr. eine turbulente Zeit, bevor es unter dem makedonischen König Antigonos Gonatas (277–274 und 272–239 v. Chr.) wieder unter makedonische Herrschaft kam.[55] In jedem Fall zeigt sich, dass auch in Thessalien und für die Thessaler Festspiele für Zeus Olympios gefeiert wurden, die offensichtlich eine hohe Symbolkraft hatten.

Für die Lokalisierung des Ortes Olympion haben die Althistoriker Hasan Malay und Marijana Ricl vorgeschlagen, dass es das Heiligtum auf dem Agios Antonios gewesen sein könnte.[56] Auch wenn der Agios Antonios in der Tat in Thessalien lag, bleibt diese Identifikation unsicher, denn die frühesten bislang bekannt gewordenen Befunde auf dem Agios Antonios sind tendenziell eher nach 280 v. Chr. zu datieren.[57] Allerdings sind die publizierten Funde nicht ausreichend, um die Nutzung des frühhellenistischen Heiligtums genauer einzugrenzen. So bleibt es ungewiss, wo genau in Thessalien dieses Olympion lag.[58] Dabei sei ausdrücklich der Agios Antonios nicht ausgeschlossen. Zweifelsohne wird deutlich, dass der Kult des Zeus Olympios in Thessalien eine gemeinschaftsstiftende Funktion hatte und der Olymp nicht nur von Makedonien für politische und identitätsstiftende Zwecke instrumentalisiert wurde.

6 Olympoi: Die Vervielfältigung eines Berges

Bei der Betrachtung der Schriftquellen zum Olymp, insbesondere Homers, und bei der Analyse der Bildzeugnisse zu dem Berg wurde deutlich, dass es einerseits eine Ambiguität zwischen realem Berg und entferntem Himmel gibt, und andererseits nur in wenigen Fällen eine konkrete Lokalisierung des Olymps in Makedonien und Thessalien erfolgte. Diese Universalität des Berges als dem Sitz des griechischen Pantheons führt dazu, dass der Olymp panhellenisch übertragbar und er selbst, aber auch sein topographischer Gesamtzusammenhang, andernorts lokalisiert werden können.

6.1 Berge namens Olymp

Das umfangreichste Standardwerk zur Antike, die Realencyclopaedie der Classischen Altertumswissenschaften, listet unter dem Stichwort »Olympos« mehr als 20 gleichnamige Berge im Mittelmeergebiet (▶ Abb. 47).[1] Im Zusammenhang mit der Etymologie des Namens haben wir im ersten Kapitel (▶ Kap. 1) bereits ergebnislos diskutiert, ob Olympos ein vorgriechisches Wort für Berg ist.[2] Sollte dies der Fall sein, wären die Beziehungen von den anderen Olympoi zu unserem thessalisch-makedonischen Olymp nicht zwingend gegeben bzw. nur schwer nachweisbar. Allerdings zeichnet sich ab, dass für mehrere dieser Berge jeweils eine vergleichende Relation zu dem makedonisch-thessalischen Olymp besteht, sei es, dass die anderen Olympoi besonders hohe Berge sind, sei es, dass sie mit Zeus, den Musen oder Hephaistos in spezieller Beziehung stehen. Daher darf angenommen werden, dass hier kein allgemeiner Bergname vorliegt, sondern eine bewusste Bezugnahme auf den Göttersitz der griechischen Mythologie.

Abb. 47: Berge und Orte namens Olymp im Mittelmeerraum.

Eine genaue Untersuchung über das Alter der Namen liegt nicht vor. Einige der Bergnamen sind bereits in antiken Quellen belegt, andere erst nachantik. Wobei das nicht bedeuten muss, dass die Berge erst dann so hießen, da Ortsnamen eine große Beharrungskraft besitzen. Einige Olymp-Berge seien angeführt: So gibt es einen Berg an der Südwestküste von Attika (nur als nachantikes Toponym),[3] einen Berg in Elis bei Olympia,[4] eine Hügelgruppe in Lakonien[5] sowie zwei Gipfel ebendort (als nachantike Toponyme)[6]. In Arkadien soll das Lykaion auch den Namen Olympos getragen haben.[7] Ein Gebirgszug bei Eretria auf Euböa hieß Olympos,[8] ebenso wie ein Berg auf Lesbos[9] und zwei moderne Ortsnamen auf den Inseln Chios und Karpathos[10]. Auf Zypern gibt es sogar zwei Berge namens Olymp.[11] Auch in Kleinasien gibt es solche Toponyme, etwa für einen Berg bei Dusae in Bithynien,[12] einen Berg in Mysien,[13] mehrere Berggipfel im Idagebirge in der Troas,[14] einen Berg in Lydien,[15] einen Berg und eine Stadt in Lykien[16] sowie einen Olymp in Galatien[17]. Einen weiteren Olymp lokalisiert Diodor, ein griechischer Schriftsteller des 1. Jh.s v. Chr., auf der mythischen »Fabelinsel« Panchaia im indischen Ozean.[18] Sogar heute noch werden Berge als Olymp benannt, wie etwa auf dem Mars der größte Vulkan des Sonnensystems.[19]

Unter den Bergen seien drei etwas genauer betrachtet: ein Olymp in Zypern, der Olymp in Olympia sowie der Olymp in Mysien.

Im Troodos-Gebirge in Zentralzypern liegt der Berg Olymp, der mit 1 952 m die höchste Erhebung auf Zypern und weithin sichtbar ist. Bereits der frühkaiserzeitliche Geograph Strabo erwähnt ihn und einen zweiten Berg namens Olymp an der Nordostspitze von Zypern.[20] Insbesondere der Berg im Troodos-Gebirge dürfte den Namen wegen seiner Größe und herausgehobenen regionalen Position tragen. Ob es dort oben ein Heiligtum gegeben hat, ist unbekannt.

Abb. 48: Modell des Zentralbereichs des Zeusheiligtums von Olympia, Archäologisches Museum der Universität Münster.

Anders dürfte die Situation in Elis auf der Peloponnes gewesen sein. Der wichtigste Ort in Elis war das Zeusheiligtum von Olympia (▶ Abb. 48). Erstaunlicherweise wissen wir nichts Genaues zu der Etymologie des Namens Olympia. Der Archäologe Hans-Volkmar Herrmann nimmt an, dass der Name sekundär von dem thessalisch-makedonischen Berg abzuleiten sei.[21] Der Zeuskult sei im Zuge der sogenannten dorischen Wanderung von Norden in die Peloponnes gekommen und dabei zugleich der Kult des Zeus vom Olymp in der Peloponnes eingeführt worden. Das Heiligtum in Olympia wäre also nach dem Berg benannt worden. Da die Historizität der dorischen Wanderung nicht unbestritten ist,[22] ist diese Verortung in einem konkreten historischen Rahmen zumindest problematisch. Dennoch bleibt anzunehmen, dass, der Name Olympia von der Beziehung zu Zeus Olympios und damit zum Olymp abhängig ist.[23]

Es gibt sogar einen Hinweis darauf, dass die Topographie des nordgriechischen Olymps in Olympia tatsächlich präsent war.[24] Der frühkaiserzeitliche Autor Strabo berichtet von der nahegelegenen Stadt (oder Landschaft) Pisa, die »zwischen zwei Bergen, Ossa und Olympos, gleichen Namens wie die in Thessalien« gelegen habe.[25] Außerdem erwähnt er einen ansonsten unbekannten Zufluss zum Fluss Alpheios, der den Namen des Bachs am Olymp, Enipeas, trug. Der Ort Pisa ist bis heute nicht lokalisiert, sodass alle Versuche, die Berge zu lokalisieren, vergebens sind.[26] Allerdings können wir annehmen, dass diese topographische Situation nicht zufällig ist, und bewusst die makedonisch-thessalische Topographie auf die Peloponnes übertragen wurde.[27] Leider ist unklar, wann dies geschehen sein könnte, und Strabo ist unser frühestes Zeugnis. Ob die Identifikation der Topographie bereits auf das frühe 1. Jahrtausend v. Chr. zurückgeht oder erst danach erfolgte, bleibt ungewiss.[28] Es fällt auf, dass Pausanias, der ansonsten gut über Olympia Bescheid weiß, darüber nichts berichtet. Dennoch können wir davon ausgehen, dass in Olympia bewusst Anklänge an die Topographie des nordgriechischen Berges Olymp gesucht und nach Olympia geholt wurden.

Als drittes wenden wir uns dem 2 543 m hohen Berg Olympos (heute Uludağ) in Mysien zu.[29] Er ist der bekannteste und wichtigste unter den kleinasiatischen Olymposbergen. Unmittelbar zu seinen Füßen lag die Stadt Prusa ad Olympum, das heutige Bursa.[30] Bei diesem Olymp fehlt – anders als in Olympia – eine dem nordgriechischen Olymp vergleichbare topographische Situation, welche die Benennung begründet haben könnte. Eine Gemeinsamkeit mit dem nordgriechischen Berg ist aber, dass der mysische Olymp ebenfalls sehr hoch war und dass in der

Stadt Prusa Zeus Olympios verehrt wurde.[31] Die wichtigste Quellengattung für die Stadt und unsere Fragestellung ist die Münzprägung.[32] Prusa wurde in hellenistischer Zeit gegründet, die Münzprägung setzt jedoch erst mit der römischen Eroberung in den 60er Jahren des 1. Jh.s v. Chr. ein. In nennenswertem Umfang beginnt sie unter den Kaisern Nero (54–68 n. Chr.) und Trajan (98–117 n. Chr.). Die Münzen zeigen auf den Rückseiten Zeus Olympios thronend mit Standszepter und Nike (▶ Abb. 49a).[33] Weitere Münzbilder zeigen das Symboltier des Zeus, den Adler.[34]

Seit Trajan wird eine gelagerte bärtige Gestalt gezeigt, die einen Zweig in der Hand hält, von Vegetation umgeben ist und an einen Flussgott erinnert (▶ Abb. 49b).[35] Hinweise auf Wasser fehlen jedoch. Daher wird diese Gestalt zurecht als Personifikation des Olymps angesprochen. Unter Kaiser Commodus (180–192 n. Chr.) wird sogar der dicht bewaldete Berg Olymp in seiner physikalischen Gestalt abgebildet, zusammen mit einem darauf gelagerten bärtigen Mann (▶ Abb. 49c). Dieser wird ebenfalls als Personifikation des Olymps gedeutet,[36] es könnte sich aber in Analogie zur Darstellung auf dem Archelaosrelief (▶ Abb. 34) auch um Zeus auf dem Olymp handeln. Zu dieser Zeit wird auch der Adler auf Münzen gesetzt, mit einem Gegenstand zwischen den Fängen.[37] Das Bild dürfte auf eine Gründungslegende hinweisen. Im 3. Jh. n. Chr., als die Münzprägung sehr umfangreich wird, geht das Thema Zeus und Olymp zurück und andere Götter wie Serapis, Asklepios und Aphrodite treten in Erscheinung. Erst zum Ende der Münzprägung im 3. Jh. n. Chr. werden Preiskronen abgebildet, die auf Olympische Spiele (neben den Pythischen) hinweisen.[38]

Offensichtlich war in Prusa ad Olympum das Thema Zeus und Olymp wichtig, und es kann davon ausgegangen werden, dass dieser Olymp als Sitz des Zeus Olympios verstanden wurde.[39]

6 Olympoi: Die Vervielfältigung eines Berges

Abb. 49: Münzen aus Prusa ad Olympum. a) Bronzeprägung mit Kaiser Trajan (98–117 n. Chr.) auf der Vorderseite und Zeus Olympios auf der Rückseite; b) Bronzeprägung mit Kaiser Pertinax (193 n. Chr.) auf der Vorderseite und Personifikation des Olymps auf der Rückseite; c) Rückseite einer Bronzeprägung unter Kaiser Commodus (180–192 n. Chr.) mit Olymp und gelagerter Gestalt auf dem Gipfel.

6.2 Olympos – Personifikation und Person

Bereits im Zusammenhang mit dem Gemälde des Philostratos in Kapitel drei haben wir gesehen, dass der Berg Olymp auch als Personifikation vermenschlicht gedacht sein kann,[40] obschon bislang keine anthropomorphe, also menschengestaltige Darstellung des nordgriechischen Berges in der Bildkunst bekannt ist. Immerhin liegt uns aus der Münzprägung von Prusa ad Olympum die anthropomorphe Darstellung des mysischen Olymps als gelagerter Mann vor (▶ Abb. 49b und ▶ 49c).[41] Insgesamt wurden Berge in der griechischen Ikonographie aber nur selten als Personifikationen dargestellt.

In der griechischen Mythologie begegnen uns mehrere Personen, die den Namen Olympos tragen und eine Beziehung zu Gebirgen aufweisen. An erster Stelle sei der Flötenspieler Olympos genannt, der als Vater oder Gefährte des Satyrs Marsyas gilt.[42] Olympos erscheint als junger Mann, und seine Tracht weist ihn als zum Volk der Phryger gehörig aus. Es wird angenommen, dass Olympos seinen Namen von dem mysischen Olymp ableitet, denn die Entwicklung der Flötenmusik wird in Mysien und Phrygien verortet.[43] Allerdings scheint die Person des Olympos niemals zu einer Personifikation des Berges Olympos geworden zu sein, sondern blieb der mythologische Charakter.[44]

Eine weitere mythologische Gestalt namens Olympos ist ein Lehrer des Zeus. Diese Tradition ist in zwei Varianten überliefert. In der einen ist Olympos ein Kreter, der von Zeus mit dem Donnerkeil erschlagen wurde, weil er die Giganten zum Sturm auf den Olymp ermuntert habe. Zeus habe ihn danach in Kreta bestattet, aber seinen eigenen Namen auf das Grabmal gesetzt.[45] Letztlich, so wird suggeriert, habe Zeus seinen Beinamen von diesem Kreter bekommen. In der antiken Literatur gibt es zahlreiche Erklärungsversuche für ein Grabmal des Zeus in Kreta, Erklärungen, die jedoch nur literarische Konstrukte sind.[46] In der zweiten Variante, die von Diodor überliefert wird, setzt Dionysos den Zeus als König über Ägypten ein und stellt ihm wegen seiner Jugend einen Mann namens Olympos zur Seite.[47] Diodor überliefert explizit, dass Zeus von ihm seinen Beinamen habe. Beide Traditionen sind weit hergeholt und vor allem im Kontext der antiken Erklärungsversuche der Herkunft des Namens des Olymps sowie der Erklärung eines Grabmals des (eigentlich unsterblichen) Zeus auf Kreta zu verstehen.

Damit erscheint eine Auseinandersetzung mit dem Olymp als Personifikation und als Person überwiegend als literarisches Konstrukt. Lediglich für Mysien können wir – auf den dortigen Olymp bezogen – eine nennenswerte Bildtradition einer Personifikation und einer mythologischen Person fassen.

6.3 Olympos und die Werkstatt des Hephaistos

In Lykien trug eine Stadt den Namen Olympos.[48] Der Ort lag an der Küste, und der frühkaiserzeitliche Autor Strabon berichtet, dass hier auch ein Berg desselben Namens existierte: »Olympos, eine große Stadt und ein gleichnamiger Berg, der auch Phoinikus genannt wird.«[49] Bei diesem Olymp handelt es sich um den 997 m hohen Berg Musa Dağ.[50] In literarischen Quellen tritt der Ort erstmals im 2. Jh. v. Chr. in Erscheinung, im 1. Jh. v. Chr. war er ein Piratennest.[51] Bis ins 1. Jh. v. Chr. lag die Siedlung auf dem Musa Dağ.[52] Danach expandierte vor allem die Hafensiedlung. Im Hellenismus und in der Kaiserzeit war Olympos Mitglied im Lykischen Bund.

Die Ruinen der Stadt werden seit einigen Jahren archäologisch untersucht, und es gibt zahlreiche Bauten auf beiden Seiten des Flusses Akçay, die typisch für eine griechisch-römische Stadt sind. So fand man Befestigungsmauern, Theater, Bäder, Gymnasion sowie ausgedehnte Nekropolen mit den für Lykien charakteristischen freistehenden Steinsarkophagen. Auf der Nordseite lag ein Tempel; wem er geweiht war, ist unklar.

Durch literarische Zeugnisse und durch Inschriften sind wir darüber unterrichtet, dass Hephaistos der wichtigste Gott der Stadt Olympos war.[53] In Grabinschriften taucht er in Bußformeln (bei Grabesverletzung) auf, einmal sogar unter den »Olympischen Göttern Zeus und Hephaistos« *(theoi Olympioi Zeus kai Hephaistos).*[54] Wir finden also eine enge Verbindung von Zeus, Olymp und Hephaistos. Letztere Verbindung findet eine gute Erklärung darin, dass wenige Kilometer nördlich von Olympos die sogenannte Chimaira lag.[55] Diese Ortslage war über eine Prozessionsstraße vom Zentralort aus erreichbar und war nach einem mythologischen Monster benannt.

Die Chimaira war ein feuerspeiendes Mischwesen mit drei Köpfen (Löwe, Ziege, Schlange), das von dem lykischen Helden Bellerophon getötet wurde. Nach der Heldentat wurde Bellerophon übermütig und begehrte auf dem Pegasus reitend Einlass in den Olymp. Für diese Anmaßung straften ihn die Götter mit Wahnvorstellungen, nahmen ihm den Pegasus, und Bellerophon irrte fortan durch die Welt. An dem lykischen Ort Chimaira gab es ein besonderes Naturschauspiel. Hier traten leicht brennbare Gase aus und gaben Feuer. In der Antike dienten diese Feuer Seefahrern zur Orientierung.

Abb. 50: Bronzeprägung von Olympos in Lykien mit Kaiser Gordian III. (238–244 n. Chr.) auf der Vorderseite und Hephaistos auf der Rückseite.

Diesen Befund kann man im Hinblick auf den Olymp unterschiedlich interpretieren: Entweder wurden die dortigen Feuer auf die feuerspuckende Chimaira bezogen und man verortete den gesamten Mythos mit einem lykischen Olymp in dieser Gegend. Oder die brennenden Gase wurden auf Hephaistos bezogen, da sie mit vulkanischer Aktivität verbunden wurden. Da wir aus Homer wissen, dass die Werkstatt des Schmiedegotts Hephaistos auf dem Olymp lag, wäre es also denkbar, dass sie hier im lykischen Olympos lokalisiert wurde. Dazu passt eine kaiserzeitliche Münze der Stadt, die Hephaistos in seiner Werkstatt sitzend abbildet (▶ Abb. 50).[56] Diese Lokalisierung der Werkstatt des Hephaistos könnte auch den Ortsnamen »Olympos« begründet haben. Das wird auch dadurch unterstützt, dass in Chimaira ein Heiligtum des Hephaistos belegt ist.[57] Eine solche Tradition der Lokalisierung der Werkstatt des Hephaistos nahe der Stadt Olympos scheint also nicht unwahrscheinlich, schließt aber die Bellerophon-Olympos-Tradition nicht aus. Es ist zu erwägen, ob nicht beide Traditionen auch widerspruchsfrei nebeneinander bestanden haben.[58]

6.4 Olympische Landschaft in Syrien

Mit der seleukidischen Expansion in Syrien im 4./3. Jh. v. Chr. wurden zahlreiche griechische Städte gegründet. Einige der Städte erhielten dynastische Namen, wurden also nach dem König Antiochia und Seleukia oder nach Mitgliedern des Königshauses Apameia benannt, andere übernahmen makedonische Ortsnamen wie Pella, Edessa oder Europos.[59] Zumeist ist nicht nachzuvollziehen, weshalb bestimmte Städte bestimmte Ortsnamen erhielten. In einigen Fällen wie etwa in Pella in der syrischen Dekapolis könnte die Benennung auf einen ähnlich lautenden älteren Ortsnamen zurückzuführen sein.[60]

Andere Ortsnamen lassen sich mit einer sakralen Figuration erklären, die auf den Berg Olymp oder zumindest auf Zeuskult zu beziehen ist. So findet sich in Südsyrien ein Ort namens Dion, der offenbar über einen alten Kult eines Wettergottes verfügt, der in der *interpretatio Graeca*, also in der Identifizierung mit einer griechischen Gottheit, mit Zeus gleichgesetzt wurde.[61] Hier hat die Identifikation eines lokalen Kults als Zeuskult eine Übernahme des bekannten Ortsnamens am Olymp bedingt. Eine ähnliche Situation dürfte auch im nordsyrischen Doliche

6.4 Olympische Landschaft in Syrien

vorliegen, wo ebenfalls ein vorgriechischer Wettergott auf einem Berg, dem Dülük Baba Tepesi, verehrt wurde (▶ Abb. 51).[62] Zu einem unbekannten Zeitpunkt erhielt der Ort am Fuße des Bergheiligtums den Namen Doliche, und in der römischen Kaiserzeit wird dieser Kult des Jupiter Dolichenus reichsweit verbreitet. Das Toponym Doliche ist überhaupt nur zweimal in der antiken Welt belegt, das eine Mal als jenes nordsyrische Zeusheiligtum in der Kommagene, das andere Mal als eine kleine Stadt unmittelbar westlich des Olymps.[63] Wir haben keine expliziten Informationen über die Motivation, den Ort in Kommagene Doliche (»die lange«) zu nennen, doch deutet die Übereinstimmung der Lage an einem Bergheiligtum des Zeus darauf hin, dass hier eine bewusste Übernahme der Topographie des nordgriechischen Olymps nach Syrien erfolgt ist.[64]

Abb. 51: Ansicht des langgestreckten Dülük Baba Tepesi in der Türkei mit dem Heiligtum des Jupiter Dolichenus.

Auch olympische Landschaftsnamen wurden nach Syrien übertragen. Hier ist zunächst Pieria zu nennen.[65] Diese Landschaft kennen wir nördlich des makedonischen Olymps, und sie begegnet auch in der nordsyrischen Tetrapolis als Bezeichnung für die Ebene um Seleukia in Pieria.[66] Bemerkenswerterweise ist in Seleukia ein Zeuskult sehr prominent.[67] Zeus trägt den Beinamen Keraunios, und auf den Münzen ist sein Attribut, das Blitzbündel, dargestellt (▶ Abb. 52). Dieser dominiert die Münzprägung, und in Inschriften werden Priester des Zeus Olympios und des Zeus Koryphaios genannt.[68] Einige Münzen zeigen ein anikonisches Kultbild (Betyl) mit der beischriftlichen Benennung als Kasios, weshalb der Archäologe Michael Blömer jüngst überzeugend ausgeführt hat, dass jenes Kultbild als Abbild des Berges Kasios zu verstehen ist, vergleichbar den Miniaturdarstellungen des Mons Argaios.[69]

Abb. 52: Tetradrachme des Königs Alexander Balas, geprägt in Seleukia in Pieria, 147/146 v. Chr. mit Zeus mit Lorbeerkranz auf der Vorderseite und Blitzbündel auf der Rückseite.

In unmittelbarer Nähe von Seleukia lag der 1 800 m hohe Berg Kasios (Jebel Akra), auf dem in griechisch-römischer Zeit ein Zeuskult existierte.[70] Belegt für den Kasios sind Opfer durch den König Seleukos I. Nikator (305–281 v. Chr.), Kaiser Hadrian (117–138 n. Chr.) und Kaiser Iulian Apostata (360–363 n. Chr.).[71] Archäologische Forschungen haben dort noch nicht wirklich stattgefunden, jedoch wurden in den 1930er Jahren auf dem Berg Reste eines großen Aschealtars (53 m Durchmesser, 8 m Höhe) entdeckt (▶ Abb. 53).[72] Auch in der Münzprägung ist eine enge Beziehung zwischen Seleukia Pieria und dem Zeus Kasios zu beobachten, wobei er anscheinend niemals mit Zeus Olympios gleichgesetzt wird.[73] Der Berg Kasios ist bereits seit der Bronzezeit ein heiliger Berg und eine wichtige Landmarke an der Küste Syriens.[74] Es ist daher wahrscheinlich, dass die Benennung der Ebene davor und die *interpretatio Graeca* als Ort des Zeuskults durch die griechischen Siedler oder Reisende erfolgte.[75] Ob dies bereits in vorhellenistischer Zeit oder erst im Hellenismus geschah, bleibt unklar.

6.4 Olympische Landschaft in Syrien

Abb. 53: Der Gipfel des Kasios in Syrien.

Dion, Doliche, Pieria und Kasios sind Beispiele für die Verlagerung der Olymptopographie in andere Regionen. Über die genauen Gründe bleiben wir im Unklaren. Ist es eine lokale Initiative, um lokale Landmarken an den griechischen Mythos anzuhängen? Oder ist es, was im Fall von Seleukia und Zeus Kasios naheliegt, ein Vorgang, der von zentraler Stelle initiiert wurde, um transmediterrane makedonische Ansprüche in einem neueroberten Land zu verteidigen und um makedonischen Neusiedlern Anklänge an eine vertraute Heimat zu bieten?[76] Wahrscheinlich schließt das eine das andere nicht aus, und es ist wiederum die Universalität der Olympidee, die eine solche Übertragung überhaupt erst möglich macht.

Die Häufung der Anleihen an den makedonisch-thessalischen Olymp im seleukidischen Syrien wirft die Frage auf, ob nicht auch der vor allem seit dem Seleukidenkönig Antiochos IV. (175–164 v. Chr.) in der königlichen Selbstdarstellung so wichtige Zeus Olympios in direktem Bezug zu dem Berg steht, zumal insbesondere die südsyrischen Beispiele mit Gründungen dieses Königs zu verbinden sind.[77] Sowohl für den seleukidischen Zeus Olympios als auch für den makedonischen von Philipp II. und Alexander gilt, dass die Forschung bislang eher nach Olympia als Bezugspunkt, denn nach Makedonien geblickt hat. Bei aller Allgemeinheit des Beinamens einer Gottheit auf den Münzen von Großreichen scheint aber doch die Rückkoppelung an den makedonisch-thessalischen Berg der zentrale Referenzpunkt zu sein.

6.5 Das Tempetal in der Villa Hadriana

Aus einer anderen Zeit stammt ein weiteres Beispiel für die Übertragung der Olymptopographie. Der römische Kaiser Hadrian (117–138 n. Chr.) baute sich in der Nähe Roms, in Tivoli, eine gewaltige Palastanlage, die zu den größten römischen Palästen der Antike gehört.[78] Über die Palastanlage berichtet das spätantike Geschichtswerk Historia Augusta:

> »Seinen Landsitz in Tibur baute er auf erstaunliche Weise aus; er griff dort nämlich die klangvollsten Namen von Provinzen und Örtlichkeiten wieder auf; so schuf er sich sein Lykeion, seine Akademie, sein Prytaneion, sein Kanopos, seine Poikile und sein Tempe; und um ja nichts auszulassen stellte er sogar die Unterwelt dar.« (Historia Augusta, Hadr. 26,5) (Übersetzung: Ernst Hohl)

Von der Forschung wurden einige dieser Lokalitäten in den Bauten der Villa Hadriana identifiziert, so etwa das nach der ägyptischen Stadt Kanopos benannte Bauwerk mit einem langgestreckten Beckenkomplex, in dem ägyptisierende Statuen standen.[79]

Eine Lokalisierung des Tempetals in der Villa Hadriana ist bislang nicht gelungen. Konkrete Hinweise für eine Identifikation des Ortes liegen nicht vor, doch wird traditionell eine Senke im Norden der Villa als Tempetal identifiziert.[80] Da es sich nur um eine unbewiesene Hypothese handelt, bleibt unklar, ob auch die Ossa-Olymp-Topographie in die Anlage der Villa einbezogen wurde. Die Erwähnung eines Lykaion, womit wohl der Berg Lykaios (▶ Abb. 59) gemeint war, der auch den Namen Olympos trug, könnte eine solche Assoziation hervorgerufen haben.[81]

In jedem Fall zeigt sich, dass das eng mit dem Olymp verbundene Tempetal auch in der römischen Kaiserzeit nichts von seinem Reiz verloren hatte und der Wunsch bestand, sich diese Landschaft anzueignen. Die Benennung von Elementen römischer Villen nach berühmten Orten war keinesfalls auf die Villa Hadriana beschränkt, und auch andere Villen nahmen solche Benennungen vor,[82] weshalb der Befund nicht isoliert betrachtet oder überbewertet werden sollte. Da die Historia Augusta gleich im Anschluss an die Nennung des Tempetals davon berichtet, dass auch die »Unterwelt« in der Villa Hadriana nicht vergessen wurde,[83] ist zu überlegen, ob – wiewohl der Text nichts davon erwähnt – auch der Olymp (oder das Lykaion?) als Pendant zur Unterwelt in die Topographie der Villa integriert wurde und das Tempetal ein Verweis darauf ist. Diese Überlegung muss allerdings mangels eindeutiger Evidenz hypothetisch bleiben.

6.6 Die Lokalisierung des Hades

Kaiser Hadrian hat sich nicht nur das Tempetal in seine Villa geholt, sondern auch die Unterwelt (Hades), wie die Historia Augusta berichtet. Wir haben bereits im ersten Kapitel die Vergleichbarkeit der antiken Vorstellungen vom Olymp und vom Hades angerissen. Beide Orte wechseln zwischen realem und irrealem Ort. Vergleichbar der Transferierbarkeit des Olymps in andere mediterrane Regionen, gibt es auch unterschiedliche Lokalisierungen des Eingangs zur Unterwelt. Bei Homer wird der Hades unter der Erde lokalisiert,[84] einen Zugang konnte Odysseus bei den Kimmeriern am Rande der Erde am Okeanos erreichen.[85] Wo genau das Kimmerierland geographisch vorgestellt ist, ist ungeklärt.[86]

Neben dem von Homer beschriebenen Eingang zum Hades galten weitere Orte im Mittelmeerraum als Zugang zur Unterwelt.[87] Insbesondere Stätten von Totenorakeln waren solche Orte. Diese waren oft mit Höhlen oder Wasser verbunden, wie etwa in Herakleia Pontike (am Schwarzen Meer), wo Herakles den Höllenhund Kerberos aus der Unterwelt hervorgezogen haben soll.[88] Eine alternative Lokalisierung des Ortes, an dem Herakles den Kerberos aus der Unterwelt gezerrt haben soll, ist Tainaron an der Spitze der Halbinsel Mani.[89] Am Fluss Acheron in Thesprotien sollen ebenfalls ein Totenorakel und ein Eingang zur Unterwelt gelegen haben.[90] Schließlich ist, als ein weiteres wichtiges Totenorakel, jenes Orakel zu sehen, in das Aeneas am Avernussee in den Phlegräischen Feldern herabstieg.[91]

Neben diesen bekannten Totenorakeln wurden weitere Orte als Eingänge in die Unterwelt identifiziert. So gibt es nicht nur mehrere Orte, an denen der Unterweltfluss Styx lokalisiert wird,[92] sondern auch Plutoneia, also Heiligtümer des Totengottes Pluto-Hades. Archäologische Befunde von Plutoneia deuten darauf hin, dass jeweils Eingänge zum Hades gezeigt und inszeniert wurden. Der spektakulärste Befund kommt aus Hierapolis in Phrygien, wo ein monumentales Plutoneion ausgegraben wurde, welches sogar ein Theatron und einen durch ein Tor gefassten Höhleneingang aufweist, aus dem giftige Gase hervortreten (▶ Abb. 54).[93] Dieses Plutoneion ist aus literarischen Quellen gut bekannt.[94] Ein anderes Plutoneion kennen wir aus Eleusis, wo ebenfalls Höhlen zusammen mit einem kleinen Antentempel für den Kult des Gottes vorgesehen waren.[95] Auch in Nysa-Skythopolis in der syrischen Dekapolis könnte ein solches Plutoneion existiert haben[96] und für weitere Orte gibt es Indizien, dass dort ebenfalls Eingänge zum Hades gezeigt wurden.[97]

Dem Olymp vergleichbar, ist auch der Hades ein Ort, der nur bedingt lokal fixiert und potentiell lokal übertragbar gewesen ist. Auch wenn die unter der Erde liegende Unterwelt sicher leichter an verschiedenen Orten lokalisiert werden konnte, so war diese universalistische Entwicklung und Interpretation nicht zwangsläufig. Als Homer Odysseus in die Unterwelt hinabsteigen lässt, musste er sich erst auf eine See-

6.6 Die Lokalisierung des Hades

Abb. 54: Das Plutoneion von Hierapolis in Phrygien. Theatron und Eingang zur Unterwelt.

reise an den Rand der Welt begeben. Wäre er ein paar Jahrhunderte später aufgebrochen, hätte er aus mehreren Eingängen zur Unterwelt auswählen können.[98] Auch hier beobachten wir, wie ein zentraler Ort griechischer Mythologie eine Universalisierung und lokale Vervielfältigung erfährt.

7 »Heilige Berge«: Der einzigartige Berg

In fast allen Kulturen gibt es Berge, die eine besondere sakrale Aufmerksamkeit auf sich ziehen.[1] Diese Berge sind oft herausgehobene natürliche Landmarken und können sowohl als Sitz besonderer Kräfte (»Götter«) angesehen werden oder gar als solche selbst. Berge können auch bevorzugte Kultorte sein, da Opfer auf den Bergen leichter zu den (himmlischen) Göttern gelangen. Neben dem Olymp haben wir im Vorangegangenen bereits weitere Berge besprochen, und im Folgenden soll der Versuch unternommen werden, aus verschiedenen Beispielen eine Art Typologie von »Heiligen Bergen« zu entwerfen. Dabei sei eingangs darauf hingewiesen, dass Berge in der griechischen Welt an sich nur außerordentlich selten als heilige oder als göttliche Berge verehrt wurden.

In der antiken Literatur gibt es keinerlei Beleg dafür, dass der Olymp ein »Heiliger Berg« sei. Überhaupt wird diese Begrifflichkeit für Berge in der griechisch-römischen Literatur nur ausnahmsweise verwendet[2] und erst in byzantinischer Zeit werden Berge wie der Athos als »Heiliger Berg« bezeichnet.[3] Es fällt auch auf, dass wir in der klassischen Antike zwar kultisch verehrte Personifikationen von Flüssen kennen,[4] solche von Bergen aber selten sind.[5] Eine Ausnahme ist der wilde Berggott Helikon auf einer Inschriftenstele des 3. Jh.s v. Chr. aus Thespiai (▶ Abb. 55).[6] Offenbar wurden Berge als geographische Phänomene – anders als wir es aus dem Orient kennen – im griechischen Raum nur ausnahmsweise kultisch verehrt. Dazu passt auch, was der griechische Redner Dio Chrysostomos im 1. Jh. n. Chr. in einer Rede sagt, nämlich, dass es eine barbarische Sitte sei, Berge zu vergöttlichen.[7]

7 »Heilige Berge«: Der einzigartige Berg

Abb. 55: Der Berggott Helikon auf einer Stele aus Thespiai, 3. Jh. v. Chr., Athen, Archäologisches Nationalmuseum.

7.1 Berge als Kultstätten

Antike Kulte fanden oft in der Natur statt. Heiligtümer lagen an Quellen, in Hainen, in Grotten oder auf Bergen.[8] Solche Kulte waren nicht auf den Göttervater Zeus beschränkt, sondern auch andere Götter hatten auf Bergen Kultstätten.[9] In Griechenland sind Gipfelheiligtümer bereits seit minoischer Zeit (3./2. Jahrtausend v. Chr.) gut bekannt.[10] Aus mykenischer Zeit (spätes 2. Jahrtausend v. Chr.) kennen wir keine solchen Heiligtümer, und erst in der Eisenzeit (frühes 1. Jahrtausend v. Chr.) kommen sie wieder auf.[11] Von da an finden sich solche Heiligtümer im gesamten Mittelmeerraum und in unterschiedlichen kulturellen Kontexten.[12] Dabei ist zu beachten, dass diese Bergheiligtümer in der Regel nicht Berge besetzten, die per se heilig oder göttlich sind, sondern die Kultstätten besetzten Berge als Orte, die den Göttern besonders nahe sind und außerhalb der Zivilisation und extraurban liegen.[13] Auf den Bergen selbst konnten unterschiedliche kultische Einrichtungen errichtet werden, darunter Altäre und Tempel.[14] Die Heiligkeit dieser Berge bezog sich auf den Kultbezirk und nur in Ausnahmen wie bei dem Mons Argaios auf den ganzen Berg.[15]

7.2 Berge des Zeus und sein Geburtsort

Ein sehr beliebter Ort für Zeuskulte waren Berge und ihre Gipfel.[16] Auf diesen wurde Zeus zumeist nur mit einem einfachen Altar verehrt, regelrechte Tempelbauten sind selten.[17] Die Beliebtheit des Zeuskults auf Bergen zeigt sich auch in den Beinamen des Zeus: Oft heißt er Akraios, Hypsistos oder Koryphaios, bezogen allgemein auf Gipfel. Oder konkrete Gipfel von Bergen werden Namensbestandteil des Zeus.[18] Das ist etwa bei Zeus Atabyrios der Fall, abgeleitet von einem Berg namens Atabyrios auf Rhodos, bei Zeus Helikonios, abgeleitet von dem Berg Helikon, oder bei Zeus Hymettios, der seinen Namen vom Hymettos nahm.[19] Wir können davon ausgehen, dass einige dieser Zeuskulte die entsprechenden Berge auch mit lokalen Traditionen versahen, welche bestimmte biographische Ereignisse des Zeus dort lokalisierten. Diese Traditionen fanden zumeist kaum überregionale panhellenische Beachtung, anders als wir es für den Olymp sehen können, der panhellenisch als Sitz des Göttervaters akzeptiert war. Doch auch einige andere Berge sind, wie der Olymp, auf das engste mit der panhellenischen Mythologie des Zeus verbunden und dementsprechend von überregionaler Akzeptanz. Am deutlichsten lässt sich das bei dem Geburtsort des Zeus feststellen. Hier können wir, ähnlich wie bei dem Olymp oder dem Hades, konkurrierende Lokaltraditionen beobachten, welche den Geburtsort des Zeus für sich reklamierten.[20]

Zeus wurde gemäß einer dominanten Tradition des Mythos auf Kreta geboren.[21] Kretische Münzen des 1. Jh.s n. Chr. priesen Zeus als den auf Kreta Geborenen (*Kretagenes*).[22] Auf Kreta selbst gibt es mindestens zwei Orte, die als Geburtsorte des Göttervaters gelten. Beide Orte liegen in einem Gebirge und sind Höhlen: die Höhle Ida im Idagebirge und die Höhle Dikte.[23]

Abb. 56: Drachme des Koinons Kreta mit Kaiser Trajan auf der Vorderseite und der Nymphe Diktynna mit Zeuskind umgeben von Koureten auf der Rückseite, 116/117 n. Chr.

Das antike Dikte war wahrscheinlich der im Osten von Kreta gelegene Bergzug mit dem modernen Namen Modi, der sich bis auf eine Höhe von 539 m erhob. Mehrere antike Autoren berichten, dass hier die Geburtshöhle des Zeus lag.[24] Dass Kreta sich insbesondere mit der Höhle Dikte in der römischen Kaiserzeit als Geburtsinsel des Zeus präsentierte, zeigen provinzielle Silbermünzen der Stadt Diktynna, die auf der Rückseite die Ortsnymphe Diktynna mit dem Zeuskind auf den Armen zeigen (▶ Abb. 56). Die Nymphe sitzt auf einem felsigen Untergrund (Berg) während die Kureten um sie herumtanzen.[25] Eine wichtige Rolle in dem Geburtsmythos des Zeus nehmen die Kureten, bewaffnete Dämonen, ein.[26] Zeus wurde nach der Geburt von seinem Vater Kronos bedroht, doch schützten ihn die Kureten, indem sie das Geschrei des Kindes durch Schlagen auf Schilde übertönten, sodass der Knabe nicht gefunden werden konnte. Diese Geburt ereignete sich eigentlich in dem Idagebirge.

Abb. 57: Idäische Grotte in Zentralkreta.

Zuletzt hat sich die Archäologin Katja Sporn ausführlich mit den Kulten Kretas beschäftigt.[27] Der Berg Dikte lag im Osten Kretas, wo auch ein Zeus Diktaios verehrt wurde.[28] Eine Geburtshöhle erwähnen zwar die antiken Autoren, doch scheint sie keiner tatsächlich gesehen zu haben. Entsprechend ist wohl das Höhlenmotiv vom Ida dorthin übertragen worden.

Denn die Tradition, die den Geburtsort des Zeus im Gebirge Ida lokalisierte, war in der Antike die dominantere.[29] Dieser Zeus wird als Zeus Idaios in Kreta verehrt.[30] Das heute Psiloritis genannte Gebirge in Zentralkreta war der höchste Gebirgszug Kretas, und sein höchster Gipfel, mit 2 456 m der Timios Stavros. Die Idahöhle lag an der Ostflanke des Gebirges am Rand der Nida-Hochebene (▶ Abb. 57). Dabei handelt es sich um eine natürliche Grotte auf 1 495 m. Kultaktivität an dieser Grotte ist seit der Bronzezeit belegt und lief bis in die römische Kaiserzeit. Die Höhle hatte drei Haupträume, einen Zentralraum sowie einen Süd- und einen Nordraum. Außerdem gab es mehrere kleine Nebenräume. Im sogenannten Raum B links des Zentralraums wurden größere Brandascheschichten gefunden, die auf Kultaktivität hinweisen. Das Zentrum des Kultes konnte bislang nicht ausgemacht werden, obschon sich vor der Höhle ein großer Altar befand.

Die Idäische Grotte lag abseits einer städtischen Zentralsiedlung und war nach Ausweis der überregionalen Herkunft der Funde ein überregionales Heiligtum.

Obwohl dieses Heiligtum am Berg Ida nicht den Berg zu einem »Heiligen Berg« machte, so ist doch bemerkenswert, dass, ähnlich wie der Olymp, das Idagebirge sich verselbständigt und örtlich übertragbar wird.[31] So gibt es in der Nähe von Troja ein Idagebirge, und in Troja wurde der Zeus Idaios verehrt.[32] Für dieses kleinasiatische Ida gibt es keine Hinweise darauf, dass die Lokalbevölkerung behauptete, dies sei der Geburtsort des Zeus. Allerdings gibt es eine ganze Reihe von anderen Orten in Kleinasien, die auf Münzen den Geburtsmythos des Zeus abbildeten und möglicherweise den Geburtsort für sich in Anspruch nahmen. Besonders in Lydien (▶ Abb. 58a)[33] und Phrygien (▶ Abb. 58b)[34], aber auch anderenorts[35] finden sich solche Städte. Einige der Orte lagen an prominenten Bergen, sodass angenommen werden kann, dass diese Berge mit dem Geburtsmythos in Verbindung gebracht wurden. In der

7 »Heilige Berge«: Der einzigartige Berg

Abb. 58: a) Bronzeprägung vom Tralles in Lydien mit Kaiser Antoninus Pius (138–161 n. Chr.) auf der Vorderseite und Nymphe mit Zeuskind umgeben von Koureten auf der Rückseite; b) Bronzeprägung von Akmoneia mit Kaiser Trebonianus Gallus (251–253 n. Chr.) auf der Vorderseite und Nymphe mit Zeuskind umgeben von Koureten auf der Rückseite; c) Bronzeprägung von Sardes mit Thea Roma auf der Vorderseite und Berggott Tmolos auf der Rückseite, 2./3. Jh. n. Chr.

7.2 Berge des Zeus und sein Geburtsort

Stadt Sardes in Lydien ist in diesem Zusammenhang sogar die Personifikation des Berggottes Tmolos auf Münzen dargestellt (▶ Abb. 58c).[36] Hier zeigt sich, wie örtlich flexibel der griechische Mythos war und an unterschiedlichen Orten lokalisiert werden konnte. Die Möglichkeit, panhellenische Mythen in den lokalen Kult integrieren zu können, ist ein Charakteristikum griechischer Religion.

Auf der Peloponnes lag das Heiligtum des Zeus Lykaios, welches ebenfalls den Anspruch erhob, Geburtsort des Zeus zu sein (▶ Abb. 59). Laut Pausanias wurde der Berg Lykaios, auf dem die Kultstätte lag, auch Olympos genannt und hier sei Zeus geboren und aufgewachsen.[37] Es habe hier eine Höhle gegeben, in der Rhea Zeus gebar, wobei diese Höhle bislang nicht gefunden wurde. Auf dem südlichen der beiden Gipfel des Lykaios wurde ein großer Aschealtar entdeckt, und auf einem Höhenplateau ein Heiligtum mit agonistischen Anlagen, die für das be-

Abb. 59: Der große Aschealtar auf dem Berg Lykaios in Arkadien von Nordwesten.

rühmte Lykaia-Fest genutzt wurden. Das Heiligtum, dessen Ursprünge in die Bronzezeit zurückgehen und das seit dem 7. Jh. v. Chr. intensive kultische Aktivität aufweist, war das Bundesheiligtum der Arkader. Bundesprägungen des 4. und 3. Jh.s v. Chr. zeigen einen Kopf des Zeus mit Lorbeerkranz (▶ Abb. 46d).[38]

Offensichtlich hat auch dieser Berg auf der Peloponnes für sich in Anspruch genommen, der Geburtsort des Zeus zu sein. Zugleich vermengt sich diese Tradition mit dem Anspruch, dass hier der Berg Olymp lag – auch wenn nur Pausanias diesen Bergnamen überliefert. Eine genaue Rekonstruktion und eine Systematisierung dieser Traditionen sind nicht möglich, doch unterstreicht dies einmal mehr die Flexibilität und lokale Anpassungsfähigkeit griechischer Mythologie.[39]

7.3 Mons Argaios – ein Berggott

Tatsächlich ein »Heiliger Berg« war der Berg Argaios im zentralanatolischen Kappadokien. Der Berg ist ein erloschener Vulkan, dessen höchster Gipfel 3 916 m hoch ist. Heute heißt der Berg Erciyas Daği und liegt 25 km südlich von Kaisareia in Kappadokien (▶ Abb. 60).[40]

Der griechische Autor Maximos von Tyros (2. Jh. n. Chr.) schreibt über den Berg: »Den Kappadokern ist ein Berg ihr Gott, ihr Schwurbild und Kultmal«[41]. Dieser Berggott ist auf Münzen, Gemmen und als Kleinbronzen abgebildet (▶ Abb. 61 und ▶ 62). Alle Funde stammen erst aus römischer Zeit (seit dem späten 1. Jh. v. Chr.), obwohl eine kultische Verehrung des Berges bereits in das 2. Jahrtausend v. Chr. zurückreicht.[42] Der Kult des Mons Argaios ist in einem vorderorientalischen Kontext zu sehen. Im Vorderen Orient sind Berggötter in der Bronze- und Eisenzeit gut belegt, und ihr Kult setzt sich auch andernorts bis in die römische Kaiserzeit fort, nun oft mit hellenisierten und romanisierten Götternamen.[43] Erstaunlich ist allerdings, dass – ähnlich wie beim Olymp – eine räumliche Inbesitznahme des Berges durch Kult auf oder an dem Berg nicht nachweisbar ist, der Kult fand aus der Distanz statt.[44]

7.3 Mons Argaios – ein Berggott

Abb. 60: Erciyas Dağı (Mons Argaios) in Kappadonien.

Abb. 61: Drachme von Kaisareia in Kappadokien mit Kaiserin Julia Domna auf der Vorderseite und Mons Argaios mit Stern auf der Rückseite, 211 n. Chr.

7 »Heilige Berge«: Der einzigartige Berg

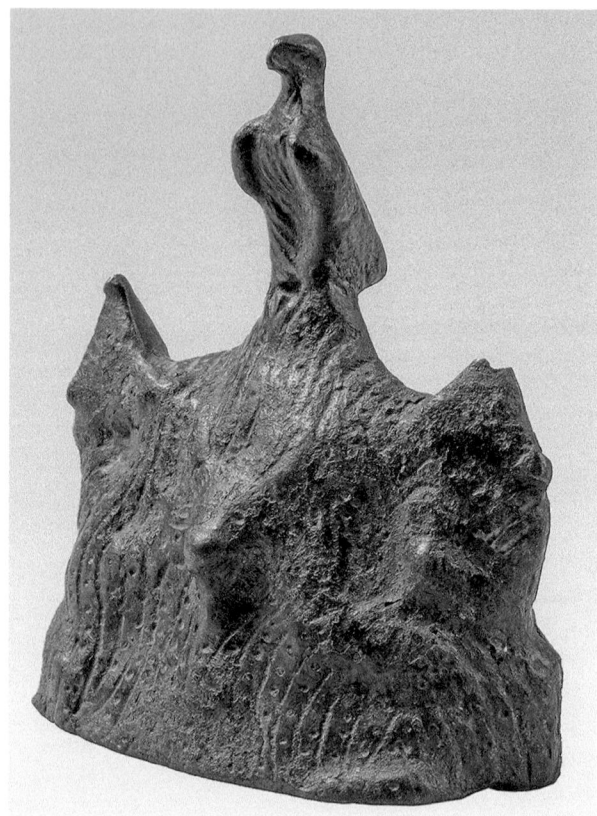

Abb. 62: Bronzevotiv des Mons Argaios, kaiserzeitlich, Münster, Archäologisches Museum der Universität Münster.

Für den Mons Argaios charakteristisch sind zum einen die Bronzen in Gestalt eines Berges, zum anderen Münzbilder, welche in der nahegelegenen römischen Provinzhauptstadt Kaisareia in Kappadokien ausgegeben wurden.[45] Der Berg Argaios wurde geradezu ein Wahrzeichen von Kappadokien, und er konnte sowohl in Bergform, als auch in menschlicher Gestalt als Sonnengott auftreten. Gelegentlich findet sich ein Adler, sodass überlegt werden kann, ob der Gott zusätzlich Zeus angeglichen oder mit ihm identifiziert wurde.

Hervorzuheben ist, dass die charakteristische natürliche Topographie des Argaios mit dem Hauptgipfel und den beiden Nebengipfeln sowie den geologischen Formationen am Hang erkennbar bildlich umgesetzt wurde. Offenbar hat man sich bemüht, diesen Berg als den Berg Argaios in seiner spezifischen physischen Gestalt zu zeigen.[46] Ein vergleichbares Bemühen konnten wir beim Olymp nicht feststellen. Das liegt an dem unterschiedlichen Charakter der Vorstellungen von dem Berg. Beim Olymp war der Berg Sitz der Götter, beim Argaios war der Berg der Gott selbst.[47] Allerdings dürfte die Ehrwürdigkeit in beiden Fällen daraus resultieren, dass beide Berge sehr imposant waren, dies also das entscheidende Vergleichskriterium war. Der Argaios dient damit als ein Beispiel, welche Vorstellungsoptionen gegenüber einem »Heiligen Berg« bestanden, und welche beim Olymp völlig anders ausgestaltet wurden.

7.4 »Heilige Berge« in Italien

Auch im westlichen Mittelmeerraum, in Italien, gab es »Heilige Berge«.[48] Der Albanus Mons in Latium war ein solcher.[49] Er war der »Heilige Berg« der Latiner und Ort des Kultes des Jupiter Latiaris. Hier wurde in der Antike der mythisch aufgeladene Ort Alba Longa lokalisiert. Der Albanus Mons ist der heutige Monte Cavo (956 m hoch) ca. 20 km südöstlich von Rom entfernt. Auf dem Albanus Mons lag das Bundesheiligtum der Latiner, und Latiner und Römer haben schon in der Königszeit im Frühling dort einen weißen Stier geopfert und gemeinsame Spiele ausgerichtet. Versammlungen fanden am Fuße des Berges auf einer großen Wiese statt. Eine Sonderform des römischen Triumphs wurde hier abgehalten (der sogenannte *triumphus in monte Albano*). Von dem berühmten Tempel ist nichts mehr erhalten.

Das Heiligtum spielte in republikanischer Zeit in den Auseinandersetzungen zwischen Römern und Latinern insofern eine besondere Rolle, als dass der Berg regionaler Bezugspunkt verschiedener Städte war und eine Zentralheiligtumsfunktion (als Bundesheiligtum) einnahm.

Auch in der römischen Kaiserzeit verliert der Berg nicht an sakraler Bedeutung. Der große marmorne Stadtplan von Rom, die Forma Urbis, die zu Beginn des 3. Jh.s n. Chr. gefertigt wurde, ist in der Orientierung exakt auf den Berg ausgerichtet.[50] Vom Kapitol in Rom aus haben die Auguren zur Himmelsvermessung den Albanus Mons zur Orientierung genommen, was die räumliche Verbindung dieses »Berges« in Rom (des Kapitols) mit dem Albanus Mons unterstreicht.[51] Möglicherweise waren weitere Heiligtümer in Rom und in den Latinerstädten auf den Albanus Mons ausgerichtet.[52] Das Bundesheiligtum auf dem Albanus Mons ist ein Beispiel dafür, wie ein prominenter Berg mit Heiligtum ein identitätsstiftender Bezugspunkt für unterschiedliche Gemeinwesen werden konnte. Gerade die schwere Zugänglichkeit von Bergen könnte, ähnlich wie beim Zeus Lykaios, eine neutrale Zone geschaffen haben, die sich für ein Bundesheiligtum eignete.[53]

Ein weiterer »Heiliger Berg« oder zumindest ein Heiligtum, dessen Berglage betont wird, ist der Eryx in Westsizilien (Höhe 751 m), der heutige Monte Giuliano. Darauf befand sich das Heiligtum einer phönikischen Göttin, welche später von den Griechen mit Aphrodite und von den Römern mit ihrer Stammmutter Venus gleichgesetzt wurde.[54]

Auf sizilischen Münzen des 5. Jh.s v. Chr. erscheint das Sitzbild der Aphrodite, und auf späteren republikanischen Denaren finden wir die Darstellung des Tempels der Aphrodite auf einem hohen Berg, umgeben von der Stadtmauer von Eryx.[55]

Das Heiligtum hat eine bewegte Geschichte. Nach der phönikischen Gründung wurde es im 6. Jh. v. Chr. zunächst ein Heiligtum des Volks der Elymer. Es geriet unter den Einfluss der Stadt Segesta. Der Reichtum des Tempels soll die Athener Ende des 5. Jh.s v. Chr. zur sogenannten Sizilischen Expedition verleitet haben (welche für Athen in eine Katastrophe mündete). Bis zum Ende des 1. Punischen Kriegs blieb Eryx ein wichtiger Stützpunkt der Karthager. In römischer Zeit wurde es als Gründung des Stammvaters der Römer, Aeneas, angesehen. Bis in die frühe römische Kaiserzeit blieb das Heiligtum erhalten. Ausgrabungen auf dem Berg belegen die lange Siedlungsgeschichte durch die Zeiten, doch bleiben die wichtigsten Zeugnisse die republikanischen Münzen. Der Kult der Venus Erycina hatte im Mittelmeerraum überregionale Bedeutung. Auch hier ist zu beobachten, dass der Kult auf einem prominenten Berg eine überregionale Bedeutung entwickeln und für mehr als ein einzelnes Gemeinwesen identitätsstiftend wirken konnte.

7.5 »Heilige Berge« im nordwestsemitischen Raum

In Eryx wurde eine phönikische Göttin auf einem Berg verehrt. Das führt uns in den nordwestsemitischen Raum und zum Judentum, in dem Berge ebenfalls eine wichtige Rolle spielen. Dort können wir auch verschiedene Berge als besonders verehrungswürdige Plätze sehen. Als erstes sei der Berg Sinai (Horeb) genannt, der Berg der Überlieferungen, der ganz am Beginn der israelitisch-jüdischen Tradition steht.[56] Dieser Berg dient vor allem als ein Berg der göttlichen Offenbarung.[57] Ein anderer wichtiger Berg im Judentum ist der Berg Moriah, der mit dem Tempelberg in Jerusalem identifiziert wurde (▶ Abb. 63), sowie das verwandte Heiligtum in Samaria, auf dem Berg Garizim (▶ Abb. 64). Beide Berge waren mit dem Kult Jahwes verbunden, des Gottes der Juden und der Samaritaner.[58]

Auf dem Berg Moriah sollte der Stammvater Israels, Abraham, seinen Sohn Isaak opfern. In der jüdischen Tradition ist der Berg Moriah identisch mit dem Berg in Jerusalem, auf dem später König Salomo den ersten jüdischen Tempel gebaut haben soll.[59] Dieser erste Tempel wurde 586 v. Chr. von dem babylonischen König Nebukadnezar II. zerstört, die Juden nach Babylon deportiert und der Tempel erst nach der Rückkehr aus dem babylonischen Exil wiederaufgebaut. Später hat der jüdische König Herodes der Große (40–4 v. Chr.) den Tempel erneuern lassen, doch wurde er 70 n. Chr. von den Römern endgültig zerstört. Danach war der Tempelberg ein römisches Heiligtum, später wurde eine Kirche darauf errichtet und 686 n. Chr. der Felsendom. Bis heute ist der Ort die drittheiligste Stätte des Islam und religiöser Bezugspunkt des Judentums.

7 »Heilige Berge«: Der einzigartige Berg

Abb. 63: Der Tempelberg in Jerusalem.

Über die Herkunft des Gottes Jahwe gibt es ausgedehnte Forschungsdiskussionen, die an dieser Stelle nicht eingehend besprochen werden können.[60] Es ist anzunehmen, dass Jahwe ursprünglich ein Berggott gewesen ist, der (von den Israeliten unter Moses) auf dem Berg Horeb im Sinai kennengelernt und mit nach Judäa und Jerusalem gebracht wurde. Demnach ist der Berg Sitz des Gottes, der Berg durch die Anwesenheit Gottes geheiligt.[61] Anders als der Olymp, der ebenfalls als Göttersitz verstanden wurde, war dieser Berg aber mit einem sehr prominenten Zentralheiligtum und Kult versehen.

Jahwe wurde ursprünglich nicht nur auf dem Berg Moriah in Jerusalem verehrt, sondern in der Formationsphase des Judentums auch auf weiteren Gipfeln.[62] Dass diese Beobachtung korrekt ist und Jahwe ein Berggott war, wird auch durch das samaritanische Heiligtum auf dem Garizim bestätigt.[63] Denn um 440 v. Chr. führten die jüdischen Kultreformer Esra und Nehemia eine Konzentration der Jahwe-Altäre in Jerusalem durch, wobei das Heiligtum auf dem Berg Garizim bestehen blieb und die umwohnenden Samaritaner sich vom judäischen Judentum trennten und Jahwe bis heute auf dem Berg Garizim verehren.[64] Im 2. Jh. v. Chr. gab es offenbar einen erheblichen Ausbau des Heiligtums, vermutlich wurde zusätzlich zu dem samaritanischen Heiligtum ein hellenistisches Heiligtum für Zeus Olympios errichtet. Dies geschah unter seleukidischem Einfluss, parallel zu der Etablierung eines Kultes des Zeus Olympios in Jerusalem.[65]

Abb. 64: Bronzeprägung von Neapolis mit Kaiser Philippus Arabs (244–249 n. Chr.) auf der Vorderseite und dem Garizim mit Tempel auf dem Hauptgipfel und Altar auf dem Nebengipfel auf der Rückseite.

Auf dem Berg Garizim gibt es einige archäologische Befunde für ein perserzeitliches Heiligtum, wobei erneut die späteren Münzen eine zentrale Quelle für das Aussehen des Heiligtums sind (▶ Abb. 64).[66] Diese stammen aus der römischen Kaiserzeit, geprägt von der Stadt Neapolis (Nablus) und zeigen einen Tempel auf einem Berg. Alle Münzen haben ein wichtiges Detail, nämlich ein zweites Heiligtum auf einem Nebengipfel. Es handelt sich bei dem Doppelheiligtum um den Altar des samaritanischen Jahwe und um den Tempel des hellenistischen Zeus Olympios.

Bemerkenswert ist, wie lange der Berg im Fokus des Kults und Bezugspunkt unterschiedlicher religiöser Praktiken blieb. Ähnlich wie in

Jerusalem dürfte die Bedeutung des Berges in der angenommenen Anwesenheit Gottes gelegen haben.

Ein weiterer nordwestsemitischer Berggott sei noch kurz erwähnt: Dushara, der Hauptgott der arabischen Nabatäer. Der Name Dushara bedeutet »der von Shara« und mit Shara ist wohl ein Berg in Petra im heutigen Jordanien gemeint; seine genaue Lokalisierung ist bislang nicht gelungen.[67] Dushara wird zunächst in Betylform, also anikonisch verehrt.[68] Dies ist eine Parallele zu dem Gott Zeus Kasios, der ebenfalls anikonisch verehrt wurde. Im Übrigen gilt eine anikonische Verehrungsform auch für Jahwe in Jerusalem und Samaria, sodass man vielleicht nicht fehlgeht, dass Berggötter in der Levante einen Hang zur anikonischen Gestalt hatten. Allerdings muss diese Beobachtung auf die Region beschränkt bleiben, eine Region, in der anikonischer Kult ohnehin weit verbreitet war.

7.6 Der Olymp – ein »Heiliger Berg«?

Die diskutierten Beispiele von »Heiligen Bergen« im Mittelmeerraum können keine systematische Untersuchung von »Heiligen Bergen« ersetzen. Gleichwohl wird deutlich, dass sich eine Typologie im Verhältnis von Göttern, religiösen Praktiken und Bergen abzeichnet und es zu fragen gilt, wie sich der Olymp darin einfügt.[69]

1. Berggötter: Unter Berggöttern sind Götter zu verstehen, die typischerweise auf Bergen verehrt wurden, darunter fällt etwa Jahwe in Jerusalem und Samaria. Auch Zeus ist oft ein solcher Gott, der auf Bergen wie dem Lykaios oder als Jupiter auf dem Albanus Mons verehrt wurde. Allerdings ist Zeus kein exklusiver Berggott, denn er wurde auch an anderen Orten wie etwa auf der Agora in zahlreichen griechischen Städten verehrt. Die Heiligkeit der Berge ergibt sich aus der Anwesenheit der Gottheit.
2. Götter auf Bergen: Prinzipiell können auch Götter, die nicht in besonderer Weise mit Bergen verbunden sind, auf Bergen verehrt wer-

den. Die Venus Erycina ist ein solches Beispiel, und es zeigt, dass Berge grundsätzlich als Orte der Götterverehrung geeignet waren. Die Heiligkeit der Berge ergibt sich auch in diesem Fall aus der Anwesenheit der Gottheit auf dem Berg.
3. Göttliche Berge: Ausnahmeerscheinungen im Mittelmeerraum sind Berge, die als Berge vergöttlicht wurden. Das beste Beispiel ist der Mons Argaios, bei dem Berg und Gottheit verschmelzen. Der Kasios ist möglicherweise ebenfalls ein solcher Fall, wobei der dort verehrte Zeus auch zu dem Typus der Berggötter gehört.

Es ist zu beachten, dass es sich bei den drei Typen um Idealtypen handelt, die nicht in Reinform vorkommen, da die Übergänge fließend sind. Am weitesten verbreitet ist der Fall, bei dem auf einem Berg ein Heiligtum lag, sei es, weil der Berg als ein besonders geeigneter Platz zur Götterverehrung angesehen wurde, sei es, weil der Gott speziell mit Bergen verbunden wurde. Einher geht damit jeweils die angenommene Präsenz der Gottheit auf dem Berg. Anders akzentuiert ist dagegen der Typus, der uns mit dem Mons Argaios begegnet. Hier ist tatsächlich der ganze Berg als heilig bzw. als Gottheit anzusehen, ein Typus, der im griechischen Raum selten ist und der auf vorderorientalische Vorbilder zurückgeht.[70]

Der Olymp passt in keines der Schemata. Er ist weder ein an und für sich göttlich verehrter Berg, noch scheint er ein prominentes Bergheiligtum getragen zu haben. Am ehesten passt er noch dazu, dass die Präsenz von Gottheiten auf diesem Berg angenommen wurde. Allerdings geht mit dieser Vorstellung beim Olymp auch die Unnahbarkeit einher. Möglicherweise ist es gerade diese Besonderheit, die den Olymp ausmacht. Der Olymp ist ein universeller Berg, der, obwohl physisch konkret existent, dennoch erstaunlich überirdisch, irreal und nicht greifbar ist. Dies haben wir bereits bei Homer sehen können, und es ist diese überweltliche Qualität, die den Berg offen für gesamtgriechische Religion macht.[71] Er ist in seiner Universalität potentiell überall und in seiner Unnahbarkeit nirgends. Das erklärt auch, weshalb sich keine nennenswerte Bildtradition ausgeprägt hat und er räumlich nicht wirklich durch kultische Installationen in Besitz genommen wurde. Im Umkehrschluss ist bemerkenswert, dass der sehr konkrete Mons Argaios, der eine wiedererkennbare charakteristische Kultform hatte, keine nachhaltig überregionale Verehrung und Übertragung an andere Orte erfahren hat. Unter all den »Heiligen Bergen« bleibt der Olymp somit ein Sonderfall, der in seiner Ambiguität zwischen konkretem Berg und überweltlichem Himmel eine universell anschlussfähige Projektionsfläche bot, die im gesamten Mittelmeerraum in lokale religiöse Bezugssysteme integrierbar war.

8 Epilog

»Das charakteristischste Merkmal Griechenlands sind seine Berge; sie durchziehen das ganze Land und sind Teil jeder Ansicht.«[1]

Der prägende Eindruck, den Berge auf Menschen machen, ging auch an den Bewohnern Griechenlands nicht spurlos vorbei. Berge, ihre Höhen und Gipfel waren in Griechenland Orte, die sakrale Aufmerksamkeit auf sich zogen. Eine ganze Reihe an Kultplätzen auf Bergen belegt dies. Dies ist jedoch kein Spezifikum Griechenlands, auch andere Berge im Mittelmeerraum und darüber hinaus erfuhren eine solche Aufmerksamkeit.[2] Die Faszination der Berge kann als eine menschliche Grundkonstante betrachtet werden.[3]

Unter den Bergen Griechenlands sticht der Olymp heraus. Er ist der höchste Berg des Landes, und obwohl er am Rande Griechenlands, an der Grenze von Thessalien und Makedonien liegt, ist er doch in der mobilen Welt der Ägäis des 1. Jahrtausends v. Chr. präsent.[4] Homer ist dafür das beste Zeugnis, und Homer ist auch prägend für das Bild des Olymps in der griechischen Welt. Homer charakterisiert den Olymp als Sitz der Götter, insbesondere des Zeus, und bei Homer findet sich die ambigue Vorstellung vom Olymp als konkretem nordgriechischen Berg und unnahbarem himmlischen Ort. Er ist ein Berg zwischen Himmel und Erde. Die gewaltige Größe des Berges und die leicht periphere Lage mögen der Wahrnehmung als unnahbar zuträglich gewesen sein,[5] wobei zu betonen ist, dass es keinen Hinweis darauf gibt, dass die Ambiguität als Widerspruch aufgefasst wurde.

In der Folgezeit von Homer bleibt diese doppelte Vorstellung vom Olymp bestehen, wobei diejenige vom Olymp als Himmel (*ouranos*) dominiert. Dennoch verdrängt sie nie vollständig den Berg-Olymp. Auch in der Bildwelt lässt sich das verfolgen, wo das Geschehen auf dem

Olymp nur sehr selten räumlich konkretisiert wird. Im 5. Jh. v. Chr. findet jedoch, beeinflusst von den Bildwerken des Parthenon in Athen, ein neuer Bildentwurf statt, der durch die Kombination von kosmischen Gottheiten sowie Steinen als Geländeangabe die Berg-Himmel-Ambiguität in ein Bild fasst. Vielleicht geht diese Synthese auf den Künstler Phidias zurück, dem es gelingt, die homerische Vorstellung in ein hochinnovatives Bild zu fassen. In der Antike war der Ausnahmekünstler Phidias dafür berühmt, dass er sich Homer als Vorbild für seine Bildwerke nahm. Am berühmtesten ist die Tradition, dass die Zeusstatue des Phidias in Olympia besonders gut das homerische Zeusbild umsetzte.[6] Auf Phidias geht daher wohl diese neue Bildkonzeption zurück, welche die Ambiguität des homerischen Berg-Himmels genial ins Bild setzte.

Die Ambiguität macht den Olymp zu einem universellen Berg, der nicht wirklich an eine Lokaliät gebunden ist, der seinen Bergcharakter aber trotzdem nie aufgibt und dementsprechend als Berg transferierbar und an anderen Orten neu lokalisierbar wird. In dieser Eigenschaft ist er symptomatisch für griechische Religion, die einerseits höchst lokal ist, andererseits aber auch in einem größeren gemeinsamen Bezugsrahmen des griechischen Pantheons steht. Die Lokalität und Universalität des Göttersitzes sind dafür eine Voraussetzung. Diese Universalität ist etwas spezifisch Griechisches und Voraussetzung dafür, dass griechische Religion nicht nur die Summe lokaler Götterwelten ist, sondern einen übergeordneten Bezugsrahmen bot, der so etwas wie griechische Kultur ausmachte.

Gerade die Universalität ermöglicht die Loslösung und Verselbständigung des Olymps, die zu zahlreichen Olympoi im Mittelmeerraum führt, die aber auch zulässt, dass der Olymp zum individuellen Seelensitz wird. In römischer Zeit, die nicht im Zentrum der Untersuchung stand, wird in der lateinischen Literatur die Stadt Rom, die Stadt auf den Sieben Hügeln und Beherrscherin eines Weltreichs, sogar in Parallelität und in Konkurrenz zum Olymp gesehen.[7] Der Olymp wird so universell transferierbar, ohne dass er seine Berggestalt verliert. Auch wenn der Olymp in der lateinischen Literatur durchaus noch einen Niederschlag findet und er in der Spätantike in der Auseinandersetzung von traditionellen Kulten und Christentum in Erscheinung tritt, so kann doch für die römische Zeit beobachtet werden, dass der Olymp in Bildzeugnissen und in der konkreten Vorstellung an Bedeutung verliert. Rom und der Kaiser lösen nun die alten Olympier ab, die in einer griechischen Welt mit vielfältigen lokalen Zentren eine andere Rolle gespielt hatten als im mediterranen römischen Weltreich mit der Hauptstadt der Welt (*caput mundi*) Rom.

Auch im Christentum können wir eine dem Olymp vergleichbare Auflösung der räumlichen Gebundenheit religiös aufgeladener Orte beobachten. Jerusalem als Ort des Heilsgeschehens ist eine reale Stadt in Palästina. Laut Johannesapokalypse wird aber zum Ende der Zeiten ein Neues Jerusalem aus dem Himmel herabsteigen, ein dort bereit stehendes himmlisches Jerusalem.[8] Diese widerspruchsfreie Dualität von irdischem und himmlischem Jerusalem ermöglicht sodann eine Übertragbarkeit Jerusalems in der Gegenwart: Im Mittelalter werden vielerorts in Europa Nachbauten des Heiligen Grabes Jesu errichtet, und die Kirchenarchitektur und Stadtplanung knüpft an die Topographie Jerusalems an.[9] Wir finden hier vergleichbar zu der Vorstellung vom Olymp denselben Dreischritt von irdisch, zu himmlisch zu potentiell überall.

Doch zurück zum Olymp: Wie sehr der Olymp Projektionsfläche und Kulminationspunkt panhellenischer Vorstellungen ist, wurde beim Blick in das spätklassische Makedonien deutlich. Die Attraktivität des kulturellen Konzepts »griechisch« war der Grund, dass die makedonischen Könige versuchten, den imaginierten himmlischen, inzwischen gesamtgriechischen Olymp wieder zurück in die Wirklichkeit auf die Erde nach Makedonien zu holen. Die makedonischen Könige strebten danach, als Griechen anerkannt zu werden, und sie nutzten dafür den Berg vor ihrer Haustür, den »Originalolymp«. Seit König Archelaos I. können wir beobachten, wie Makedonien den Berg für sich reklamierte und in Dion ein großes Kultzentrum ausbaute. Es war der Versuch, der griechischen Welt zu verdeutlichen, dass der griechische Olymp in Makedonien lag. In dieser Zeit können wir beobachten, dass ein Heiligtum auf dem Olymp gebaut wurde, der Berg also räumlich in Besitz genommen und die Olympregion in einer gesamtgriechischen Sakraltopographie verortet wurde. Ein Vermächtnis dieser Bestrebungen ist sicher auch die Prominenz des Zeus Olympios in hellenistischer Zeit. Wobei ein Attribut des Zeus, sein Lorbeerkranz, der bis in römische Zeit sein

Markenzeichen blieb, auf den Zeus am Olymp zurückgeht. Insgesamt müssen wir stärker den Zeus des Olymps im Blick haben, wenn wir von dem Zeus Olympios sprechen, bei dem die Forschung zu oft die Verbindung nach Olympia gesucht hat.[10] Denn es ist sehr viel stärker der makedonische Gott, der in hellenistischer Zeit Orientierungspunkt war[11] und so ist durchaus konkret an den Zeus des nordgriechischen Olymps zu denken, wenn in hellenistischer Zeit vom Zeus Olympios die Rede ist.

Der Olymp ist und bleibt unter den griechischen Bergen einzigartig. Als Göttersitz ausgezeichnet und im Fokus religiösen Interesses teilt er Gemeinsamkeiten mit anderen »Heiligen Bergen«, doch sind seine Unnahbarkeit und die Ambiguität als Berg-Himmel außergewöhnlich. Sie führen zu einer Universalisierung. Der Olymp wird so zu einem panhellenischen Ort, der gleichzeitig lokal und überweltlich ist, und so ist er gleichermaßen einzigartig wie repräsentativ für griechische Religion. Er ist Teil einer religiösen »Mindmap«, die »griechisch« zu einem übergeordneten Konzept und griechische Religion zu einer übergreifenden Einheit formte.

Nachwort

Dieses Buch ist über viele Jahre entstanden, und ich durfte zahlreiche Anregungen und Ideen aus Veranstaltungen mit meinen Studierenden in Bochum und Münster sowie bei Fachvorträgen an Universitäten aufnehmen. Besonderer Dank ergeht in der letzten Phase der Fertigstellung des Buches an Jason König (St Andrews), dessen Gastfreundschaft ich im November 2019 genießen durfte. Der Alexander-von-Humboldt-Stiftung sei für die Finanzierung des Aufenthalts in St Andrews gedankt. Besonderer Dank geht auch an Frank Daubner (Trier), mit dem ich das ganze Buch intensiv diskutieren durfte. Weiter sei für Korrekturen und Hinweise Ulrike Borgert (Münster) und Hermann Lichtenberger (Tübingen) gedankt. Ebenfalls bedanke ich mich bei Lianna Hecht (Münster) für die Erstellung von Kartenmaterial sowie bei Rieke Barbek und Peter Kritzinger (beide Stuttgart) für das sorgfältige Lektorat. Nicht zuletzt sei zahlreichen Institutionen und Einzelpersonen für die Bereitstellung von Abbildungen gedankt; hervorgehoben seien neben den im Abbildungsnachweis genannten Institutionen: Francesco D'Andria (Salento), Michael Blömer (Münster), Philip Ebeling (Münster), Wolfgang Ehrhardt (Freiburg), Hans R. Goette (Berlin), Giorgos Kavvadias (Athen), Martin Maischberger (Berlin), Semeli Pingiatoglou (Thessaloniki), David Gilman Romano (Tucson) sowie Barbara Wetzig (Dresden). Ihnen allen sei herzlich für die kollegiale Hilfe gedankt. Schließlich danke ich den beiden, mit denen für mich die Begegnung mit dem Olymp begonnen hat: meinen alten Schul- und Reisekameraden Andreas Dietz und Christian Rolf, mit denen ich 1987 auf einer Interrail Tour beherzt den irdischen Olymp bestiegen habe.

Münster, im August 2020

Glossar

Achill	Griechischer Held, Sohn der Thetis, der am Trojanischen Krieg beteiligt war
Aktaion	Mythologischer Jäger, der Artemis beim Bade beobachtete und zur Strafe von seinen Hunden zerfleischt wurde
Amphora	Bauchiges und enghalsiges Gefäß mit Henkeln
Apotheose	Vergöttlichung
Ares	Griechischer Gott des Krieges
Artemis	Griechische Göttin der Jagd
Asklepios	Griechischer Gott der Heilkunst
Athena	Griechische Göttin der Weisheit
Betyl	Nicht-figürliches Kultmal, von aramäisch *Bet El*, »Haus des Gottes«
Cella	Hauptraum des antiken Tempels
Demeter	Griechische Göttin der Landwirtschaft
Dionysos	Griechischer Gott des Weins und des Theaters
Drachme	Griechische Silbermünze
Eileithyia	Griechische Göttin der Geburt
Eos	Griechische Göttin der Morgenröte
Ephialtes	Gigant, der mit seinem Bruder Otos den Olymp stürmen wollte
Epigramm	Kurzes Sinngedicht
Epiklese	Beiname, häufig bei Gottheiten, die dadurch lokal oder in ihrem Wirkungsbereich erklärt werden
Eris	Griechische Göttin der Zwietracht
Eros	Griechischer Gott der Liebe, Sohn der Aphrodite

Fries	Schmuckelement, das meist waagrecht an Architektur fortlaufend angebracht ist und gelegentlich figürlich ausgestaltet ist
Gaia	Griechische Göttin der Erde
Giganten	Griechische riesenhafte Urzeitwesen, die gegen die Götter kämpften (Gigantomachie)
Hades	Griechischer Gott der Unterwelt
Hebe	Griechische Göttin der Jugend
Hekatombe	Opfer von 100 Rindern
Helios	Griechischer Gott der Sonne
Hephaistos	Griechischer Gott der Schmiedekunst und des Handwerks, Sohn der Hera
Hera	Griechische Göttin, Gemahlin des Zeus
Herakles	Griechischer Held, der wegen seiner Verdienste zum Gott erhoben wurde
Hermes	Griechischer Gott der Reisenden und des Handels
Heroon	Griechisches Heiligtum für die Verehrung von Helden
Hestia	Griechische Göttin des Herdfeuers
Horen	Griechische Göttinnen der Jahreszeiten
Hydria	Bauchiges und enghalsiges Gefäß mit Horizontalhenkeln
Ikonographie	Lehre von den Bildern und wissenschaftliche Beschäftigung mit Darstellungsformen und ihrer Interpretation
Interpretatio Graeca	Gleichsetzung von nicht-griechischen Gottheiten mit griechischen Gottheiten
Iris	Griechische Göttin, die als Botin dient
Kantharos	Becherartiges Trinkgefäß mit hohen Henkeln
Kentauromachie	Mythologischer Kampf der Kentauren (wilde Wesen, die halb Pferd, halb Mensch sind) gegen das Volk der Lapithen
Kore	Griechische Getreide- und Unterweltsgöttin, Tochter der Demeter

Krater	Großes, offenes Gefäß zum Mischen von Wasser und Wein
Kronos	Titan, Gatte der Rheia, der von seinem Sohn Zeus entmachtet wurde
Lapithen	Volk im nördlichen Thessalien
Metope	Teil des Gebälkfrieses eines dorischen Tempels, gelegentlich figürlich dekoriert
Mnemosyne	Titanin, Geliebte des Zeus, Mutter der Musen, Personifikation des Gedächtnisses
Musen	Griechische Göttinnen der Künste, Töchter des Zeus und der Mnemosyne
Nike	Griechische Göttin des Sieges
Nyx	Griechische Göttin der Nacht
Otos	Gigant, der mit seinem Bruder Ephialtes den Olymp stürmen wollte
Peristyl	Hof, der von Säulenhallen umgeben ist
Pithos	Großes Vorratsgefäß
Polis	Griechisch »Stadt«, umfasst die politische Organisation der Bürger
Poseidon	Griechischer Gott des Meeres
Rheia	Titanin, Gattin des Kronos
Risalit	Vorspringender Gebäudeteil
Rotfigurige Vase	Griechische Vase, bei der die Bemalung so ausgeführt ist, dass die Figuren rot sind. Die Technik löst die schwarzfigurige Vasenmalerei ab.
Schwarzfigurige Vase	Griechische Vase, bei der die Bemalung so ausgeführt ist, dass die Bemalung schwarz ist. Die Technik wird von der rotfigurigen Vasenmalerei abgelöst.
Selene	Griechische Göttin des Mondes
Seleukiden	Hellenistische Königsdynastie, die vor allem in Syrien und im Osten herrschte
Spolie	Architekturteil, das aus seinem ursprünglichen Zusammenhang herausgenommen und wiederverwendet wurde.

Stater   Griechische Münze
Stoa   Griechische Säulenhalle
Symposion   Griechisches Gastmahl
Tetradrachme   Griechische Silbermünze mit dem vierfachen Wert
                   einer Drachme
Thetis   Griechische Meeresgöttin und Mutter des Achill
Zeus   Griechischer Gott, oberster Gott und Herrscher
                   des Olymps

Zeitleiste

Bronzezeit ca.   3200–1000 v. Chr.
Eisenzeit ca.   1000–700 v. Chr.
Archaische Zeit   ca. 700–490/80 v. Chr.
Klassische   Zeit ca. 490/80–330 v. Chr.
Hellenistische Zeit   ca. 330–30 v. Chr.
Römische Kaiserzeit   ca. 30 v. Chr.–306 n. Chr.
Spätantike   ca. 306–750 n. Chr.

Anmerkungen

1 Annäherung: Der präsente Unbekannte

1 Zu ikonographischen Zeugnissen für den Hades vgl. Scholl 2007 und umfassend Schade – Altekamp 2007.
2 Vgl. dazu jetzt den Sammelband Ekroth – Nilsson 2018.
3 Heuzey 1860; Kurz 1923; Meletzis 1987.
4 Zum aktuellen Forschungsstand zu Homer vgl. Fowler 2004.
5 Homers Ilias und Odyssee werden im Folgenden in der Übersetzung Wolfgang Schadewaldts zitiert.
6 Schwabl 1972, 342–344. Vgl. auch Nilsson 1955, 354.
7 Höfer 1897–1902, 847.
8 Höfer 1897–1902, 836–837.
9 In der älteren religionswissenschaftlichen Forschung gab es die Unterscheidung zwischen »olympischen« und »chthonischen« (erdverbundenen) Gottheiten, die aber in der aktuellen Forschung nur bedingt aufrechterhalten wird. Vgl. Schlesier 1991/1992.
10 Zum Ararat auf Münzen des armenischen Königs Tigranes IV. und der Erato um die Zeitenwende vgl. Kovacs 2016, 29 Nr. 180; Blömer 2019, 270. Zu dem berühmten Fresko aus der Casa del Centenario in Pompeji mit Darstellung des Vesuvs vgl. Sampaolo 1999, 1094–1096 Nr. 358–359. Zum Ararat Haas 1982, 197–198; Galster 1990; Bernbaum 1990, 91–93. Zum Mons Argaios ▶ Kap. 7.3.
11 Vgl. auch Blömer 2019, 258.
12 Zum Parthenon und seinem Fries vgl. zuletzt Meyer 2017 und Gauer 2019 (mit weiterer Literatur). Zum Parthenonfries siehe die Dokumentation Berger – Gisler-Huwiler 1996.
13 Connelly 2014.
14 Fehl 1961, 10–15.
15 Der Versuch von Neils 1999, 12–15, Götter und Menschen in einem gemeinsamen Raum agieren zu lassen, überzeugt nicht.
16 Steinhagen 2019, 136–151. Zum Beginn des Bergtourismus am Olymp vgl. Nikopoulos 1957, 20–22.
17 https://www.olymp.de/ (**Abruf: 29.4.2020**).

18 https://www.olymp.com/de_de/company/about/ (Abruf: 6.11.2019).
19 Zu weiteren modernen Benennungen von Orten als Olymp vgl. Deiss 2010, 14.
20 Riordan 2006.
21 https://www.olympus-global.com/company/milestones/founding.html?page=company (Abruf: 24.11.2019).
22 Vgl. dazu auch Araki 1978, 4–5.
23 Hom. Il. 1,591–593.
24 Plut. Aem. Paullus 15. Zu dem Text vgl. Ziegler 1967, 57–63.
25 Gärtner 2002.
26 Heuzey 1860, 30–31.
27 Vgl. dazu Capelle 1916, 17–18; Cajori 1929, 482–499; Oberhummer – Schmidt 1939, 260–261.
28 Vgl. die Nachricht bei Plin. n. h. 2,162 über die Messung des Pelion durch Dikaiarchos. Zur Interpretation der Stelle vgl. Capelle 1916, 16–17. Siehe insgesamt Capelle 1916; Cajori 1929, 482–493; Pease 1961, 296–297; Meißner 1996, 364–366 zu antiken Höhenmessungen von Bergen.
29 Capelle 2016, 31–33. Vgl. auch die Bergliste in den sog. Laterculi Alexandrini, Kol. 10,1–11,1 (Capelle 1916, 39–41).
30 Oberhummer – Schmidt 1939, 261.
31 ▶ Kap. 4.5.
32 Vgl. Pease 1961, 290; Chaniotis 1991 und Beiträge in: Olshausen – Sonnabend 1996 sowie Pellizzari 2001 und Jourdain-Annequin 2011, 137–179, 185–195.
33 Vgl. dazu Capelle 1916, 35–38; Elliger 1975, 314–317. Es gibt nur wenige Hinweise darauf, dass in der Antike Berge aus »touristischen« Gründen bestiegen wurden. Vgl. dazu Pease 1961; Buxton 1992, 5; Meißner 1996, 367–369; Falter 1999, 137. Zum Beginn des Interesses an Bergen aus ästhetischen Gründen und die ältere, auf die klassische Antike zurückgehende gegenteilige Position, vgl. Nicolson 1959, bes. 1–17 sowie jetzt auch Barton 2017.
34 Hyde 1915; Nicolson 1959; Pease 1961, 293–295; Elliger 1975, 89–90; Buxton 1992; Rocchi 2005, 58–59; Belis I 2015, 70–74; Barton 2017, 25–27. Vgl. aber die differenzierten Ausführungen von Chaniotis 1991, der auf Gebirgsregionen als Wirtschaftsräume hinweist, und König 2016, der eine Dichotomie zwischen unzivilisierten und zivilisierten Bergen sieht. Das antike Bild der Berge als Orte der Alterität findet sich auch noch im Werk von Heuzey 1860, wie Perrier 2009, 171–176 zeigen konnte. Kulturenübergreifend betrachtet della Dora 2017 diesen Aspekt der faszinierenden Andersartigkeit von Bergen (vgl. auch Bernbaum 1990, xv. 248–254). Im spätantiken Christentum werden Berge als abgeschiedene Orte bevorzugter Aufenthalt monastischer Lebensformen. Vgl. dazu Kahl 1996; Talbot 2001; Neri 2001. Zur Feindseligkeit von Bergen im Alten Orient und in der biblischen Literatur vgl. Juhás 2020.
35 Vgl. Liv. 40,58 und 1Makk 2,28.
36 Zur Spätantike ▶ Kap. 4.4. Zum Mittelalter s. Vedrenne 2000, 65–69.
37 Zu den frühen Reisenden im Olympgebiet vgl. Kurz 1923, 37–157. Zu Klephten vgl. Koliopoulos 1987; Petersmann 1990, 14–15.

38 Brown 1673, 53.
39 Kleine, das ganze Jahr nicht abschmelzende Schneefelder sind an mehreren Stellen auf dem Olymp belegt. Vgl. Styllas et al. 2016.
40 Volborth 1776.
41 Brown 1673, 52.
42 Sonnini 1801, 395.
43 Ein bekannter Text, der die Besteigung eines Berges beschreibt, bei dem unklar ist, ob der Autor tatsächlich jemals auf dem Berg war, ist Francesco Petrarcas (1304–1374) Besteigung des Mont Ventoux (Petrarca 1996).
44 Leake 1835, 335–351.
45 Urquhart 2008.
46 Zu den Ortsnamen im Olympgebirge vgl. Kurz 1923, 187–207.
47 Kurz 1923, 166; Oberhummer – Schmidt 1939, 264–265.
48 von Eckenbrecher 1848, 186–190. Vgl. dazu Richter, in: Kurz 1923, 225.
49 von Eckenbrecher ist von Süden aufgestiegen und über Karia gekommen. Der Weg führt über den Agios Antonios zum Skolio. Dass er den Skolio erreicht hat, nimmt Richter, in: Kurz 1923, 225 an, doch könnte er ebenso gut schon am Agios Antonios Halt gemacht haben.
50 von Eckenbrecher 1848, 188.
51 Zu dem Heiligtum ▶ Kap. 4.5. Die Berichte zu dem Heiligtum erwähnen keine Tonplatten.
52 Heuzey 1860. Vgl. zu dem Werk nun die forschungsgeschichtliche Einordnung von Perrier 2009.
53 Barth 1864, 186–198.
54 Neumayr 1880; Kurz 1923, 174–179; Oberhummer – Schmidt 1939, 266–267.
55 Richter 1911, 5–6.
56 Vgl. die kundigen Anmerkungen von Richter in Kurz 1923, 223–232.
57 Baud-Bovy 1919; Kurz 1923, 99–103.
58 Phoutrides – Farquhar 1915; Freshfield 1916. In der Folgezeit gab es weitere Besteigungen des Olymps und Berichte (z. B. Papaiannopoulos 1921).
59 Kurz 1923.
60 Eher populärwissenschaftlichen Charakter hat die Arbeit von Nezis 2003. Einen Überblick über die Siedlungen in der Olympregion bietet Poulaki-Pantermali 2013.
61 Aus der Gipfelregion des Olymps kennen wir archäologische Befunde nur von dem Agios Antonios (▶ Kap. 4.5).
62 Bemerkenswert ist in diesem Zusammenhang etwa die Monographie von Borza 1990, die zwar in ihrem Titel den Olymp trägt und den Olymp immer wieder erwähnt, die ihn aber nur als geographische Gegebenheit behandelt und die breiteren kulturgeschichtlichen Implikationen des Berges vollständig außer Acht lässt.
63 Knell 1964.
64 Ausgangspunkt jeder Beschäftigung sind weiterhin die enzyklopädischen Arbeiten von Mackrodt 1897–1902 und Oberhummer – Schmidt 1939, die insbesondere die literarischen Zeugnisse sorgfältig und bis heute unübertroffen zusammengestellt haben. Vgl. auch Völcker 1830, 4–20; Mackrodt 1882; Schmidt 1940, 14–23.

65 Für das wachsende Interesse an Bergen in der Antike sei auf den Sammelband von McInerny – Sluiter 2016 verwiesen. Wichtig sind auch Olshausen – Sonnabend 1996, Bersani 2001 und die Arbeit von Langdon 2000. Der Altphilologe Jason König (St. Andrews) führt derzeit ein Projekt zu »Mountains in the Classical Tradition« durch.
66 Fick 1905, 77. 127. 164.
67 Nilsson 1955, 353–354. So auch Oberhummer – Schmidt 1939, 274–275; Kretschmer 1940, 250–251; Langdon 2000, 466.
68 Eine Herleitung aus semitischen Sprachen kann ebenfalls nicht überzeugen (Roberts 1917).
69 ▶ Kap. 6.
70 Pseudo-Aristoteles, Über den Kosmos 400a 7; Etymologicum magnum, s. v. Olympos mit Bezug auf Hom. Ody. 6,42–45.
71 So bereits Mackrodt 1897–1902, 847–848. Vgl. auch Petersmann 1990, 13; Poulaki-Pantermali 2013, 10.
72 Diod. 3,73,4.
73 Die Aitiologie bezieht sich auf den Ort des Grabs des Zeus in Kreta. Vgl. Phot. Bib. 147b–148a und Ptol. Chennos kaine hist. 2. Zu literarischen Diskursen über das Grab des Zeus in Kreta vgl. Winiarczyk 2002, 36–43. Vgl. auch Cook I 1914, 157–163.

2 Texte: Ambiguität: Der Berg-Himmel

1 Eine nützliche Quellensammlung zum Olymp bietet Poulaki-Pantermali 2013, 172–205.
2 Vgl. dazu auch Lichtenberger 2015.
3 Vgl. dazu Oberhummer – Schmidt 1939, 305–307.
4 Zu der geographischen Situation von Olymp, Ossa und Pelion vgl. Lienau 1989, 260. Zu archäologischen Befunden auf dem Pelion Langdon 1976, 83; Belis I 2015, 121–122; Belis II 2015, 267–270 cat. 71.
5 Vgl. zu Bergen als Landmarken der Schifffahrt Lane Fox 2008; della Dora 2017, 34–35.
6 Vgl. auch Mackrodt 1882, 4–5. 14–16; Mackrodt 1897–1902, 849; Oberhummer – Schmidt 1939, 259–260.
7 Hom. Il. 1,44. Vergleichbare Stellen sind Hom. Il. 2,167, 4,74, 7,19, 22,724, 24,121 und Hom. Ody. 1,102 sowie 24,488.
8 Hom. Il. 5,754; 8,3. Vgl. zu dem »Sitzen« des Zeus auf dem Olymp Otto 2012, 21–22.
9 Hom. Il. 1,420; 18,186.

10 Vgl. zu der Vorstellung der wolkenlosen Heiterkeit und des Fehlens von Regen und Schnee auch Capelle 1916, 1–2 *passim*. Zu dem Text vgl. Spieker 1969.
11 Hom. Il. 1,532; 13,243; Ody. 20,103.
12 Hom. Il. 13,523.
13 Hom. Il. 5,360. 867; 15,84.
14 Hom. Il. 8,25; 14,225.
15 Hom. Il. 8,410; 10,5.
16 Hom. Il. 11,77; 20,22. Vgl. dazu Kern 1912, 49.
17 Vgl. dazu und zu weiteren literarischen Belegen Mackrodt 1882, 5–7. 15–16; Mackrodt 1897–1902, 849; Oberhummer – Schmidt 1939, 275–276.
18 Vgl. Krieter-Spiro 2018, 113–114. Siehe auch grundsätzlich zu dieser Form der Raumauffassung Brodersen 1995, 54–65.
19 Vgl. auch zum himmlischen Olymp Spieker 1969 sowie zum *ouranos* vgl. Worthen 1988. Insgesamt zu der ambiguen Vorstellung von Himmel und Berg vgl. Mackrodt 1882; Mackrodt 1897–1902, 849–850; Kern 1912, 55–56; Cook I 1914, 113–117; Oberhummer – Schmidt 1939, 277–279; Schmidt 1940, 15–17; Marzzullo 1952, 236–247; Sale 1984; Petersmann 1990, 13; Bernbaum 1990, 107–109; Noussia 2002; Voutiras 2006, 333–334; Purves 2011. Bereits in der Antike wurde diskutiert, ob der Olymp eher ein Berg oder der Himmel ist (vgl. Schironi 2001; Noussia 2002). Immer wieder (z. B. Cook I 1914, 113–117), zuletzt von Sale 1984 und Purves 2011, wurde versucht, diese beiden Vorstellungen zwei verschiedenen Zeitstufen zuzuweisen, wobei die Vorstellung vom Olymp als Berg im Unterschied zum *ouranos* die ältere sei. Da allerdings keine eindeutige fortschreitende Entwicklung zu beobachten ist und – wie wir im weiteren Verlauf des Buches sehen – auch später noch beide Vorstellungen nebeneinander existierten, ist ein solches Entwicklungsmodell nicht nötig.
20 Vgl. Sale 1984, 13–19.
21 Hom. Il. 5,750; 8,394.
22 Hom. Od. 11,313–317.
23 Zur Vorstellung von Äther in der griechischen Literatur vgl. Cook I 1914, 101–102; Capelle 1916, 2; Noussia 2002, 493–494.
24 Vgl. dazu Mackrodt 1882, 7–9; Purves 2011, 600–601.
25 Vgl. bereits von Eckenbrecher 1848, 189–190 und Fergusson 1938, 131.
26 Vgl. auch die grundsätzlichen Überlegungen von Versnel 2011, 114. Zur lokalen, auf die Polis bezogenen Perspektive griechischer Städte vgl. jetzt Beck 2020.
27 Vgl. dazu und im Folgenden Mackrodt 1897–1902, 850–851; Oberhummer – Schmidt 1939, 276–277; Weiler 2001, 75–76.
28 Hom. Il. 5,360. 367. 867, 8,456.
29 Hom. Il. 1,18. 221. 533. 600. 607; 2,13. 30. 67; 5,383. 398; 11,77; 15,115; 16,112 (Musen); 18,369–371. 377. 385. 405 (Hephaistos); 21,438. 505 (Zeus); Od. 3,377; 20,79. Zu der Gebäudeterminologie bei Homer vgl. Rougier-Blanc 2005.
30 Zu Zeus und Hera im Olymp vgl. jetzt Pirenne-Delforge – Pironti 2016, 24–103.
31 Hom. Il. 18,369–371 (Hephaistos); 21, 438. 505 (Zeus). In Hom. Od. 7,84–94 wird auch das Haus des Alkinoos, des Königs der Phäaken, so beschrieben.

32 Vgl. aber Drerup 1952, 31–32; Philipp 1994; Weiler 2001, 75–76; Rougier-Blanc 2005, 38–39. 144; D'Acunto 2009, 150–151; Coray 2018, 155.
33 Philipp 1994, 492–498. Die Vorbilder solcher architektonischen Bronzereliefs sind vielleicht in Assyrien zu suchen, wie etwa die Reliefs von der Tür von Balawat unterstreichen (Schachner 2007). Zu weiteren archäologischen Befunden für solche Bronzeelemente in der Architektur vgl. D'Acunto 2009, 150–152.
34 So etwa Weiler 2001, 76; Rougier-Blanc 2005, 38.
35 Vgl. dazu im Folgenden Rougier-Blanc 2005.
36 Hom. Il. 1,606.
37 Hom. Il. 11,76; 18,374.
38 Coray 2018, 157.
39 Vgl. dazu auch D'Acunto 2009, 152–154; Coray 2018, 156–157.
40 Zum Thron bei Homer und archäologischen Zeugnissen vgl. Otto 2012.
41 Zu den Gynoiden vgl. Coray 2018, 157–158.
42 Vgl. Drerup 1969; Lichtenberger 2003a; Osborne 2004; D'Acunto 2009, 149–150.
43 Blegen – Rawson 1966.
44 Zum Megaron und zum Thron Blegen – Rawson 1966, 76–92 bes. 87–88. Vgl. auch Rougier-Blanc 2005, 106.
45 Popham et al. 1993.
46 Cambitoglou et al. 1992, 18–19. 25–26. 30.
47 Vgl. dazu Scholl 2009, 267–268.
48 Oberhummer – Schmidt 1939, 279–281; Noussia 2002, 491–496.
49 Meletzis 1987,116.
50 Oberhummer – Schmidt 1939, 283–287; Noussia 2002, 491–496.
51 Aischyl. Prom. 149.
52 Oberhummer – Schmidt 1939, 286–288; Noussia 2002, 491–496.
53 Mackrodt 1897–1902, 851-858; Oberhummer – Schmidt 1939, 281–295; Petersmann 1990, 16–17.
54 Zum Kontext vgl. Rocchi 2010; van Rookhuijzen 2019, 107–113.
55 Vgl. Fergusson 1938, 129. Zu Löwen im Olympgebiet und zu Polydamas vgl. Helly 1968, 275–285.
56 Oberhummer – Schmidt 1939, 295–296.
57 Merkelbach – Stauber I 1998, 148 Nr. 01/20/27 (Milet); 150–151 Nr. 01/20/29 (Milet); 235 Nr. 02/09/06 (Aphrodisias); 626 Nr. 07/02/02 (Assos).
58 Zu dem Phänomen der Privatapotheose in der römischen Kaiserzeit vgl. Wrede 1981.
59 ▶ Kap. 3.7.
60 Sen. Apocol.

3 Bilder: Der homerische Göttersitz

1. Vgl. auch Oberhummer – Schmidt 1939, 299; Scichilone 1963.
2. Knell 1990, 28–32; Brinkmann 1994.
3. Zu Europa und dem Zeusstier vgl. Robertson 1988, zum Parisurteil vgl. Kossatz-Deissmann 1994.
4. Zu Aktaion vgl. Guimond 1981; Malheiro Magalhães 2019.
5. Vollkommer 1994, 262–267.
6. Vgl. Buxton 1992, 6. 9.
7. Tarquinia, Museo Nazionale Archeologico, RC 6848 – Simon 1976, 94–95 Nr. 92–94; Harnecker 1991, 237 Nr. 115.
8. London, British Museum, 4 E67 [1836,0224.131] – Laurens 1988, 461 Nr. 34.
9. Tenos, Archäologisches Museum – Demargne 1984, 988 Nr. 360.
10. Hom. Il. 18,373–374.
11. Paris, Louvre, CA 616 – Simon 1976, 77–78 Nr. 58–59.
12. London, British Museum, 1867,0508.962 – CVA British Museum 2 III H e Pl. 13, 2.
13. Zum Ostgiebel des Parthenon vgl. Knell 1990, 119–125; Palagia 1993; Hurwit 2017, 527–531.
14. Zuletzt hat Brinkmann 2016, 53 vorgeschlagen, die Figur als Personifikation des Olymps zu identifizieren. Dieser Vorschlag muss entschieden zurückgewiesen werden, da der von Brinkmann als Vergleich angeführte Sarkophag in St. Petersburg weder den Ostgiebel »getreu wiederholt«, noch eine jugendliche, bartlose und nackte Figur wie in Athen zeigt, sondern den bärtigen Oceanus. Zu Personifikationen von Bergen ▶ Kap. 3.8 und 6.2.
15. Vgl. zu den Gestalten Ehrhardt 2004; Hurwit 2017.
16. Ehrhardt 2004, 10–12.
17. Vgl. dazu auch von Salis 1940, 118–119; Walter 1954/55, 96–97. Zu dem Motiv der Gestirnsgottheiten vgl. auch umfassend Ehrhardt 2004, der sich allerdings bei der Angabe von Gestirnsgottheiten gegen eine Charakterisierung des Ortes ausspricht (bes. S. 34). Ehrhardt selbst favorisiert eine allgemeine Deutung der Gestirnsgottheiten als Affirmation der bestehenden Ordnung und Mythen, eine Deutung, die m. E. zu wenig konkret ist. Die von Ehrhardt diskutierten Zeugnisse zeigen aber, dass die Gestirnsgottheiten nicht jedes Mal zwingend den himmlischen Olymp anzeigen, sondern kontextabhängig auch andere Bedeutungen möglich sind. Hurwit 2017 favorisiert eine Deutung der Gestirnsgottheiten als Zeitangabe (Selene deutet er dementsprechend als Nyx), doch bleibt dann unklar, weshalb sie auch in anderen Kontexten wie dem Krater aus Ruvo (▶ Kap. 3.6) auftreten. Daher bevorzuge ich eine Deutung als Ortsangabe.
18. Herrmann 1980, 168.
19. Fehl 1961, 25. Fehl 1961, 10–15 weist auch auf Felsen in der Mittelszene der Ostseite des Parthenonfrieses hin, die er ebenfalls als Raumangabe des Olymps deutet. Diese Deutung ist möglich, allerdings muss darauf hingewiesen werden, dass solche Felsen auch an anderen Stellen des Frieses, und zwar im Bereich der Menschen, auftreten. Auch im Ostfries des Hephaisteions in Athen spielt die Götterver-

sammlung in felsigem Gelände, eine Raumangabe, die wohl auf den Olymp als Lokalisierung verweist (vgl. Dörig 1985, 13. 16–18. 49–57. Zum Felsenthron der Götter vgl. Otto 2012, 20–23), auch wenn hier der mythologische – und wohl nicht am Olymp lokalisierte – Kampffries ebenfalls in steinigem Gelände verortet ist (vgl. z. B. Dörig 1985, 26. 28. 35. 39).

20 Zum Olymp als Felsenthron vgl. Otto 2012, 20–23.
21 Vgl. zu diesen Darstellungen Boardman et al. 1990, 122–134; Holt 1992.
22 Athen, Akropolismuseum Inv. 9,55 – Boardman et al. 1990, 124 Nr. 2862; Knell 1990, 7.
23 London, British Museum E 262 [1849,0518.3] – Boardman et al. 1990, 125 Nr. 2874.
24 Berlin, Antikensammlung F 2278 – Simon 1976, 102–103 Nr. 117–119.
25 Brommer 1963, 683 zu dem Darstellungstypus. Siehe auch zu den Darstellungen in der Vasenmalerei Hedreen 2004.
26 New York, Metropolitan Museum of Art Inv. 52.11.18 – Boardman et al. 1990, 128–131.
27 Brommer 1937; Brommer 1978, 10–17. Vgl. auch Halm-Tisserant 1986.
28 Brommer 1937, 198 Nr. 1–2.
29 Florenz, Museo Archeologico Inv. 4209 – Simon 1976, 69–77 Nr. 51–57.
30 Dresden, Skulpturensammlung, Staatliche Kunstsammlungen, Dr. 213 – Brommer 1937, 202 Nr. 3.
31 New York, Metropolitan Museum 17,230,5 – Brommer 1937, 202 Nr. 6.
32 Kairo, Ägyptisches Museum 32378 – Brommer 1937, 207 Nr. 14. Zu dem Bildmotiv vgl. auch Macchioro 1912, 293.
33 Zu den unterschiedlichen Versionen vgl. Coray 2018, 167.
34 Schefold 1979, 100.
35 Hom. Il. 1,590–594.
36 Vgl. dazu Vian 1952; Vian – Moore 1988; Massa-Pairault – Pouzadoux 2017.
37 Paris, Cabinet des Medailles 245 – Vian – Moore 1988, 222 Nr. 212.
38 London, British Museum E 8 (1978,0411.10) – Vian – Moore 1988, 233 Nr. 365.
39 London, British Museum E 165 (1836,0224.1) – Vian – Moore 1988, 231 Nr. 329.
40 Paris, Louvre S 1677 – Vian – Moore 1988, 230–231 Nr. 322.
41 Berlin, Antikensammlung F 2293 – Vian – Moore 1988, 228 Nr. 303; Scholl 2009, 271.
42 Toronto, Royal Ontario Museum, 923.13.30 – CVA Canada 1 (1981), 14 Tf. 19,3.
43 Neapel, Museo Nazionale Archeologico Inv. 81521 – Fehl 1961, 37–38; Simon 1976, 155–156 Nr. 232; Vian – Moore 1988, 230 Nr. 316; Scholl 2009, 271–272; Giacobello 2017.
44 Vgl. auch Ehrhardt 2004, 10–12. 29–30.
45 Vgl. dazu von Salis 1940, 112–121; Walter 1954/55, 96–97. Davison 2009, 116 und Giacobello 2017, 77 missinterpretieren m. E. den Bogen als nur formal von der Schildform des Vorbilds abhängig (Schild der Athena Parthenos, siehe unten). Sie erkennen nicht die Ambivalenz des Bildes zwischen konkretem Berg und himmlischem Olymp.

46 von Salis 1940, 138; Giacobello 2017, 77.
47 Mannack 2002, 151–152.
48 Eine Hydria aus Ruvo, ebenfalls um 400 v. Chr. zu datieren, und heute in Karlsruhe (CVA Deutschland 7 (1951), 28–29 Taf. 22–24) zeigt das Urteil des Paris. Darüber sind links der gelagerte Zeus und rechts der aufsteigende Helios gezeigt. Möglicherweise ist hier noch einmal eine verkürzte Fassung dieser Darstellung gemeint; Zeus wäre dann in einem weit entfernten Olymp als anwesend gedacht, aber eben nicht auf dem Idagebirge, wo eigentlich das Parisurteil stattfand.
49 von Salis 1940, 92–94; Walter 1954/55; Fehl 1961, 36–38; Simon 1976, 156; Ehrhardt 2004, 3 mit Anm. 17; Davison 2009, 115–117; Giacobello 2017, 76–79; Hurwit 2017, 548. Siehe aber skeptisch zu der Vorbildfunktion des Parthenons für die Vasenmalerei Arafat 1986.
50 Paris, Louvre S 1677 – Mugione – Pouzadoux 2017, 122–123.
51 Mehrere Vasen des 4. Jh.s v. Chr. mit Gigantomachiedarstellung nutzen diese Form der Raumcharakterisierung. Vgl. z. B. Hildebrandt 2017; Mugione – Pouzadoux 2017.
52 Brouskari 1989; Ehrhardt 2004, 3.
53 Vgl. die ausführlichen bibliographischen Hinweise bei Scholl 2009, 251 Anm. 1.
54 Scholl 2009.
55 Vgl. z. B. Lauter 1986, 205. Dazu Scholl 2009, 252.
56 Lauter 1986, 205. Dazu Scholl 2009, 252–255.
57 Im Folgenden vgl. Scholl 2009, 257–267.
58 Hom. Od. 4,71–79.
59 Scholl 2009, 269.
60 Zu Herakles/Hercules als Vorbild für den römischen Kaiser vgl. Ritter 1995, 140–141. Vgl. zu den Darstellungen der Apotheose des Herakles Boardman et al. 1990, 122–134; Holt 1992.
61 Vgl. dazu im Folgenden Lichtenberger 2016. In meinem Aufsatz von 2016 hatte ich keine Kenntnis von der Arbeit Robinson 2013, 184–190. Robinson argumentiert, dass auf dem Archelaosrelief der Helikon dargestellt sei.
62 Hes. Theog. 36–80.
63 Pinkwart 1965.
64 Zum Helikon und den Musen vgl. Hurst – Schachter 1996; Robinson 2012; Robinson 2013; Robinson 2016, 231–236.
65 Zu den Musen am Olymp vgl. auch Martin 2016, 60–61.
66 Vgl. etwa das seltene Vorkommen auf Sarkophagen Wegner 1966, 29 Nr. 59; 95.
67 Homer lokalisiert die Musen am Olymp. Die Tradition, die Musen am Helikon zu verorten, repräsentiert demgegenüber Hesiod (vgl. Hurst – Schachner 1996; Robinson 2012, 242–254; Robinson 2013, 177–180).
68 Zanker 2000; Karanastassi 2004; Lichtenberger 2006.
69 Schulten 1979.
70 Verg. Georg. 4,562.
71 Vgl. dazu Cole 2001, 73–74.
72 Oberhummer – Schmidt 1939, 289–295.

73 Sen. Apocol.
74 Vgl. aber die bei Mackrodt 1897–1902, 857 und Oberhummer – Schmidt 1939, 297 angeführten Zeugnisse, die auf eine Apotheose in den Olymp bezogen werden können.
75 London, British Museum Inv. Nr. 1857,1013.1 – Volbach 1976, 52 Nr. 56.
76 Vgl. zu dem Text Baumann 2011, 49–59 und allgemein zu den Eikones Bachmann 2015.
77 Zur Vermenschlichung der Natur bei Philostratos vgl. Swain 2009, 43–44.
78 Zur Seltenheit von Bergpersonifikationen in der griechischen Ikonographie vgl. Falter 1999, 157; Veneri 1996, 74 Anm. 4; Mylonopoulos 2008, 64; Vout 2012, 125–129; Sporn 2013; Belis I 2015, 43–46. Zu literarischen Vorbildern archaisch-klassischer Zeit für Personifikationen von Bergen vgl. Clarke 1997, 69–74.

4 Geographie: Der makedonisch-thessalische Berg

1 Zur Geographie des Olympgebirges vgl. Kurz 1924; Stählin 1924, 5–19.
2 Hdt. 7,129.
3 Zu dieser Landschaft vgl. Rocchi 2010.
4 Im Folgenden zur Geologie und Oberflächengestalt des Olymps Neumayr 1880, 316–320; Cvijić 1908, 311–322; Godfriaux 1965; Boli – Katsakiori 2016; Lienau 1989, 92. 259–260; Styllas et al. 2016, 710–711. Zur Flora des Olymps vgl. Hayek 1928.
5 Inschriftliche Quellen zum Hirtenleben in diesem Gebiet hat Rocchi 1996 zusammengestellt.
6 Zum Nezeros-See vgl. Cvijić 1908, 319–322.
7 Pritchett 1961. Zu Wegen und Siedlungen vgl. auch Pikoulas 2010.
8 Styllas et al. 2016.
9 Stählin 1924, 6. Zu den Gipfeln vgl. Kurz 1924 sowie die Übersicht bei Poulaki-Pantermali 2013, 15.
10 Zur Siedlungsgeschichte der Region, insbesondere in prähistorischer Zeit, vgl. Poulaki-Pantermali 2013.
11 Plut. Aem. Paul. 15.
12 Liv. 42,53,6. Vgl. dazu Stählin 1924, 19–23.
13 Heuzey 1860, 28–37. 467–470; Stählin 1924, 21–22; Ziegler 1963; Tzifalias 1997.
14 Tzifalias 1997, 499–501; SEG 51,737.
15 Steph. Byz. s. v. Pythion.
16 Lichtenberger 2016 und ▶ Kap. 3.7.
17 Burkert 1972, 144–147; Blech 1982, 225–226; Maass 1993, 82; Rutherford 2001, 200–205; Ogden 2013, 179–181.
18 Rutherford 2001, 200–205.

19 Zu den Beziehungen zwischen Delphi und Pythion vgl. auch das Proxeniedekret Perdrizet 1897, 111–114.
20 IG IX,2 1034. Vgl. dazu Stählin 1924, 14.
21 Plut. de def. orac. 15 sowie Plut. quest. Graec. 12.
22 Heuzey 1860, 41–44; Stählin 1924, 21 (Heuzey und Stählin vertreten noch die heute überholte Lokalisierung des Ortes bei Duklista); Tzifalias 1997, 501.
23 ▶ Kap 6.4. Laut Apollod. 2,132 soll die Insel Ikaria ursprünglich Doliche geheißen haben.
24 Heuzey 1860, 37–41; Stählin 1924, 20–21; Tzifalias 1997, 499.
25 Zu früheisenzeitlichen Befunden bei Petra vgl. Poulaki-Pantermali 1988; 2013, 64–66.
26 Zu Gonnoi vgl. im Folgenden Helly I–II 1973.
27 Hom. Il. 2,748. Vgl. dazu vorsichtig Visser 1997, 722.
28 Stählin 1924, 9–12; Zahrnt 2011.
29 Burn 1949; Pritchett 1961, 375; Buxton 1992, 4–5; Meißner 1996, 357–358; Brizzi 2001; Barton 2017, 28–40.
30 Vgl. im Folgenden Pritchett 1961; Borza 1990, 105–115. 290–291; van Rookhuijzen 2019, 107–113.
31 Vgl. zur geographischen Kontextualisierung der Ereignisse Rizakis 1986, 331–335.
32 Vgl. auch zu weiteren Festungen und Siedlungen im Olympgebiet Rizakis 1986; Lucas 1991.
33 Solin. 8,4–5.
34 Plut. frg. 150 (= Philop. In Aristot. Meteor. I p.82); Augustin. De gen. C. Manich. I 15,24. Vgl. dazu Cook I 1914, 103 mit Anm. 2.
35 Vgl. auch Graf 2016, 70–72.
36 Siehe dazu Capelle 1916, 25–28; Voutiras 2006, 342; Belis I 2015, 60. 210–213.
37 Hom. Od. 6,42–46. Zu weiteren spätantiken Zeugnissen, die diese Vorstellung für den Olymp transportieren vgl. Oberhummer – Schmidt 1939, 308–309. Zum Berg Kyllene auf der Peloponnes und zum Berg Athos, für den ähnliche Verhältnisse berichtet werden, vgl. Cook I 1914, 103.
38 Zu Cyprian siehe jetzt umfassend Bailey 2017.
39 Ps.-Cypr. Conf. 1. Zitiert nach Bailey 2017, 144–147. Zur Interpretation siehe auch Nock 1927, 417 und Nilsson 1947, 168–169. Vgl. dazu auch Cook I 1914, 110.
40 Eudokia, de S. Cypr. II 22.
41 Preller 1846, 350 hat vorgeschlagen, dass die Mysterien für Apollon mit dem Septerion-Fest gleichzusetzen seien. Die meisten folgen ihm darin, doch hat Bailey 2017, 143 Anm. 4 Zweifel geäußert.
42 Vgl. etwa Preller 1846, 350–351; Cook I 1914, 111.
43 Nock 1927, 412–413; Nilsson 1947, 171–174; Bailey 2017, 65.
44 Eurip. Bak. 560–564.
45 Hom. Il. 5,749–751.
46 Im Folgenden zu dem Befund, vgl. Scheffel 1922; Kyriazopoulos – Livdas 1967; Höper 1992. Vgl. auch Langdon 1976, 110–111; Voutiras 2006, 340–343; Pingiatoglou 2014, 50; Belis I 2015, 122; Belis II 2015, 238–240 cat. 62; Graf 2016, 68.

47 von Eckenbrecher 1848, 188. Siehe auch ▶ Kap. 1.2.
48 Scheffel 1922.
49 Zu vergleichbaren Situationen, in denen Nebengipfel von Bergheiligtümern mit kultischen Bauten versehen waren, vgl. Belis I 2015, 62–63.
50 Plut. Aem. Paul. 15.
51 Kyriazopoulos – Livdas 1967.
52 Zu derartigen Aschealtären vgl. Belis I 2015, 54. 141–144. 188–221.
53 SEG 56,732–734. Zu Nr. 734 vgl. nun Voutiras 2006, 341, der eine kaiserzeitliche Datierung vorschlägt, dies aber nicht weiter begründet.
54 Voutiras 2006, 341–342; PIngiatoglou 2014, 50.
55 Höper 1992.
56 Voutiras 2006, 341 zu SEG 56,734.
57 Stählin 1924, 7. Vgl. auch Cook I 1914, 103–104 sowie 163–186. Auch Belis II 2015, 241–243 cat. 63 nimmt ohne weitere Begründung an, dass hier der von Solinus erwähnte Zeusaltar stand.
58 Höper 1992, 220.
59 Zu mehreren solchen Gipfeln mit Resten antiker Heiligtümer vgl. Belis II 2015, 276–310 cat. 75–82.
60 Poulaki-Pantermali 2013, 137–139. Zu Bergen als bevorzugten Orten von Klöstern vgl. Kahl 1996; Talbot 2001.
61 Heuzey 1860, 138; Cook I 1914, 103.
62 Cook III 1940, 1168–1171.
63 Vgl. auch zu der überzeitlichen religiösen Anziehungskraft von Bergen Eck 1987, 133–134.

5 Ideologie: Der Berg im Dienste der Politik

1 Zu Archelaos vgl. Borza 1990, 161–179.
2 Eine abschließende Publikation zu den Ausgrabungen in Dion liegt noch nicht vor. Seit 1987 wird aber im *To archaiologiko ergo sti Makedonia kai Thraki* (seit 1, 1987 fortlaufend) berichtet. Zu den Ausgrabungen in Dion vgl. Pandermalis 2016 (dort S. 19–29 zur Geschichte der Ausgrabungen).
3 Pandermalis 2016, 138–139 Nr. 55–59.
4 Thuk. 4,78; Diod. 17,16.
5 Diod. 17,16; Dion Chrys. 2,2; scholia Ulp. Ad Demosth. Or. 19, 192. Vgl. Zu den Spielen Badian 1982, 35; Borza 1990, 174–175; Mari 1998; Mari 2002, 51–60; Voutiras 2006, 337–339; Kreutz 2007, 197–198; Pingiatoglou 2014, 49; Graf 2016, 67–68. 73; Albanidis 2016, 89–95. Vermutlich ist auch die Bronzemünzprägung von Dion auf diese Zeit zurückzuführen. Die seltenen Münzen zeigen auf der Vorderseite den Kopf des Zeus und auf der Rückseite Demeter (Demetriadi 1998).

6 Voutiras 2006, 334; Hatzopoulos 2013. Möglicherweise sind die Festspiele für Zeus in Dion aber schon älter, wie Albanidis 2016, 91 plausibel macht.
7 Mori 1998; Voutiras 2006, 339.
8 Graf 2016, 67–68.
9 Arr. An. 1,16,4; Calcani 1995; Bringmann – von Steuben 1995, 179–180 Nr. 112; Pandermalis 2016, 19.
10 Zu den Beigaben vgl. Pandermalis 2016, 141–143 Nr. 61–66.
11 Vgl. auch Voutiras 2006, 337–338.
12 Zur Stadtmauer und zum Stadtplan vgl. Stefanidou-Tiveriou 2000.
13 Vgl. auch Pingiatoglou 2014, 53–55.
14 Pandermalis 1997, 42–44.
15 Das prominente Monument ist unpubliziert. Vgl. die knappe Diskussion bei Markle 1999, 241–242 und Poulaki-Pantermali 2013, 107. 112. Vgl. auch die Schildweihung Pandermalis 2009, 263–264.
16 Zum römischen Dion vgl. Chaniotis 2016; Kremydi 2016 (zur colonialen Münzprägung).
17 Pandermalis 1997, 83–86.
18 Pandermalis 2016, 114–117 Nr. 33.
19 Pandermalis 2016, 118–120 Nr. 34–37.
20 Zum Zeusheiligtum vgl. Mari 2002, 51–52; Pingiatoglou 2014, 49–50; Graf 2016, 67–68. 72–73.
21 POxy 4306 fr. 1, col. I, l.19–29. Vgl. dazu Voutiras 2006, 335–337; Graf 2016, 67. 73.
22 Pandermalis 1998; Pandermalis 2009, 265–266.
23 Bringmann – von Steuben 1995, 179–182 Nr. 112–113; Hatzopoulos 2013, 167–168; Pingiatoglou 2014, 49–50; Pandermalis 2016, 90–93 Nr. 1–5.
24 Pingiatoglou 2014, 50–51; Pingiatoglou 2015; Pingiatoglou 2016. Zur Bedeutung von Demeter in Dion vgl. auch die Darstellung der Göttin auf klassischen Münzen (Demetriadi 1998).
25 Pandermalis 1982.
26 Pandermalis 2016, 112–113 Nr. 29.
27 Kremydi-Sisilianou 1996, 79–85. 253–255 Serie III und V; Kremydi 2016, 44 Abb. 5 (dort auch Hinweis auf archäologische Befunde für ein Artemis-Heiligtum in Dion; vgl. auch Martin 2016, 61).
28 Pandermalis 2016, 28. 94–95 Nr. 6 sowie 96–98 Nr. 7–10.
29 Vgl. dazu Voutiras 2006, 343–344; Daubner 2017, 56.
30 Nicht zu unterschätzen ist aber auch die strategische Lage von Dion als Sperrfestung in der Ebene nördlich des Olymps. Dion sicherte das südliche Einfallstor nach Makedonien ab, wie aus Liv. 44,6,14–16 und 44,7,9 hervorgeht.
31 Vgl. dazu Badian 1980; Mari 2002; Voutiras 2006, 337; Albanidis 2016, 92.
32 Borza 1990, 172–176; Mari 2002, 60–66.
33 Badian 1990, 35. Vgl. aber kritisch zu dieser Position Mari 1998, 153–165; Mari 2002, 51–60; Albanidis 2016, 93.
34 Daubner 2016, 238–239.
35 Plut. Alex. 3,8. Vgl. dazu Ritter 2002, 137. 230 Anm. 633.

36 Zu diesen Prägungen siehe Le Rider 1977, *passim*; Voutiras 2006, 339–340. Zum Bezug auf den Zeus von Olympia vgl. Kraay 1966, 349; Howgego 2000, 75; Mittag 2016, 122.
37 Gaebler 1906, 156 Nr. 7 (Archelaos I.); 159–160 Nr. 3. 7 (Amyntas III.); 162 Nr. 5 (Perdikkas III.).
38 Ritter 2002, 135.
39 Zum Kranz des Zeus von Olympia vgl. Blech 1982, 129–131; Ritter 2002, 53; Burton 2015, 91 mit Anm. 74.
40 Ritter 2002, 136. Vgl. auch S. 138, wo Ritter explizit ausschließt, dass die Bilder durch eine »lokale Kulttradition« motiviert waren.
41 Die Aussage von Ritter 2002, 135, dass der Lorbeerkranz das normale Zeusattribut auf klassischen Münzen war, ist unzutreffend und gilt erst für die hellenistische Zeit.
42 Zu der Datierung der Prägungen des Arkadischen Bundes vgl. Gerin 1986, bes. 28–29 mit Anm. 43. Zum Bild und Kranz des Zeus Lykaios vgl. Ritter 2002, 54–57. Der Zeus auf den gleichzeitigen Prägungen von Elis (Seltman 1921, 3–4 [Group G]) trägt keinen Lorbeerkranz, sondern einen Olivenkranz, wie Ritter 2002, 53 herausgestellt hat. Zum Arkadischen Bund vgl. Beck 1997, 67–83.
43 Zu den Bundesprägungen vgl. Rogers 1932, 16. Zu den städtischen Prägungen siehe Rogers 1932, 58 Nr. 135 (Ainianoi, frühes 3. Jh. v. Chr.); 68–69 Nr. 179–186 (Krannon, 1. Hälfte 4. Jh. v. Chr.); 73–74 Nr. 207–208 (Ekkarra, 4. Jh. v. Chr.); 79 Nr. 223–225 (Gonnoi, 1. Hälfte 4. Jh. v. Chr. [eine nicht überzeugende Spätdatierung der Prägungen in das 2. Jh. v. Chr. vertritt Helly I 1973, 157–158]); 82–83 Nr. 232–236 (Gyrton, 3. Jh. v. Chr.); 84–86 Nr. 238–245 (Halos, 1. Hälfte 4. Jh. v. Chr.); 92 Nr. 267–268 (Hypata, 1. Hälfte 4. Jh. v. Chr.); 129–130 Nr. 394–396 (Melitaia, 1. Hälfte 4. Jh. v. Chr.); 135–136 Nr. 412 (1. Hälfte 4. Jh. v. Chr.); 170 Nr. 536 (Rhizous, 4. Jh. v. Chr.) sowie Moustaka 1983, bes. 20. 97–101.
44 Paus. 8,38,2. ▶ Kap. 6.1. Ritter 2002, bes. 61–62 hat herausgestellt, dass sich der Arkadische Bund deutlich von den Prägungen von Elis mit Olivenkranz absetzen wollte. Auch dies könnte eine Begründung für die Wahl des ungewöhnlichen Kranzes aus Lorbeer sein. Möglicherweise wolle man sich gerade durch den Bezug auf den Zeus vom Olymp mit dem Lorbeerkranz von Elis absetzen.
45 So auch Seltman 1933, 199.
46 ▶ Kap. 4.2.
47 Vgl. auch Ritter 2002, 146–147; Voutiras 2006, 340.
48 Vgl. auch Le Rider 1977, 364; Mari 1998, 165; Voutiras 2006, 337–338; Albanidis 2016, 93.
49 Eurip. Herak. 556. 855. 1294; Hipp. 71; Ion 457; Iph. Tauris 1259; Med. 1389; Orest. 984; Phoen. 1153; Troj. 48. 214.
50 Eurip. Bak. 266. 402. 537. 556.
51 Eurip. Bak. 409–411. 568–575.
52 Zu der Frage nach dem Aufenthalt des Euripides in Makedonien vgl. Scodel 2017, 37–39 und Hanink 2008 zu einer möglichen Instrumentalisierung seitens der Makedonen.
53 Malay – Ricl 2009, 48–53; Parker 2011.

54 Scholion Apoll. Rhod. Arg. I 598–599.
55 Vgl. Parker 2011, 114.
56 Malay – Ricl 2009, 52.
57 Vgl. die Bronzeprägung des Antigonos Gonatas (283/276–239 v. Chr.): Kyriazopoulos – Livdas 1967, 13 Nr. 2 und die S. 9 nur allgemein »hellenistisch« datierte Keramik. Die Inschriften werden von SEG 56,732–734 allgemein in das 3.–1. Jh. v. Chr. datiert. Eine der Inschriften (SEG 56,734) wird nun sogar in die römische Kaiserzeit datiert (vgl. Voutiras 2006, 341).
58 Vgl. auch Parker 2011, 115.

6 Olympoi: Die Vervielfältigung eines Berges

1 Oberhummer et al. 1939, 310–321. Vgl. auch Mackrodt 1897–1902, 848; Kern 1912, 54; Cook I 1914, 100; Belis I 2015, 51.
2 ▶ Kap. 1.03.
3 Oberhummer et al. 1939, 310–311; Langdon 1976, 103–104; Lohmann 1993, 504 AN 21; Belis II 2015, 244–245 cat. 64.
4 Strab. 7,356 sowie Xen. Hell. 7,4,14. Vgl. Oberhummer et al. 1939, 311 sowie unten.
5 Polyb. 2,65,8; 2,66,8; 5,24,9. Vgl. Oberhummer et al. 1939, 311–312.
6 Oberhummer et al. 1939, 312.
7 Paus. 8,38,2. Vgl. dazu unten.
8 IG XII,9, 260. Vgl. Oberhummer et al. 1939, 312.
9 Plin. N. h. 5,140. Vgl. Oberhummer et al. 1939, 312; Belis I 2015, 125–125; Belis II 2015, 246–247 cat. 65.
10 Oberhummer et al. 1939, 312–313.
11 Strab. 14,682–683; Ptol. 5,13,5. Vgl. Oberhummer et al. 1939, 313; Ulbrich 2008, 445; Belis I 2015, 123–124; Belis II 2015, 248 cat. 66.
12 Tab. Peut. IX 3. Vgl. Oberhummer et al. 1939, 313.
13 Zahlreiche antike Quellen, darunter Hdt. 1,36; Strab. 12,564 nennen den Berg. Vgl. dazu Oberhummer et al. 1939, 314 sowie siehe unten.
14 Strab. 10,3,14. Vgl. dazu Oberhummer et al. 1939, 314.
15 Athen. 2,38f. Vgl. dazu Oberhummer et al. 1939, 315.
16 ▶ Kap. 6.1. Vgl. dazu auch Oberhummer et al. 1939, 315–320.
17 Liv. 38,18,15; 38,19,1; 38,20,2; Polyb. 22,18,9. Vgl. dazu Oberhummer et al. 1939, 320; Rohde 1963.
18 Diod. 5,44,5–6. Vgl. dazu Oberhummer et al. 1939, 321.
19 https://planetarynames.wr.usgs.gov/Feature/4453 (Abruf: 7.12.2019).
20 Strab. 14,6,3 (Olymp auf der Nordostspitze); 14,6,3 (Olymp im Troodos-Gebirge).

21 Herrmann 1972, 66. Vgl. bereits Oberhummer – Schmidt 1939, 258 und siehe auch Graf 2016, 72.
22 Eder 1997.
23 Siewert 1991, bes. 69. Vgl. jetzt auch Pirenne-Delforge 2019, 187–188.
24 Vgl. auch Belis I 2015, 51.
25 Strab. 7,456.
26 Zu Pisa vgl. Meyer 1950.
27 Vgl. auch Oberhummer et al. 1939, 311.
28 In diesem Fall könnte man auch erwägen, ob der auf einem Felsen sitzende Zeus auf sehr seltenen Münzen aus Elis des 5. Jh.s v. Chr. (Seltman 1921, 25 Nr. 100) Zeus auf dem Olymp in Elis darstellt, wie Cook II 1925, 758 im Anschluss an Gardner 1883, 111 annimmt. Kürzlich wurde vorgeschlagen, dass die Stadt Elis im 5. Jh. v. Chr. bewusst eine Olymp-Topographie geschaffen habe, um einen panhellenischen Ort zu kreieren (Pirenne-Delforge – Pironti 2016, 159–161; Pirenne-Delforge 2019, 196). In diesem Zusammenhang kann auch erwogen werden, ob die Kentauromachie im Westgiebel des Zeustempels von Olympia nicht ebenfalls Zeugnis der Übertragung der Olymp-Topographie nach Olympia ist. Die Kentauromachie fand nämlich in Thessalien statt, bei den Lapithen, die südlich des Olymps lebten. Circa 10 km südlich von Olympia lag der Berg Lapithos, der sich auf dieses Volk bezieht (vgl. dazu Kõiv 2013, bes. 343–346; zum dortigen Artemisheiligtum und seinen Beziehungen zu Olympia vgl. Sinn 1981). Daher ist es denkbar, dass die Kentauromachie im Westgiebel nicht einfach nur »Allgemeingut der griechischen Kunst« (Herrmann 1980, 165; vgl. auch Knell 1990, 87–88) gewesen ist, sondern hier in Olympia an eine Lokaltradition anknüpft, die aus der Übertragung thessalischer Olymp-Topographie resultierte.
29 Zahlreiche antike Quellen, darunter Hdt. 1,36; Strab. 12,564 nennen den Berg. Vgl. dazu Oberhummer et al. 1939, 314.
30 Zu Prusa ad Olympum vgl. Corsten 1993.
31 Zum Kult des Zeus Olympios in Prusa vgl. Corsten 1993, 71.
32 Waddington – Babelon – Reinach 1912, 575–601; Corsten 1993, 13–20.
33 Waddington – Babelon – Reinach 1912, 577 Nr. 7; 579 Nr. 18–19; 595 Nr. 145.
34 Waddington – Babelon – Reinach 1912, 577 Nr. 5; 578 Nr. 16; 582 Nr. 50; 589 Nr. 106; 590 Nr. 114; 595 Nr. 144.
35 Imhoof-Blumer 1890, 82 Nr. 142; Waddington – Babelon – Reinach 1912, 578 Nr. 13. 17; 584 Nr. 64. 67; Weis 1994b.
36 Imhoof-Blumer 1890, 82–83 Nr. 144; 582 Nr. 45. Auch die Stadt Caesarea Germanica zeigt auf städtischen Prägungen unter Caracalla die durch die Münzlegende benannte Personifikation des Berges Olymp. Vgl. dazu Waddington – Babelon – Reinach 1908, 283 Nr. 16.
37 Waddington – Babelon – Reinach 1912, 582 Nr. 50; 595 Nr. 144.
38 Waddington – Babelon – Reinach 1912, 600–601 Nr. 182–183. 185–186.
39 In diesem Zusammenhang ist es bemerkenswert, dass Strab. 10,3,14 den mysischen Olymp in die Nähe des Ida rückt, und dies vielleicht auf weitere Elemente der Zeusbiographie am mysischen Olymp ist.

40 ▶ Kap. 3.08.
41 ▶ Kap. 4.10.
42 Weizsäcker 1908; Wegner 1939; Weis 1994a.
43 Weizsäcker 1908; Wegner 1939.
44 In Mysien soll auch ein eponymer Heros Olympos als Stadtgründer gewirkt haben. Vgl. dazu Schmidt 1939.
45 Vgl. Phot. Bib. 147b–148a und Ptol. Chennos kaine hist. 2.
46 Winiarczyk 2002, 36–43. Vgl. auch Cook I 1914, 157–163.
47 Diod. 3,73,4.
48 Zur archäologischen Erforschung von Olympos vgl. Parman et al. 2006; Olcay Uçkan 2017 sowie zusammenfassend Oberhummer et al. 1939, 315–320; Marksteiner 2010, 191–204.
49 Strab. 14,666.
50 Adak 2004, 36–39 (*contra* Oberhummer et al. 1939, 319–320). Zum Toponym Phoinikus Adak 2004, 38–39.
51 Zum hellenistischen und vorhellenistischen Olympos vgl. Adak 2004.
52 Der Name bezieht sich nicht auf die »Musen«, sondern auf Mose. Es ist der Mose Berg.
53 TAM II 997. 1164; Malten 1912, 234–237; Brommer 1974, 141–142. Vgl. auch das Vorkommen in der seltenen kaiserzeitlichen Münzprägung, wo Hephaistos in seiner Werkstatt sitzend gezeigt wird: SNG von Aulock Nr. 4377.
54 TAM II 1164. Vgl. auch die Inschrift Adak – Tüner 2004, 55–59.
55 Malten 1912, 234–235; Parman et al. 2006, 45–48; Marksteiner 2010, 201–202.
56 SNG von Aulock Nr. 4377.
57 Ruggieri 1996, 68; Parman et al. 2006, 43. 46.
58 Zu vergleichbaren konkurrierenden, aber sich nicht ausschließenden städtischen Mythen vgl. Weiß 1984.
59 Frézouls 1977, bes. 238–248; Cohen 2006; Lane Fox 2008, 119–120.
60 Frézouls 1977, 226.
61 Frézouls 1977, 244; Lichtenberger 2014, 215–220.
62 Vgl. zuletzt Winter 2017.
63 Frézouls 1977, 243. Ein weiteres Doliche wird singulär von Apollod. 2,132 als älterer Name der Insel Ikaria überliefert.
64 Vgl. dazu auch Daubner 2017, 52. Zu Jupiter Dolichenus als Berggott vgl. Calmeyer 1999, 6–11.
65 Frézouls 1977, 239; Lane Fox 2008, 119–120.
66 Cohen 2006, 126–135.
67 Zu inschriftlichen Belegen für Zeus vgl. IGLS III,2 Nr. 1118. 1184–1185.1188. Zu den Münzbildern siehe Butcher 2004, 413–414.
68 IGLS III,2 Nr. 1184
69 Blömer 2019, 271.
70 Zum Bergkult auf dem Kasios vgl. zuletzt Lane Fox 2008, 257–272; Belis I 2015, 206–210; Collar 2017 und Blömer 2019, 270–271.
71 H.A. Hadr. 14; Amm. Marcell. 22,14,4; Suda s. v. Kasion.

72 Schaeffer 1938, 323–327.
73 Butcher 2004, 413–414.
74 Fauth 1990; Collar 2017, 23–27.
75 Lane Fox 2008, 120.
76 Frézouls 1977.
77 Lichtenberger 2017a.
78 Kähler 1950; Aurigemma 1961; MacDonald – Pinto 1995.
79 Aurigemma 1961, 100–133.
80 Mari 2007, 27–32.
81 Zum Berg Lykaios ▶ Kap. 7.2.
82 Raeder 1983, 289–290. Vgl. auch die vorsichtigen Ausführungen von Kähler 1950, 27 zum Verständnis der Überlieferung der Historia Augusta.
83 Vgl. dazu Aurigemma 1961, 146–147; Ohlig – Vieweger 2008.
84 Hom. Il. 15,188.
85 Hom. Ody. 10,509–515; 11,12–19.
86 Vgl. zuletzt Rücker 2017. Zur Topographie des homerischen Hades vgl. bereits Völcker 1830, 135–159. Zur Befragung des Teiresias durch Odysseus vgl. Ogden 2001a, xxiii–xxiv.
87 Vgl. dazu insbesondere Ogden 2001a; Ogden 2001b; D'Andria 2013; Friese 2018.
88 Ogden 2001a, 29–34; Ogden 2001b, 41–43; Friese 2018, 220–222. Zu den Besuchen des Herakles im Hades vgl. Verbanck-Piérard 2018.
89 Ogden 2001a, 34–42; Ogden 2001b, 43–45; Friese 2018, 222–224.
90 Ogden 2001a, 43–60; Ogden 2001b, 45–49; Friese 2018, 218–220. Zum Acheron in der Peloponnes und den dortigen Bezügen zu Hades vgl. Burton 2018, 216–219.
91 Verg. Aen. 6,237–242. Vgl. dazu Ogden 2001a, 61–74; Ogden 2001b, 49–50; Friese 2018, 224–225.
92 Lichtenberger 2019.
93 D'Andria 2013; D'Andria 2018; Friese 2018, 229–231.
94 Strab. 13,4,14; Cass. Dio 68,27; Damasc. Vita Isidori 131.
95 Agelidis 2016/17.
96 Lichtenberger 2003b, 155.
97 Vgl. die von D'Andria 2013, 180–181 diskutierten Münzbilder aus Magnesia am Mäander und Nysa am Mäander. Siehe dazu auch Friese 2018, 228–229.
98 Vgl. auch die verschiedenen Eingänge zur Unterwelt, von denen Pausanias berichtet. Vgl. dazu Friese 2018, 217–218 Anm. 12–13.

7 »Heilige Berge«: Der einzigartige Berg

1. Eck 1987; Bernbaum 1990; Gratzl 1990; della Dora 2011, 19–23; Bernbaum – Price 2013; della Dora 2016, 147–175; della Dora 2017, 27–71; Barton 2017, 20–24.
2. Als »Heiliger Gipfel« (*hiera koryphe*) wird der Berg Lykaios von Pausanias (8,38,2) bezeichnet. Als »unbetretbar« (*abaton*) charakterisiert Pausanias (1,33,6) den Atlas, doch liegt das an seiner Höhe und nicht an seiner Heiligkeit. Nördlich von Rom gab es einen »Heiligen Berg« (*mons sacer*), der in der *secessio plebis* aufgesucht werden konnte (Liv. 2,32,2 – vgl. dazu Coarelli 2008; de Souza 2017b).
3. Schmidt 1940, 11–13; Talbot 2001, 268–271; della Dora 2011.
4. Imhoof-Blumer 1923; Klementa 1993; Falter 1999.
5. Falter 1999; Veneri 1996, 74 Anm. 4; Clarke 1997, 69; Mylonopoulos 2008, 64; Vout 2012, 125–129; Sporn 2013; Belis I 2015, 43–46.
6. Athen, Archäologisches Nationalmuseum Inv. 1455 – Hurst 1996; Veneri 1996; Robinson 2013, 182–184; Sporn 2013, 469 Abb. 3; Belis I 2015, 44.
7. Dio Chrys. Or. 12,61.
8. Rocchi 2005; Mylonopoulos 2008, 54–67; Sporn 2015.
9. Lauter 1985; Buxton 1992, 5–6; Baumer 2004, 13–17; Rocchi 2005, 60; Belis I 2015.
10. Kyriakidis 2005; Nowicki 2007; Belis I 2015, 9–35.
11. Sporn 2013; Belis I 2015, 6.
12. Vgl. zu Griechenland nun umfassend Belis I 2015. Zu Italien vgl. de Cazanove 2005; Amann 2015, 12–21 und De Vincenzo 2015. Zum Alpenraum siehe Gleirscher 2015.
13. Belis I 2015, 1. 70–74.
14. Vgl. dazu jetzt umfassend Belis I 2015. Vgl. auch die Modellstudie Langdon 1976.
15. Zu »Heiligen Bergen« in Griechenland vgl. Belis I 2015, 48–50.
16. Vgl. dazu die ausführliche Zusammenstellung bei Cook II 1925, 868–987. Siehe auch Cook I 1914, 117–148; Langdon 1976, 100–112; Lauter 1985; Buxton 1992, 5; de Polignac 2002; Mylonopoulos 2008, 64; Graf 2016, 68–70; Barton 2017, 21.
17. Belis I/II 2015.
18. Vgl. umfassend zu den Epiklesen des Zeus Schwabl 1972.
19. Zum Zeus Atabyrios vgl. Belis II 2015, 47–51 cat. 12. Zum Zeus Helikonios vgl. Belis II 2015, 69–74 cat. 18. Zu Zeus Hymettios vgl. Langdon 1976.
20. Vgl. auch Weiß 1995, 85.
21. Cook I 1914, 149–151; Willetts 1960, 199–220.
22. Svoronos 1890, 342 Nr. 45. Vgl. auch Svoronos 1890, 194 Nr. 45; 284 Nr. 52 und weitere Belege bei Cook I 1914, 149 Anm. 1.
23. Zu Bergen als Geburtsort des Zeus vgl. Cook I 1914, 148–154.
24. Diod. 5,70,6, Dion. Hal. Ant. 2,61; Athen. 9,375–376.
25. Svoronos 1890, 123–124 Nr. 4.
26. Zu den Kureten vgl. Willetts 1962, 208–209; Sporn 2002, 334–335.
27. Sporn 2002. Vgl. aber auch weiterhin Willetts 1962.

28 Vgl. im Folgenden Cook II 1925, 927–931; Sporn 2002, 49–50.
29 Vgl. im Folgenden Cook II 1925, 932–939; Sporn 2002, 218–223 mit ausführlicher Literatur. Unter den antiken Autoren ist insbes. Diod. 5,70,2. 4 wichtig.
30 Willetts 1962, 239–243.
31 Vgl. Cook I 1914, 151–154.
32 Zum kleinasiatischen Idagebirge in Mysien vgl. Bürchner 1914, 862–864. Der früheste Beleg für Zeuskult im Idagebirge ist bereits Hom. Il. 8,47–48. Belegt ist der Zeus Idaios auch auf kaiserzeitlichen Münzen der Stadt Ilion (Troja) (SNG von Aulock 1534).
33 In Tralles (Robert 1981, 356–357; Weiß 1995, 91 Abb. 2) und Sardes (SNG von Aulock 3157) lassen sich solche Traditionen gut nachweisen. Vgl. dazu Robert 1981; Weiß 1995. Die Tradition, dass Zeus in Lydien geboren wurde, wird expliziert von Lyd. Mens. 4,71, der eine Höhle bei Sardes benennt. Diese Höhle lag im Tmolos-Gebirge, und es ist bemerkenswert, dass die Städte Tmolos und Sardes auch eine Personifikation des dionysischen Berggottes in ihrer Münzprägung (Weiß 1995, 100–107) abbildeten.
34 Aizanoi (Robert 1981, 352–355), Apameia (SNG von Aulock 3514); Akmoneia (SNG von Aulock 3513); Laodikeia am Lykos (SNG Cop. 589), Synnada (SNG von Aulock 3977). Zu den Traditionen vgl. Robert 1981, bes. 355–358.
35 Kilikien: Seleukia am Kalykadnos (SNG Levante 748). In einigen Fällen ist nicht sicher zu entscheiden, ob die Darstellungen von Kindern und Koureten/Korybanten auf Zeus oder auf Dionysos zu beziehen sind. Vgl. dazu Lindner 1994, 171–187; Weiß 1995, 107–108.
36 Weiß 1995, 100–107.
37 Paus. 8,38,2. Neben Pausanias berichtet das Callim. H 1,5–9. Zum Kult des Zeus Lykaios vgl. auch Cook I 1914, 63–99; Langdon 1976, 82–83; Kreutz 2007, 123–130; Belis II 2015, 182–200 cat. 50; Graf 2016, 69–70. Zu den archäologischen Untersuchungen auf dem Berg siehe Romano – Voyatzis 2014; Romano – Voyatzis 2015; Romano 2019.
38 Zu der Datierung der Prägungen des Arkadischen Bundes vgl. Gerin 1986, bes. 28–29 mit Anm. 43. Zum Bild und Kranz des Zeus Lykaios vgl. Ritter 2002, 54–57.
39 Eine Kombination von Olymp und Geburtsort des Zeus kann auch erwogen werden für Mysien, wo der mysische Olymp an das Idagebirge anschließt (Strab. 10,3,14). In dem Idagebirge sollen außerdem mehrere Gipfel selbst den Namen Olymp getragen haben (Strab. 10,3,14). Es fehlen Quellenzeugnisse, die eine explizite Verbindung von Sitz und Geburtsort des Zeus herstellen, doch wäre eine solche Tradition denkbar.
40 Zu dem Berg und den Darstellungen des Berges vgl. Weiß 1985; Hiller 1997; Blömer 2019. Siehe auch zum Mons Argaios Sporn 2013, 468–469.
41 Maximus Tyrius, Dissertationes 8,8. Zu den antiken literarischen Quellen vgl. Weiß 1985, 26.
42 Blömer 2019, 268–269.
43 Zu den altorientalischen Berggöttern vgl. Haas 1982; Calmeyer 1999. Zum Fortleben der Berggötter in römischer Zeit vgl. Blömer – Facella 2017, 103. 108–109.

44 Vgl. Blömer 2019, 268.
45 Weiß 1985, 27–36.
46 Lediglich die frühesten Darstellungen des Berges zeigen den Argaios nicht in seiner charakteristischen Gestalt, sondern idealisiert als Berg. Vgl. dazu Lichtenberger 2016, 347.
47 Zu solchen »Heiligen Bergen« vgl. Eck 1987, 133.
48 Vgl. zuletzt de Cazanove 2005.
49 Zum Albanus Mons vgl. umfassend Alföldi 1977, bes. 218–225; Grandazzi 2008. Zu den archäologischen Ausgrabungen zusammenfassend Cecamore 1993.
50 Rodríguez-Almeida 2002, 11; de Cazanove 2005, 68; Simón 2011, 127.
51 Simón 2011, 127. Zu der Sichtverbindung von Albanus Mons und Kapitol in Rom vgl. auch Vout 2012, 32 mit Anm. 68. Zur religiös-politischen Aufladung der Hügel in Rom siehe jetzt auch de Souza 2017a.
52 de Cazanove 2005, 68–69; Simón 2011, 127.
53 Vgl. auch die Überlegungen von Langdon 2000, 462–463; Belis I 2015, 77–85.
54 Zu den archäologischen Befunden des Tempels vgl. Cultera 1935. Zu dem Kult der Göttin und zu Eryx vgl. im Folgenden Acquaro – Filippi – Medas 2010; Lietz 2012; Fantauzzi – De Vincenzo – Giglio 2018.
55 Zu den Prägungen von Eryx vgl. Tusa Cutroni 2010. Zu den römischen Denaren siehe RRC 424.
56 Marböck 1990; Bernbaum 1990, 93–99; della Dora 2016, 149–156.
57 Zu solchen Offenbarungsbergen vgl. Eck 1987, 131–132.
58 Zur jüdisch-christlichen Tradition »Heiliger Berge« vgl. Bernbaum 1990, 93–103; Talbot 2001, bes. 263–264. Vgl. aber auch die gegenläufige Tradition der Berge als Widersacher (Juhás 2020).
59 Vgl. dazu einleitend van der Toorn 1999; Küchler 2007, 125–277.
60 Vgl. dazu im Folgenden Keel 2007, 199–212.
61 Eck 1987, 132.
62 van der Toorn 1999, 918–919; Keel 2007, 200–201.
63 Hensel 2016.
64 Pummer 2016.
65 Lichtenberger 2017a.
66 DeRose Evans 2011; Lichtenberger 2017b, 207–208.
67 Healey 2001, 86–97 (mit kritischer Diskussion, inwiefern Dushara tatsächlich ein Berggott war).
68 Healey 2001, 97.
69 Für eine Typologie solcher Berge vgl. die Unterscheidung der Phänomene von Rocchi 2005, 56–57: »dio-monte«, »dio montane«, »monte divino«. Zu einer Typologie vgl. auch Eck 1987.
70 Vgl. Buxton 1992, 5–6; Mylonopoulos 2008, 63–65; Sporn 2013; Blömer 2019, 254.
71 Vgl. bereits von Wilamowitz-Moellendorf 1931, 333–334.

8 Epilog

1 Tozer 1882, 35: »The most characteristic feature of Greece is its mountains; they ramify through the whole country, and form part of every view.«
2 Vgl. auch zu Bergen als Charakteristikum des Mittelmeerraums Braudel 1990, 33–71; Horden – Purcell 2000, 80–82.
3 Vgl. die kulturübergreifenden Darstellungen Eck 1987 und della Dora 2017 sowie den beispielhaften Überblick Gratzl 1990.
4 Lane Fox 2008; Broodbank 2003.
5 Vgl. auch Schmidt 1940, 15.
6 Dio Chrys. Or. 12,25–26; Plut. Aem. Paul. 28,2; Strab. 8,3,30. Vgl. dazu Davison 2009, 328.
7 Verg. Aen. 6,781–782; Mart. 8,36,4–6; Stat. Silv. 4,1,3–8; Claud. Cons. Stil. 3,130–140. Vgl. dazu Vout 2012, 75. 86. 96–97. 113.
8 Offb 21,1–2. Vgl. dazu Lichtenberger 2014, 259–261.
9 Auffarth 1993; Ehbrecht 2001. Der Prozess der Übertragung der Topographie Jerusalems nach Rom und anderenorts beginnt bereits in der Spätantike und setzt sich bis in die Gegenwart fort. Vgl. dazu die Beiträge in Lidov 2009.
10 So auch Daubner 2017, 55–56.
11 Die Vorbildfunktion genuin makedonischer Gottheiten in den hellenistischen Königsdynastien zeigt sich auch in der Verbreitung der Athena Alkidemos von Pella in der hellenistischen Münzprägung (Brett 1950). Vgl. dazu Daubner 2017, 52–58.

Bibliographie

Acquaro – Filippi – Medas 2010: Acquaro, E. – A. Filippi – S. Medas (eds.), La devozione dei naviganti. Il culto di Afrodite Ericina nel Mediterraneo (Lugano 2010).
Adak 2004: Adak, M., Lokalisierung von Olympos und Korykos in Ostlykien, Gephyra 1, 2004, 27–51.
Adak – Tüner 2004: Adak, M. – N. Tüner, Neue Inschriften aus Olympos und seinem Territorium I, Gephyra 1, 2004, 53–65.
Agelidis 2016/17: Agelidis, S., Das Ploutoneion von Eleusis: Baugeschichte und Kult, AM 131/132, 2016/17, 147–167.
Albanidis 2016: Albanidis, E., The Olympic Games of the Ancient Macedonians, in: D. Katsonopoulou – E. Partida (eds.), ΦΙΛΕΛΛΗΝ. Essays Presented to Stephen G. Miller (Athen 2016), 89–106.
Alföldi 1977: Alföldi, A., Das frühe Rom und die Latiner (Darmstadt 1977).
Amann 2015: Amann, P., Natur und Kult im vorrömischen Umbrien, in: K. Sporn – S. Ladstätter – M. Kerschner (eds.), Natur – Kult – Raum. Akten des Internationalen Kolloquiums, Paris-Lodron-Universität Salzburg, 20.-22. Jänner 2012 (Wien 2015), 9–28.
Arafat 1986: Arafat, K. W., A note on the Athena Parthenos, BSA 81, 1986, 1–6.
Araki 1978: Araki, J. T., Yuriwaka and Ulysses. The Homeric Epics at the Court of Ōuchi Yoshitaka, Monumenta Nipponica 33, 1978, 1–36.
Auffarth 1993: Auffarth, C., Himmlisches und irdisches Jerusalem. Ein religionswissenschaftlicher Versuch zur »Kreuzzugseschatologie«, Zeitschrift für Religionswissenschaft 1, 1993, 25–49. 91–118.
Aurigemma 1961: Aurigemma, S., Villa Adriana (Rom 1961).
Bachmann 2015: Bachmann, C., Wenn man die Welt als Gemälde betrachtet. Studien zu den *Eikones* Philostrats des Älteren (Heidelberg 2015).
Badian 1980: Badian, E., Greeks and Macedonians, in: B. Barr-Sharrar – E. N. Borza (eds.), Macedonia and Greece in Late Classical and Early Hellenistic Times (Washington 1980), 33–51.
Bailey 2017: Bailey, R., The Acts of Saint Cyprian of Antioch: Critical Editions, Translations, and Commentary (PhD thesis, McGill University 2017).
Barth 1864: Barth, H., Reise durch das Innere der europäischen Türkei von Rustchuk über Philippopel, Rilo (Monastir), Bitolia und den thessalischen Olymp nach Saloniki (Berlin 1864).

Barton 2017: Barton, W. M., Mountain Aesthetics in Early Modern Latin Literature (London – New York 2017).

Baud-Bovy 1919: Baud-Bovy, D., Le plus haut sommet de l'Olympe, in: La Grèce immortelle (Genf 1919), 41–87.

Baumann 2011: Baumann, M., Bilder schreiben. Virtuose Ekphrasis in Philostrats *Eikones* (Berlin – New York 2011).

Baumer 2004: Baumer L. E., Kult im Kleinen. Ländliche Heiligtümer spätarchaischer bis hellenistischer Zeit. Attika – Arkadien – Argolis – Kynouria (Rahden 2004).

Beck 1997: Beck, H., Polis und Koinon. Untersuchungen zur Geschichte und Struktur der griechischen Bundesstaaten im 4. Jahrhundert v. Chr. (Stuttgart 1997).

Beck 2020: Beck, H., Localism and the ancient Greek city-state (Chicago – London 2020).

Belis 2015: Belis, A. M., Fire on the mountain: A comprehensive study of Greek mountaintop sanctuaries, I-II (PhD thesis Princeton 2015).

Berger et al. 1977: Berger, E. et al., Parthenon-Studien: Zweiter Zwischenbericht, Antike Kunst 20, 1977, 124–140.

Berger – Gisler-Huwiler 1996: Berger, F. – M. Gisler-Huwiler, Der Parthenon in Basel. Dokumentation zum Fries (Mainz 1996).

Bernbaum 1990: Bernbaum, E., Sacred Mountains of the World (San Francisco 1990).

Bernbaum – Price 2013: Bernbaum, E. – L. W. Price, Attitudes toward Mountains, in: M. F. Price et al. (eds.), Mountain Geography: Physical and Human Dimensions (Berkeley – Los Angeles – London 2013), 253–266.

Bersani 2001: Bersani, S. G. (ed.), Gli antichi e la montagna (Turin 2001).

Blech 1982: Blech, M., Studien zum Kranz bei den Griechen (Berlin und New York 1982).

Blegen – Rawson 1966: Blegen, C. W. – M. Rawson, The Palace of Nestor at Pylos in Western Messenia. Volume I (Princeton 1966).

Blömer 2019: Blömer, M., Der Mons Argaios und andere göttliche Berge in römischer Zeit, in: B. Engels – S. Huy – C. Steitler (eds.), Natur und Kult in Anatolien (Istanbul 2019), 253–281.

Blömer – Facella 2017: Blömer, M. – M. Facella, A New Altar for the God Turmasgade from Dülük Baba Tepesi, in: E. Winter (ed.), Vom eisenzeitlichen Heiligtum zum christlichen Kloster. Neue Forschungen auf dem Dülük Baba Tepesi (Bonn 2017), 99–121.

Boardman etal. 1988/1990: Boardman, J. et al., Herakles, LIMC IV (1988), 728–838; V (1990), 1–192.

Boli – Katsakiori 2016: Boli, K. – M. Katsakiori, Mount Olympus and Its Natural Wealth, in: D. Pandermalis (ed.), Gods and Mortals at Olympus. Ancient Dion, City of Zeus (New York 2016), 75–85.

Borza 1990: Borza, E. N., In the Shadow of Olympus. The Emergence of Macedon (Princeton 1990).

Braudel 1990: Braudel, F., Das Mittelmeer und die mediterrane Welt in der Epoche Philipps II. Erster Band (Frankfurt 1990).
Brett 1950: Brett, A. B., Athena ΑΛΚΙΔΗΜΟΣ of Pella, ANSMusNotes 4, 1950, 55–72.
Bringmann – von Steuben 1995: Bringmann, K. – H. von Steuben (eds.), Schenkungen hellenistischer Herrscher an griechische Städte und Heiligtümer. Teil I. Zeugnisse und Kommentare (Berlin 1995).
Brinkmann 1994: Brinkmann, V., Beobachtungen zum formalen Aufbau und zum Sinngehalt der Friese des Siphnierschatzhauses (München 1994).
Brinkmann 2016: Brinkmann, V., Die Skulpturen des Parthenon, in: V. Brinkmann (ed.), Athen. Triumph der Bilder. Eine Ausstellung im Liebieghaus Skulpturensammlung, Frankfurt am Main 2016 (Petersberg 2016), 52–59.
Brizzi 2001: Brizzi, G., Scene di guerra in montagna, in: S. G. Bersani (ed.), Gli antichi e la montagna (Turin 2001), 199–211.
Brodersen 1995: Brodersen, K., Terra Cognita. Studien zur römischen Raumauffassung (Hildesheim et al. 1995).
Brommer 1937: Brommer, F., Die Rückführung des Hephaistos, JdI 52, 1937, 198–219.
Brommer 1963: Brommer, F., Selene, AA 1963, 680–689.
Brommer 1974: Brommer, F., Hephaistos im südwestlichen Kleinasien, in: Mansel'e Armağan. Mélanges Mansel I (Ankara 1974), 139–145.
Brommer 1978: Brommer, F., Hephaistos. Der Schmiedegott in der antken Kunst (Mainz 1978).
Broodbank 2013: Broodbank, C., The Making of the Middle Sea. A History of the Mediterranean from the Beginning to the Emergence of the Classical World (London 2013).
Brouskari 1989: Brouskari, M., Aus dem Giebelschmuck des Athena-Nike-Tempels, in: H.-U. Cain – H. Gabelmann – D. Salzmann (eds.), Festschrift für Nikolaus Himmelmann (Mainz 1989), 115–118.
Brown 1673: Brown, E., A brief account of some travels in Hungaria, Servia, Bulgaria, Macedonia, Thessaly, Austria, Styria, Carinthia, Carniola, and Friuli (London 1673).
Bürchner 1914: Bürchner, L., Ida, RE 17 (1914), 858–864.
Burkert 1972: Burkert, W., Homo Necans. Interpretationen altgriechischer Opferriten und Mythen (Berlin – New York 1972).
Burn 1949: Burn, A. S., Helikon in History: A Study in Greek Muntain Topography, BSA 44, 1949, 313–323.
Burton 2015: Burton, D., The Iconography of Pheidias' Zeus. Cult and Context, JdI 130, 2015, 75–115.
Burton 2018: Burton, D., Worshipping Hades: Myth and Cult in Elis and Triphylia, Archiv für Religionsgeschichte 20, 2018, 211–227.
Butcher 2004: Butcher, K., Coinage in Roman Syria. Northern Syria, 64 BC – AD 253 (London 2004).
Buxton 1992: Buxton, R., Imaginary Greek Mountains, JHS 112, 1992, 1–15.

Cajori 1929: Cajori, F., History of Determinations of the Heights of Mountains, Isis 12, 1929, 482–514.

Calcani 1995: Calcani, G., Torma di Alessandro, in: P. Moreno (ed.), Lisippo. L'arte e la fortuna (Rom 1995), 148–156.

Calmeyer 1999: Calmeyer, P., Wandernde Berggötter, in: P. Van Lerberghe – G. Voet (eds.), Languages and Cultures in Contact. At the Crossroads of Civilizations in the Syro-Mesopotamian Realm (Leuven 1999), 1–32.

Cambitoglou et al. 1992: Cambitoglou, A. et al., Zagora 1. Excavations of a Geometric Town on the Island of Andros. Excavation Seasons 1967; Study Season 1968-1969 (Athen 1992).

Capelle 1916: Capelle, W., Berges- und Wolkenhöhen bei griechischen Physikern (Leipzig und Berlin 1916).

Cecamore 1993: Cecamore, C., Il santuario di Iuppiter Latiaris sul Monte Cavo: spunti e materiali dai vecchi scavi, BullCom 95, 1993, 19–44.

Chaniotis 1991: Chaniotis, A., Von Hirten, Kräutersammlern, Epheben und Pilgern: Leben auf den Bergen im antiken Kreta, Ktema 16, 1991, 93–109.

Chaniotis 2016: Chaniotis, A., Snippets of Everyday Life in Roman Dion, in: D. Pandermalis (ed.), Gods and Mortals at Olympus. Ancient Dion, City of Zeus (New York 2016), 49–55.

Clarke 1997: Clarke M., Gods and mountains in Greek myth and poetry, in: A. B. Lloyd (ed.), What is a God? Studies in the nature of Greek divinity (London 1997), 65–80.

Coarelli 2008: Coarelli, F., Sacer Mons, LTUR Suburbium 5 (2008), 32–33.

Cohen 2006: Cohen, G. M., The Hellenistic Settlements in Syria, the Red Dea Basin, and North Africa (Berkeley – Los Angeles – London 2006).

Cole 2001: Cole, S., The Dynamics of Deification in Horace's *Odes* 1-3, in: S. R. Asirvatham – C. O. Pache – J. Waltrous (eds.), Between Magic and Religion. Interdisciplinary Studies in Ancient Mediterranean Religion and Society (Lanham et al. 2001), 67–91.

Collar 2017: Collar, A., Sinews of belief, anchors of devotion: the cult of Zeus Kasios in the Mediterranean, in: H. F. Teigen – E. H. Seland (eds.), Sinews of Empire. Networks in the Roman Near East and Beyond (Oxford – Philadelphia 2017), 23–36.

Connelly 2014: Connell, J. B., The Parthenon Enigma. A new understanding of the West's most iconic building and the people who made it (New York 2014).

Cook I–III 1914–1940: Cook, A. B., Zeus. A Study in Ancient Religion. Vol. I–III (Cambridge 1914–1940).

Coray 2018: Coray, M., Homer's Iliad. The Basel Commentary. Book XVIII (Berlin – Boston 2018).

Corsten 1993: Corsten, T. (ed.), Die Inschriften von Prusa ad Olympum. Teil II, IK 40 (Bonn 1993).

Cultera 1935: Cultera, G., Erice. – Il <temenos> di Afrodite Ericina e gli scavi del 1930 e del 1931, NSc 60, 1935, 294–328.

Cvijić 1908: Cvijić, J., Grundlinien der Geographie und Geologie von Mazedonien und Altserbien. Nebst Beobachtungen in Thrazien, Thessalien, Epirus und Nordalbanien (Gotha 1908).

D'Acunto 2009: D'Acunto, M., Efesto e le sue creazioni nel XVIII libro dell'*Iliade*, AION 31, 2009, 145–198.

D'Andria 2013: D'Andria, F., Il *Ploutonion* a Hierapolis di Frigia, IstMitt 63, 2013, 157–217.

D'Andria 2018: D'Andria, F. The Ploutonion of Hierapolis in light of recent research (2013-17), JRA 31, 2018, 91–129.

Daubner 2016: Daubner, F., Agone im hellenistischen Nordgriechenland, in: C. Mann – S. Remijsen – S. Scharff (eds.), Athletics in the Hellenistic World (Stuttgart 2016), 231–245.

Daubner 2017: Daubner, F., Makedonische Götter in Syrien und Kleinasien: Erwägungen zur Identität der Siedler in hellenistischen Stadtgründungen, in: R. Raja (ed.), Contextualizing the Sacred in the Hellenistic and Roman Near East Religious Identities in Local, Regional, and Imperial Settings (Turnhout 2017), 49–61.

Davison 2009: Davison, C. C., Pheidias. The Sculptures & Ancient Sources (London 2009).

de Cazanove 2005: de Cazanove, O., Mont et citadelle, temple et *templum*. Quelques réflexions sur l'usage religieux des hauteurs dans l'Italie républicaine, Archiv für Religionsgeschichte 7, 2005, 62–82.

Deiss 2010: Deiss, R., Schicksalsberg und Himmelsauge. 777 Beinamen von Bergen, Tälern, Inseln, Flüssen und Seen (Bonn 2010).

della Dora 2011: della Dora, V., Imagining Mount Athos. Visions of a Holy Place from Homer to World War II (Charlottesville – London 2011).

della Dora 2016: della Dora, V., Landscape, Nature, and the Sacred in Byzantium (Cambridge 2016).

della Dora 2017: della Dora, V., Mountain. Nature and Culture (London 2017).

Demargne 1984: P. Demargne, Athena, LIMC II (1984), 955–1044.

Demetriadi 1998: Demetriadi, V., Dion in Macedonia: a Bronze Coinage of the Classical Period, in: R. Ashton – S. Hurter (eds.), Studies in Greek Numismatics in Memory of Martin Jessop Price (London 1998), 115–117.

de Polingnac, F., Cultes de sommet en Argolide et Corinthie. Élements d'interpretation, in: R. Hägg (ed.), Peloponnesian sanctuaries and cults. Proceedings of the international symposium at the Swedish Institute at Athens 11–13 June 1994 (Stockholm 2002), 119–122.

DeRose Evans 2011: DeRose Evans, J., From Mountain to Icon. Mount Gerizim on Roman Provincial Coins from Neapolis, Samaria, Near Eastern Archaeology 74, 2011, 170–182.

de Souza 2017a: de Souza, M. (ed.), Les collines dans la représentation et l'organisation du pouvoir à Rome (Bordeaux 2017).

De Souza 2017b: de Souza, M., Interrogations autour d'un mont Sacré sur le parcours des deux premières sécessions de la plèbe, in: M. de Souza (ed.), Les col-

lines dans la représentation et l'organisation du pouvoir à Rome (Bordeaux 2017), 61–82.
De Vincenzo 2015: De Vincenzo, S., Etruskische Kultstätten in Berglandschaften, in: K. Sporn – S. Ladstätter – M. Kerschner (eds.), Natur – Kult – Raum. Akten des Internationalen Kolloquiums, Paris-Lodron-Universität Salzburg, 20.-22. Jänner 2012 (Wien 2015), 63–79.
Dörig 1985: Dörig, J., La frise est de l'Héphaisteion (Mainz 1985).
Drerup 1952: Drerup, H., Architektur und Toreutik in der griechischen Frühzeit, MDI 5, 1952, 7–38.
Drerup 1969: Drerup, H., Griechische Baukunst in geometrischer Zeit, Archaeologia Homerica II (Göttingen 1969).
Eck 1987: Eck, D. L., Mountains, in: M. Eliade (ed.), Encyclopedia of Religion (New York – London 1987), 130–134.
Eder 1997: Eder, B., Dorische Wanderung, DNP 3 (1997), 787–791.
Ehbrecht 2001: Ehbrecht, W., Überall ist Jerusalem, in: H. Bräuer – E. Schlenkrich (eds.), Die Stadt als Kommunikationsraum. Beiträge zur Stadtgeschichte vom Mittelalter bis ins 20. Jahrhundert. Festschrift für Karl Czok zum 75. Geburtstag (Leipzig 2001), 129–185.
Ehrhardt 2004: Ehrhardt, W., Zu Darstellung und Deutung des Gestirngötterpaares am Parthenon, JdI 119, 2004, 1–39.
Ekroth – Nilsson 2018: G. Ekroth – I. Nilsson (eds.), Round Trip to Hades in the Eastern Mediterranean Tradition. Visits to the Underworld from Antiquity to Byzantium (Boston – Leiden 2018).
Elliger, W., Die Darstellung der Landschaft in der griechischen Dichtung (Berlin – New York 1975).
Falter 1999: Falter, R., Natur als Landschaft und als Gott. Fluß- und Berggötter in der Spätantike, in: R. P. Sieferle – H. Breuninger (eds.), Natur-Bilder. Wahrnehmungen von Natur und Umwelt in der Geschichte (Frankfurt – New York 1999), 137–179.
Fantauzzi – De Vincenzo – Giglio 2018: Fantauzzi, C. B. – S. De Vincenzo – R. Giglio (eds.), Erice tra mito, storia e archeologia. Le indagini archeologiche alla cinta muraria e al castello (Viterbo 2018).
Fauth 1990: Fauth, W., Das Kasion-Gebirge und Zeus Kasios. Die antike Tradition und ihre vorderorientalischen Grundlagen, UF 22, 1990, 105–118.
Fehl 1961: Fehl, P., The Rocks on the Parthenon Frieze, Journal of the Warburg and Courtauld Institutes 24, 1961, 1–44.
Fergusson 1938: Fergusson, M. B., The Ascent of Olympus, Greece and Rome 7, 1938, 129–136.
Fick 1905: Fick, A., Vorgriechische Ortsnamen als Quelle für die Vorgeschichte Griechenlands (Göttingen 1905).
Fowler 2004: Fowler, R. (ed.), The Cambridge companion to Homer (Cambridge 2004).
Freshfield 1916: Freshfield, D. W., The Summits of Olympus, The Geographical Journal 47.4, 1916, 293–297.

Frézouls 1977: Frézouls, E., La toponymie de l'orient syrien et l'apport des éléments macédoniens, in: La toponymie antique: actes du colloque de Strasbourg, 12-14 juin 1975 (Leiden 1977), 219–248.

Friese 2018: W. Friese, Following the Dead to the Underworld. An Archaeological Approach to Graeco-Roman Death Oracles, in: G. Ekroth – I. Nilsson (eds.), Round Trip to Hades in the Eastern Mediterranean Tradition. Visits to the Underworld from Antiquity to Byzantium (Boston – Leiden 2018), 215–239.

Gaebler 1906: Gaebler, H., Die antiken Münzen von Makedonia und Paionia (Berlin 1906).

Gärtner 2002: Gärtner, H. A., Xenagoras [2], DNP 12/2 (2002), 606.

Galster 1990: Galster, H. D., Azat Masis. Der Erhabene unter den Bergen Ararats, in: K. Gratzl (ed.), Die heiligsten Berge der Welt (Graz 1990), 65–80.

Gardner 1883: Gardner, P., The Types of Greek Coins. An Archaeological Essay (Cambridge 1883).

Gauer 2019: Gauer, W., Mythos oder Geschichte. Oder beides, Mythos und Geschichte? Neue Forschungen zur Deutung des Parthenon und seiner Skulpturen, Göttingische Gelehrte Anzeigen 271, 2019, 200–244.

Gerin 1986: Gerin, D., Les statères de la Ligue Arcadienne, SNR 65, 1986, 13–31.

Giacobello 2017: Giacobello, F., Un cratere con gigantomachia da Ruvo di Puglia. Il Pittore di Talos e lo scudo di Fidia, in: F.-H. Massa-Pairault – C. Pouzadoux (eds.), Géants et gigantomachies entre Orient et Occident. Actes du Colloque organisé par Centre Jean Bérard. Naples, 14-15 novembre 2013 (Neapel 2017), 69–82.

Gleirscher 2015: Gleirscher, P., Heilige Berge und Berggötter. Eine archäologische Spurensuche in den Alpen mit Ausblicken in den ostmediterranen Raum, Rudolfinum. Jahrbuch des Landesmuseums für Kärnten 2015, 27–59.

Godfriaux 1965: Godfriaux, I., Étude géologique de la région de l'Olympe (Dissertation Lille 1965).

Graf 2016: Graf, F., Zeus Olympios and his Cult in Greece, in: D. Pandermalis (ed.), Gods and Mortals at Olympus. Ancient Dion, City of Zeus (New York 2016), 67–73.

Grandazzi 2008: Grandazzi, A., Alba Longa, histoire d'une légende. Recherches sur l'archéologie, la religion, les traditions de l'ancien Latium (Rom 2008).

Gratzl 1990: Gratzl, K. (ed.), Die heiligsten Berge der Welt (Graz 1990).

Guimond 1981: Guimond, L., Aktaion, LIMC I (1981), 454–469.

Haas 1982: Haas, V., Hethitische Berggötter und hurritische Steindämonen. Riten, Kulte und Mythen. Eine Einführung in die altkleinasiatischen religiösen Vorstellungen (Mainz 1982).

Halm-Tisserant 1986: Halm-Tisserant, M., La représentation du retour d'Héphaïstos dans l'Olympe, Antike Kunst 29, 1986, 8–22.

Hanink 2008: Hanink, J., Literary politics and the Euripidean *vita*, Cambridge Classical Journal 54, 2008, 115–135.

Harnecker 1991: Harnecker, J., Oltos. Untersuchungen zu Themenwahl und Stil eines frühgriechischen Schalenmalers (Frankfurt et al. 1991).

Hatzopoulos 2013: Hatzopoulos, M., Was Dion Macedonia's Religious Centre?, in: P. Funke – M. Haake (eds.), Greek Federal States and Their Sanctuaries. Identity and Integration. Proceedings of an International Conference of the Cluster of Excellence »Religion and Politics« Held in Münster, 17.06.–19.06.2010 (Stuttgart 2013), 163–171.

Hayek 1928: Hayek, A., Der thessalische Olymp, Vegetationsbilder 18. Reihe, Heft 6/7 (Jena 1928).

Healey 2001: Healey, J. F., The Religion of the Nabataeans. A Conspectus (Leiden – Boston – Köln 2001).

Hedreen 2004: Hedreen, G., The Return of Hephaistos, Dionysiac Processional Ritual and the Creation of a Visual Narrative, JHS 124, 2004, 38–64.

Helly 1968: Helly, B., Des lions dans l'Olympe!, REA 70, 1968, 271–285.

Helly I–II 1973: Helly, B., Gonnoi I–II (Amsterdam 1973).

Hensel 2016: Hensel, B., Juda und Samaria. Zum Verhältnis zweier nach-exilischer Jahwismen (Tübingen 2016).

Herrmann 1972: Herrmann, H.-V., Olympia. Heiligtum und Wettkampfstätte (München 1972).

Herrmann 1980: Herrmann, H.-V., Die Skulpturen des Zeustempels, in: A. Mallwitz – H.-V. Herrmann (eds.), Die Funde aus Olympia (Athen 1980), 161–179.

Heuzey 1860: L. Heuzey, Le Mont Olympe et l'Acarnanie (Paris 1860).

Hildebrandt 2017: Hildebrandt, F., Gigantomachies recovered. Two Apulian vases in the Museum für Kunst und Gewerbe Hamburg, in: F.-H. Massa-Pairault – C. Pouzadoux (eds.), Géants et gigantomachies entre Orient et Occident. Actes du Colloque organisé par Centre Jean Bérard. Naples, 14-15 novembre 2013 (Neapel 2017), 85–113.

Hillert 1997: Hillert A., Der Adler auf dem Berg – Berg-Kulte im Kleinasiatisch-Syrischen Raum. Anmerkungen zur Ikonographie römischer Adler-Votive, Archäologisches Korrespondenzblatt 27, 1997, 285–300.

Höfer 1897–1902: Höfer, O., Olympios, Roscher III.1 (1897–1902), 840–847.

Höper 1992: Höper, H.-J., Zwei Statuenbasen als Reste einer Opferstätte auf dem Hl. Antonius, einem der Olympgipfel (Griechenland), in: O. Brehm – S. Klie (eds.), ΜΟΥΣΙΚΟΣ ΑΝΗΡ. Festschrift für Max Wegner zum 90. Geburtstag (Bonn 1992), 213–222.

Holt 1992: Holt, P., Herakles' Apotheosis in Lost Greek Literature and Art, L'Antiquité Classique 61, 1992, 38–59.

Horden – Purcell 2000: Horden, P. – N. Purcell, The Corruptin Sea. A Study of Mediterranean History (Oxford – Malden 2000).

Howgego 2000: Howgego, C., Geld in der Antiken Welt. Was Münzen über Geschichte verraten (Darmstadt 2000).

Hurst 1996: Hurst, A., La stele de l'Hélicon, in: A. Hurst – A. Schachter (eds.), La montagne des Muses (Genf 1996), 57–71.

Hurst – Schachter 1996: Hurst, A. – A. Schachter (eds.), La montagne des Muses (Genf 1996).
Hurwit 2017: Hurwit, J. M., Helios Rising: The Sun, the Moon, and the Sea in the Sculptures of the Parthenon, AJA 121, 2017, 527–558.
Hyde 1915: Hyde, W. W., The Ancient Appreciation of Mountain Scenery, Classical Journal 11, 1915, 70–84.
Imhoof-Blumer 1890: Imhoof-Blumer, F., Griechische Münzen (München 1890).
Imhoof-Blumer 1923: Imhoof-Blumer, F., Fluss- und Meergötter auf griechischen und römischen Münzen (Personifikationen der Gewässer), Schweizerische numismatische Rundschau 23, 1923, 173–421.
Jourdain-Annequin 2011: Jourdain-Annequin, C., »les Alpes voisines du ciel«. Quand Grecs et Romains découvraient les Alpes (Paris 2011).
Juhás 2020: Juhás, P., Berge als Widersacher. Studien zu einem Bergmotiv der jüdischen Apokalyptik (Göttingen 2020).
Kähler 1950: Kähler, H., Hadrian und seine Villa bei Tivoli (Berlin 1950).
Kahl 1996: Kahl, G., Klosterberge in Byzanz. Bemerkungen zum Zusammenhang zwischen Kloster und Berg in früh- und mittelbyzantinischer Zeit, in: E. Olshausen – H. Sonnabend (eds.), Stuttgarter Kolloquium zur historischen Geographie des Altertums 5, 1993. »Gebirgsland als Lebensraum« (Amstrdam 1996), 235–243.
Karanastassi 2004: Karanastassi, P., Zur Ikonographie der römischen Apotheose, ThesCRA II (2004), 199–204.
Keel 2007: Keel, O., Die Geschichte Jerusalems und die Entstehung des Monotheismus (Göttingen 2007).
Kern 1912: Kern, O., Nordgriechische Skizzen (Berlin 1912).
Klementa 1993: Klementa, S., Gelagerte Flußgötter des Späthellenismus und der römischen Kaiserzeit (Köln et al. 1993).
Knell 1964: Knell, H., Die Darstellung der Götterversammlung in der attischen Kunst des VI. und V. Jahrhunderts v. Chr. Eine Untersuchung zur Entwicklungsgeschichte des »Daseinsbildes« (Freiburg 1964).
Knell 1990: Knell, H., Mythos und Polis. Bildprogramme griechischer Bauskulptur (Darmstadt 1990).
König 2016: König, J., Strabo's Mountains in: J. McInerny – I. Sluiter (eds.), Valuing Landscape in Classical Antiquity. Natural Environment and Cultural Imagination (Leiden – Boston 2016), 46–69.
Kõiv 2013: Kõiv, M., Early History of Elis and Pisa: Invented or Evolving Traditions?, Klio 95, 2013, 315–368.
Koloipoulos 1987: Koliopoulos, J. S., Brigands with a Cause. Brigandage and Irredentism in Modern Greece 1821–1912 (Oxford 1987).
Kossatz-Deissmann 1994: Kossatz-Deissmann, A., Paridis Iudicium, LIMC VII (1994), 176–188.
Kovacs 2016: Kovacs, F. L., Armenian Coinage in the Classical Period (Lancaster – London 2016).
Kraay 1966: Kraay, C. M., Greek Coins (London 1966).

Kremydi 2016: Kremydi, S., From the Kingdom of Macedonia to the Colony of Dion: The Use and Function of Coinage, in: D. Pandermalis (ed.), Gods and Mortals at Olympus. Ancient Dion, City of Zeus (New York 2016), 41–47.

Kremydi-Sisilianou 1996: Kremydi-Sisilianou, S., Η νομισματοκοπία της ρωμαϊκής αποικίας του Δίου (Athen 1996).

Kretschmer 1940: Kretschmer, P., Die vorgriechischen Sprach- und Volksschichten, Glotta 28, 1940, 231–278.

Krieter-Spiro 2018: Krieter-Spiro, M., Homer's Iliad. The Basel Commentary. Book XIV (Berlin – Boston 2018).

Kreutz 2007: Kreutz, N., Zeus und die griechische Polis. Topographische und religionsgeschichtliche Untersuchungen von archaischer bis in hellenistische Zeit (Rahden 2007).

Küchler 2007: Küchler, M., Jerusalem. Ein Handbuch und Studienreiseführer zur Heiligen Stadt (Göttingen 2007).

Kurz 1923: Kurz, M., Le Mont Olympe (Thessalie) (Paris und Neuchatel 1923).

Kyriakidis 2005: Kyriakidis, E., Ritual in the Aegean. The Minoan peak sanctuaries (London 2005).

Kyriazopoulos – Livdas 1967: Kyriazopoulos, B. – G. Livdas, Αρχαιολογικά ευρήματα επί της κορυφής του Ολύμπου Άγιος Αντώνιος, ArchDelt 22, 1967, 6–14.

Lane Fox 2008: Lane Fox, R., Travelling Heroes. Greeks and Their Myths in the Epic Age of Homer (London 2008).

Langdon 1976: Langdon, M. K., A Sanctuary of Zeus on Mount Hymettos, Hesperia Supplements 16, 1976.

Langdon 2000: Langdon, M. K., Mountains in Greek Religion, The Classical World 93, 2000, 461–470.

Laurens 1988: Laurens, A.-F., Hebe I, LIMC IV (1988), 458–464.

Lauter 1985: Lauter, H., Der Kultplatz auf dem Turkovuni. Attische Forschungen I (Berlin 1985).

Lauter 1986: Lauter, H., Die Architektur des Hellenismus (Darmstadt 1986).

Leake 1835: Leake, W. M., Travels in Northern Greece, Vol. 3 (London 1835).

Le Rider 1977: Le Rider, G., Le monnayage d'argent et d'or de Philippe II. Frappé en Macédonie de 359 à 294 (Paris 1977).

Lichtenberger 2003a: Lichtenberger, A., Pontecagnano, Omero e il rito funebre reale degli Ittiti, Apollo 19, 2003, 3–6.

Lichtenberger 2003b: Lichtenberger, A., Kulte und Kultur der Dekapolis. Untersuchungen zu numismatischen, archäologischen und epigraphischen Zeugnissen (Wiesbaden 2003).

Lichtenberger 2006: Lichtenberger, A., »Auf Adlerflügeln«. Über den Adler als Träger des lebenden Kaisers, in: N. Kreutz – B. Schweizer (eds.), Tekmeria. Archäologische Zeugnisse in ihrer kulturhistorischen und politischen Dimension. Beiträge für Werner Gauer (Münster 2006), 183–204.

Lichtenberger 2014: Lichtenberger, A., Continuity, Discontinuity, and Change in Religious Life in Southern Syria during the Roman Period, in: E. Frood – R.

Raja (eds.), Redefining the Sacred. Religious Architecture and Text in the Near East and Egypt, 1000 BC – AD 300 (Turnhout 2014), 209–229.

Lichtenberger 2015: Lichtenberger, A., Überlegungen zur Genese und Kanonisierung der frühen griechischen Götterikonographie im Mittelmeerraum, in: R. Faber – A. Lichtenberger (eds.), Ein pluriverses Universum. Zivilisationen und Religionen im antiken Mittelmeerraum (Paderborn 2015), 211–239.

Lichtenberger 2016: Lichtenberger, A., Der Berg des Archelaosreliefs, in: H. Schwarzer – H.-H. Nieswandt (eds.), »Man kann es sich nicht prächtig genug vorstellen!«. Festschrift für Dieter Salzmann zum 65. Geburtstag (Marsberg 2016), 341–349.

Lichtenberger 2017a: Lichtenberger, A., Die Jerusalemer Religionsreform im Kontext. Antiochos IV., Antiochia und Zeus Olympios, in: F. Avemarie et al. (eds.), Die Makkabäer (Tübingen 2017), 1–20.

Lichtenberger 2017b: Lichtenberger, A., Coin Iconography and Archaeology: Methodological Considerations about Architectural Depictions of City Coins of Palestine, in: O. Tal – Z. Weiss (eds.), Expressions of Cult in the Southern Levant in the Greco-Roman Period (Turnhout 2017), 197–220.

Lichtenberger 2019: Lichtenberger, A., The Hieromykes on a new coin type of Dion in the Decapolis and the Stygian riverscape of Southern Syria, OZeAN. Online Zeitschrift Zur Antiken Numismatik 1, 2019, 1–10 (open access: https://doi.org/10.17879/ozean-2019-2474).

Lichtenberger 2014: Lichtenberger, H., Die Apokalypse (Stuttgart 2014).

Lidov 2009: Lidov, A. (ed.), New Jerusalems. Hierotopy and Iconography of Sacred Spaces (Moskau 2009).

Lienau 1989: Lienau, C., Griechenland. Geographie eines Staates an der europäischen Südperipherie (Darmstadt 1989).

Lietz 2012: Lietz, B., La dea di Erice e la sua diffusione nel Mediterraneo. Un culto tra Fenici, Greci e Roman (Pisa 2012).

Lindner 1994: Lindner, R., Mythos und Identität. Studien zur Selbstdarstellung kleinasiatischer Städte in der römischen Kaiserzeit (Stuttgart 1994).

Lohmann 1993: Lohmann, H., Atene. Forschungen zu Siedlungs- und Wirtschaftsstruktur des klassischen Attika (Köln – Weiman – Wien 1993).

Lucas 1991: Lucas, G., Askyris, une Cité dans le Bas-Olympe, ZPE 89, 1991, 135–144.

Lullies 1979: Lullies, R., Griechische Plastik. Von den Anfängen bis zum Beginn der römischen Kaiserzeit (München 1979).

Maass 1993: Maass, M., Das antike Delphi. Orakel, Schätze und Monumente (Darmstadt 1993).

Macchioro 1912: Macchioro, V., I ceramisti di Armento in Lucania, JdI 27, 1912, 265–316.

MacDonald – Pinto 1995: MacDonald, W. L. – J. A. Pinto, Hadrian's Villa and Its Legacy (New Haven – London 1995).

Mackrodt 1882: Mackrodt, R., Der Olymp in Ilias und Odysse, Abhandlung zu dem Oster-Programm des Herzoglichen Christians-Gymnasiums zu Eisenberg (Altenburg 1882).

Mackrodt 1897–1902: Mackrodt, R., Olympos, Roscher III,1 (1897–1902), 847–858.

Malay – Ricl 2009: Malay, H. – M. Ricl, Two New Hellenistic Decrees from Aigai in Aiolis, Epigraphica Anatolica 42, 2009, 39–60.

Malheiro Magalhães 2019: Malheiro Magalhães, J., Why was Actaeon Punished? Reading and Seeing the Evolution of a Myth, in: R. Morais – D. Leão – D. Rodríguez Pérez (eds.), Greek Art in Motion. Studies in honour of Sir John Boardman on the occasion of his 90th birthday (Oxford 2019), 287–298.

Malten 1912: Malten, L., Hephaistos, JdI 27, 1912, 232–264.

Mannack 2002: Mannack, T., Griechische Vasenmalerei. Eine Einführung (Darmstadt 2002).

Marböck 1990: Marböck, J., Wüste – Dornbusch – Gottesberg. Der Sinai in Bibel und Geschichte, in: K. Gratzl (ed.), Die heiligsten Berge der Welt (Graz 1990), 49–64.

Mari 1998: Mari, M., Le Olimpie macedoni di Dion tra Archelao e l'età romana, Rivista di Filologia e di Istruzione Classica 126, 1998, 137–169.

Mari 2002: Mari, M., Al di là dell'Olimpo. Macedoni e grandi santuari della Grecia dall'età arcaica al primo ellenismo (Athen 2002).

Mari 2007: Mari, Z., Villa Adriana: la Palestra e la Valle di Tempe fra scavo e documentazione, in: G. Ghini (ed.), Lazio e Sabina 4 (Rom 2007), 23–36.

Markle 1999: Markle, M. M., A Shield Monument from Veria and the Chronology of Macedonian Shield Types, Hesperia 68, 1999, 219–254.

Marksteiner 2010: Marksteiner, T., Lykien. Ein achäologischer Führer (Wien 2010).

Martin 2016: Martin, R. P., Greek Myths at Dion: Divine Family in a Human Landscape, in: D. Pandermalis (ed.), Gods and Mortals at Olympus. Ancient Dion, City of Zeus (New York 2016), 57–65.

Marzullo 1952: Marzullo, B., Il problema omerico (Florenz 1952).

Massa-Pairault – Pouzadoux 2017: Massa-Pairault, F.-H. – C. Pouzadoux (eds.), Géants et gigantomachies entre Orient et Occident. Actes du Colloque organisé par Centre Jean Bérard. Naples, 14-15 novembre 2013 (Neapel 2017).

McInerny – Sluiter 2016. McInerny J. – I. Sluiter (eds.), Valuing Landscape in Classical Antiquity. Natural Environment and Cultural Imagination (Leiden – Boston 2016).

Meißner 1996: Meißner, B., Vorstellungen der Griechen von den Bergen, in: E. Olshausen – H. Sonnabend (eds.), Stuttgarter Kolloquium zur historischen Geographie des Altertums 5, 1993. »Gebirgsland als Lebensraum« (Amsterdam 1996), 351–369.

Meletzis 1987: Meletzis, S., Olymp (Athen 1987).

Merkelbach – Stauber I 1998: Merkelbach, R. – J. Stauber, Steinepigramme aus dem griechischen Osten. Band I. Die Westküste Kleinasiens von Knidos bis Ilion (Stuttgart – Leipzig 1998).

Meyer 1950: Meyer, E., Pisa, RE 20,2 (1950), 1732–1755.

Meyer 2017: Meyer, M., Athena, Göttin von Athen. Kult und Mythos auf der Akropolis bis in klassische Zeit (Wien 2017).
Mittag 2016: Mittag, P. F., Griechische Numismatik. Eine Einführung (Heidelberg 2016).
Moustaka 1983: Moustaka, A., Kulte und Mythen auf thessalischen Münzen (Würzburg 1983).
Mugione – Pouzadoux 2017: Mugione, E. – C. Pouzadoux, I Giganti come »altri« nei programmi figurativi in Grecia e in Magna Grecia dall'età di arcaica all'età di Alessandro, in: F.-H. Massa-Pairault – C. Pouzadoux (eds.), Géants et gigantomachies entre Orient et Occident. Actes du Colloque organisé par Centre Jean Bérard. Naples, 14-15 novembre 2013 (Neapel 2017), 115–140.
Mylonopoulos 2008: Mylonopoulos, J., Natur als Heiligtum – Natur im Heiligtum, Archiv für Religionsgeschichte 10, 2008, 51–83.
Neils 1999: Neils, J., Reconfiguring the Gods on the Parthenon Frieze, Art Bulletin 81, 1999, 6–20.
Neri 2001: Neri, V., La montagna e il sacro nella cristianità tardoantica, in: S. G. Bersani (ed.), Gli antichi e la montagna (Turin 2001), 65–80.
Neumayr 1880: Neumayr, M., Geologische Beobachtungen im Gebiet des Thessalischen Olymp, Denkschriften der Akademie der Wissenschaften. Math. Natw. Kl.40.1, 1880, 315–320.
Nezis 2003: Nezis, N., Όλυμπος. Γεωγραφία – φύση – πολιτισμός – περιήγηση – ορειβασία – αναρρίχηση – τοπωνύμια – βιβλιογραφία (Athen 2003).
Nicolson 1959: Nicolson, M. H., Mountain Gloom and Mountain Glory. The Development of the Aesthetics of the Infinite (Ithaca 1959).
Nikopoulos 1957: Nikopoulos, I., Mount Olympos (Athen 1957).
Nilsson 1947: Nilsson, M. P., Greek Mysteries in the Confession of St. Cyprian, Harvard Theological Review 40, 1947, 167–176.
Nilsson 1955: Nilsson, M. P., Geschichte der Griechischen Religion. Erster Band. Die Religion Griechenlands bis auf die griechische Weltherrschaft (München 1955).
Nock 1927: Nock, A. D., Hagiographica, Journal of Theological Studies 28, 1927, 409–417.
Noussia 2002: Noussia, M., Olympus, the Sky, and the History of the Text of Homer, in: F. Montanari (ed.), Omero. Tremila anni dopo (Rom 2002), 489–503.
Nowicki 2007: Nowicki, K., Some Remarks on New Peak Sanctuaries in Crete: The Topography of Ritual Areas and their Relationship with Settlements, JdI 122, 2007, 1–31.
Oberhummer – Schmidt 1939: Oberhummer, E. – J. Schmidt, Olympos 1), RE XVIII.1 (1939), 258–310.
Oberhummer et al. 1939: Oberhummer, E., Olympos 2)–25), RE XVIII.1 (1939), 310–321.
Ogden 2001a: Ogden, D., Greek and Roman Necromancy (Princeton – Oxford 2001).

Ogden 2001b: Ogden, D., Totenorakel in der griechischen Antike, in: K. Brodersen (ed.), Prognosis. Studien zur Funktion von Zukunftsvorhersagen in Literatur und Geschichte seit der Antike (Münster 2001), 39–60.

Ogden 2013: Ogden, D., Drakōn. Dragon Myth and Serpent Cult in the Greek and Roman Worlds (Oxford 2013).

Ohlig – Vieweger 2008: Ohlig, C. – D. Vieweger, Untersuchungen im Bereich der sog. Inferi der Villa Hadriana, in: H. Fahlbusch et al., Die Wasserkultur der Villa Hadriana. Ergebnisse der Kampagnen 2003-2006 des DFG-Projekts FA.406/2 (Siegburg 2008), 349–396.

Olcay Uçkan 2017: Olcay Uçkan, B. Y. (ed.), Olympos I. 2000–2014 Araştırma Sonuçları (Istanbul 2017).

Olshausen – Sonnabend 1996: Olshausen, E. – H. Sonnabend (eds.), Stuttgarter Kolloquium zur historischen Geographie des Altertums 5, 1993. »Gebirgsland als Lebensraum« (Amsterdam 1996).

Osborne 2004: Osborne, R., Homer's Society, in: R. Fowler (ed.), The Cambridge companion to Homer (Cambridge 2004), 206–219.

Otto 2012: Otto, B., Der Thron als Würdezeichen, in: H.-G. Buchholz, Erkennungs-, Rang- und Würdezeichen, Archaeologia Homerica (Göttingen 2012), 20–83.

Palagia 1993: Palagia, O., The Pediments of the Parthenon (Leiden – New York – Köln 1993).

Pandermalis 1982: Pandermalis, D., Ein neues Heiligtum in Dion, AA 1982, 727–735.

Pandermalis 1997: Pandermalis, D., Dion. Archäologische Stätte und Museum (Peania 1997).

Pandermalis 1998: Pandermalis, D., Δίον 1998. Εκατόμβες και σωτήρια, ArchErgMakThrak 12, 1998, 291–298.

Pandermalis 2009: Pandermalis, D., Δίον – Ιστορικά και λατρευτικά, in: 20 χρόνια. ArchErgMakThrak, 261–271.

Pandermalis 2016: Pandermalis, D. (ed.), Gods and Mortals at Olympus. Ancient Dion, City of Zeus (New York 2016).

Papaiannopoulos 1921: Papaiannopoulos, B. Z., Εις τας κορυφάς του Ολύμπου (Athen 1921).

Parker 2011: Parker, R., The Thessalian Olympia, ZPE 177, 2011, 111–118.

Parman et al. 2006: Parman, E. et al., A Pirates' Town in Lycia. Olympos. An archaeological guide (Istanbul 2006).

Pease 1961: Pease, A. S., Notes on Mountain Climbing in Antiquity, Appalachia Bulletin 132, 1961, 289–298.

Pellizzari 2001: Pellizzari, A., Attività agropastorali di montagna negli scrittori georgici di età imperiale, in: S. G. Bersani (ed.), Gli antichi e la montagna (Turin 2001), 81–93.

Perdrizet 1897: Perdrizet, P., Proxènes macédoniens a Delphes, BCH 21, 1897, 102–118.

Perrier 2009: Perrier, A., Léon Heuzey et l'histoire des peuples montagnards du nord-ouest de la Grèce. Questions d'intertextualité dans »Le Mont Olympe et l'Acarnanie«, Revue des Études Grecques 122, 2009, 163–184.

Petersmann 1990: Petersmann, G., Der Olymp. Sitz der Götter – Thron der Freiheit, in: K. Gratzl (ed.), Die heiligsten Berge der Welt (Graz 1990), 11–18.

Petrarca 1996: Petrarca, F., Die Besteigung des Mont Ventoux (Frankfurt – Leipzig 1996).

Philipp 1994: Philipp, H., ΧΑΛΚΕΟΙ ΤΟΙΧΟΙ – Eherne Wände, AA 1994, 489–498.

Phoutrides – Farquhar 1915: Phoutrides A. E. – F. P. Farquhar, With the Gods on Mount Olympus, Scribner's Magazine 58, Nov. 1915, 558–577.

Pikoulas 2010: Pikoulas, I. A., Διασχίζοντας τον Όλυμπο. Οδικό δίκτυο και άμυνα στην Περραιβία. Η έρευνα του 2010, ArchErgMakThrak 24, 2010, 121–125.

Pingiatoglou 2014: Pingiatoglou, S., Das religiöse Leben in Dion von den Anfängen bis in augusteische Zeit, MarbWP 2014, 49–56.

Pingiatoglou 2015: Pingiatoglou, S., Δίον. Το ιερό της Δήμητρος (Thessaloniki 2015).

Pingiatoglou 2016: Pingiatoglou, S., The Cult of Demeter at Dion, in: D. Pandermalis (ed.), Gods and Mortals at Olympus. Ancient Dion, City of Zeus (New York 2016), 31–39.

Pinkwart 1965: Pinkwart, D. Das Relief des Archelaos von Priene und die »Musen des Philiskos« (Kallmünz 1965).

Pirenne-Delforge 2019: Pirenne-Delforge, V., The Politics of Olympus at Olympia, in: K. Freitag – M. Haake (eds.), Griechische Heiligtümer als Handlungsorte. Zur Multifunktionalität supralokaler Heiligtümer von der frühen Archaik bis in die römische Kaiserzeit (Stuttgart 2019), 187–205.

Pirenne-Delforge – Pironti 2016: Pirenne-Delforge, V. – G. Pironti, L'Héra de Zeus. Ennemie intime, épouse définitive (Paris 2016).

Popham et al. 1993: Popham, M. R. et al., Lefkandi II, The Protogeometric Building at Toumba. Part 2. The Excavation, Architecture and Finds (Athen 1993).

Poulaki-Pantermali 1988: Poulaki-Pantermali, E., Οι ανασκαφές του Ολύμπου, ArchErgMakThrak 2, 1988, 173–180.

Poulaki-Pantermali 2013: Poulaki-Pantermali, E., Μακεδονικός Όλυμπος: μύθος – ιστορία – αρχαιολογία (Thessaloniki 2013).

Preller 1846: Preller, L., Beiträge zur religionsgeschichte des alterthums, Philologus 1, 1846, 349–351.

Pritchett 1961: Pritchett, W. K., Xerxes' Route over Mount Olympos, AJA 65, 1961, 369–375.

Pummer 2016: Pummer, R., The Samaritans. A Profile (Grand Rapids – Cambridge 2016).

Purves 2011: Purves, A. C., Olympos, The Homer Encyclopedia 2 (2011), 600–601.

Raeder 1983: Raeder, J., Die statuarische Ausstattung der Villa Hadriana bei Tivoli (Frankfurt – Bern 1983).

Richter 1911: Richter, E., Meine Erlebnisse in der Gefangenschaft am Olymp nebst Schilderung der Entwicklung des Klephtenwesens (Leipzig 1911).

Riordan 2006: Riordan, R., Percy Jackson. Diebe im Olymp (Hamburg 2006).

Ritter 1995: Ritter, S., Hercules in der römischen Kunst. Von den Anfängen bis Augustus (Heidelberg 1995).

Ritter 2002: Ritter, S., Bildkontakte. Götter und Heroen in der Bildsprache griechischer Münzen des 4. Jahrhunderts v. Chr. (Berlin 2002).

Rizakis 1986: Rizakis, A., Une forteresse macédonienne dans l'Olympe, BCH 110, 1986, 331–346.

Robert 1981: Robert, L., Fleuves et cultes d'Aizanoi, BCH 105, 1981, 331–360.

Roberts 1917: Roberts, M., Olympos, Folklore 28, 1917, 177–179.

Robertson 1988: Robertson, M., Europe I, LIMC IV (1988), 76–92.

Robinson 2012: Robinson, B. A., Mount Helikon and the Valley of the Muses: the production of a sacred space, JRA 25, 2012, 227–258.

Robinson 2013: Robinson, B. A., On the rocks: Greek Mountains and Sacred Conversations, in: D. Ragavan (ed.), Heaven on Earth: Temples, Ritual, and Cosmic Symbolism in the Ancient World (Chicago 2013), 175–199.

Robinson 2016: Robinson, B. A., Charismatic Landscapes? Scenes from Central Greece under Roman Rule, in: J. McInerny – I. Sluiter (eds.), Valuing Landscape in Classical Antiquity. Natural Environment and Cultural Imagination (Leiden – Boston 2016), 228–252.

Rocchi 1996: Rocchi, G. D., Kulturmodelle und Gebirgserfahrungen bei Hirtengemeinschaften der Gebirgsländer Nord-Griechenlands, in: E. Olshausen – H. Sonnabend (eds.), Stuttgarter Kolloquium zur historischen Geographie des Altertums 5, 1993. »Gebirgsland als Lebensraum« (Amstrdam 1996), 335–342.

Rocchi 2005: Rocchi, M., Culti sui monti della Grecia. Osservazioni da una lettura di Pausanias, Archiv für Religionsgeschichte 7, 2005, 56–61.

Rocchi 2010: Rocchi, M., Tra Olympos e Ossa: Il »progetto« di Serse (Hdt. 7, 128-130), in: S. Montero – M. C. Cardete (eds.), Naturaleza y religión en el mundo clásico. Uso y abuso del medio natural (Madrid 2010), 95–108.

Rodríguez-Almeida 2002: Rodríguez-Almeida, E., Formae Urbis Antiquae. Le mappe marmoree di Roma tra la repubblica e Settimio Severo (Rom 2002).

Rogers 1932: Rogers, E., The Copper Coinage of Thessaly (London 1932).

Rohde 1963: Rohde, G., Der galatische Olympos. Vorläufiger Bericht über eine Forschungsreise zur Bestimmung seiner Lage, in: G. Rohde, Studien und Interpretationen zur antiken Literatur, Religion und Geschichte (Berlin 1963), 241–244.

Romano 2019: Romano, D. G., Mt. Lykaion as the Arcadian Birthplace of Zeus, in: T. S. Scheer (ed.), Natur – Mythos – Religion im antiken Griechenland (Stuttgart 2019), 219–237.

Romano – Voyatzis 2014: Romano, D. G. – M. E. Voyatzis, Mt. Lykaion Excavation and Survey Project, Part 1: The Upper Sanctuary, Hesperia 83, 2014, 569–652.

Romano – Voyatzis 2015: Romano, D. G. – M. E. Voyatzis, Mt. Lykaion Excavation and Survey Project, Part 2: The Lower Sanctuary, Hesperia 84, 2015, 207–276.

Rougier-Blanc 2005: Rougier-Blanc, S., Les Maisons Homériques. Vocabulaire architectural et sémantique du bâti (Paris 2005).

Rücker 2017: Rücker, M., Die Hüter des Hades. Zur Bedeutung und Interpretation der homerischen Kimmerier, Digital Classics Online 3,1, 2017, 19–43.

Ruggieri 1996: Ruggieri, V., Epirgaphic Testimonies from Chimaera-Yanartaş (Olympos), Epigraphica Anatloica 26, 1996, 67–70.

Rutherford 2001: Rutherford, I., Pindar's Paeans. A Reading of the Fragments with a Survey of the Genre (Oxford 2001).

Sale 1984: Sale, W. M., Homeric Olympus and Its Formulae, American Journal of Philology 105, 1984, 1–28.

Sampaolo 1999: Sampaolo, V., in: Pompei. Pitture e mosaici. Volume IX. Regio IX parte II (Rom 1999).

Schachner 2007: Schachner, A., Bilder eines Weltreichs. Kunst- und kulturgeschichtliche Untersuchungen zu den Verzierungen eines Tores aus Balawat (Imgur-Enlil) aus der Zeit von Salmanassar III, König von Assyrien (Turnhout 2007).

Schade – Altekamp 2007: Schade, K. – S. Altekamp (eds.), »Zur Hölle!« Eine Reise in die antike Unterwelt (Berlin 2007).

Schaeffer 1938: Schaeffer, C. F.-A., Les fouilles de Ras Shamra-Ugarit. Neuvième campagne (printemps 1937). Rapport sommaire, Syria 19, 1938, 313–327.

Scheffel 1922: Scheffel, H., Eine antike Opferstätte auf dem Olymp, AM 47, 1922, 129–130.

Schefold 1979: Schefold, K., Athenas und Hephaistos' Leben auf einem Fries in Ostia und Berlin, Antike Kunst 22, 1979, 99–103.

Schironi 2001: Schironi, F., L'Olimpo non è il cielo: Esegesi antica nel papiro di Derveni, in Aristarco e in Leagora di Siracusa, ZPE 136, 2001, 11–21.

Schlesier 1991/1992: Schlesier, R., Olympian versus Chthonian Religion, Scripta Classica Israelica 11, 1991/1992, 38–51.

Schmidt 1939: Schmidt, J., Olympos 29), RE XVIII.1 (1939), 324.

Schmidt 1940: Schmidt, J., Heilige Berge Griechenlands in alter und neuer Zeit (Athen 1940).

Scholl 2007: Scholl, A., Hades und Elysion – Bilder des Jenseits in der Grabkunst des klassischen Athen, JdI 122, 2007, 51–79.

Scholl 2009: Scholl, A., ΟΛΥΜΠΙΟΥ ΕΝΔΟΘΕΝ ΑΥΛΗ – Zur Deutung des Pergamonaltars als Palast des Zeus, JdI 124, 2009, 251–278.

Schulten 1979: Schulten, P. N., Die Typologie der römischen Konsekrationsprägungen (Frankfurt 1979).

Schwabl 1972: Schwabl, H., Zeus I. Epiklesen, RE X A (1972), 253–376.

Scichilone 1963: Scichilone, G., Olympos, EAA V (1963), 674.

Scodel 2017: Scodel, R., The Euripidean Biography, in: L. K. McClure (ed.), A Companion to Euripides (Malden – Oxford 2017), 27–41.

Seltman 1923: Seltman, C. T., The Temple Coins of Olympia (Cambridge 1923).

Seltman 1933: Seltman, C., Greek Coins (London 1933).
Sievert 1991: Sievert, P., Die frühe Verwendung und Bedeutung des Ortsnamens >Olympia<, AM 106, 1991, 65–69.
Simon 1976: Simon, E., Die griechischen Vasen (München 1976).
Simon 1985: Simon, E., Die Götter der Griechen (München 1985).
Simón 2011: Simón, F. M., The *Feriae Latinae* as religious legitimation of the consuls' *imperium*, in: H. Beck et al. (eds.), Consuls and *Res Publica*. Holding High Office in the Roman Republic (Cambridge 2011), 116–132.
Sinn 1981: Sinn, U., Das Heiligtum der Artemis Limnatis bei Kombothekra, AM 96, 1981, 25–71.
Sonnini 1801: Sonnini, C. S., Voyage en Grèce et en Turquie fait par ordre de Louis XVI et avec l'autorisation de la Cour Ottomane, II (Paris 1801).
Spieker 1969: Spieker, R., Die Beschreibung des Olympos (Hom. Od. ζ 41-47), Hermes 97, 1969, 136–161.
Sporn 2002: Sporn, K., Heiligtümer und Kulte Kretas in klassischer und hellenistischer Zeit (Heidelberg 2002).
Sporn 2013: Sporn, K., »Der göttliche Helikon«. Bergkulte oder Kulte auf den Bergen in Griechenland?, in: R. Breitwieser – M. Frass – G. Nightingale (eds.), Calamus. Festschrift für Herbert Graßl zum 65. Geburtstag (Wiesbaden 2013), 465–477.
Sporn 2015: Sporn, K., Natur – Kult – Raum. Eine Einführung in Methode und Inhalt, in: K. Sporn – S. Ladstätter – M. Kerschner (eds.), Natur – Kult – Raum. Akten des Internationalen Kolloquiums, Paris-Lodron-Universität Salzburg, 20.-22. Jänner 2012 (Wien 2015), 339–356.
Stählin 1924: Stählin, F., Das hellenistische Thessalien. Landeskundliche und geschichtliche Beschreibung Thessaliens in der hellenistischen und römischen Zeit (Stuttgart 1924).
Stefanidou-Tiveriou 2000: Stefanidou-Tiveriou, Das makedonische Dion und die rechteckige Stadt, HASB 17, 2000, 49–76.
Steinhagen 2019: Steinhagen, D. und L., Griechenland: Zagoria-Trek (Welver 2019).
Styllas et al. 2016: Styllas, M. N. et al., Geomorphologic and paleoclimatic evidence of Holocene glaciation on Mount Olympus, Greece, The Holocene 26, 2016, 709–721.
Svoronos 1890: Svoronos, J.-N., Numismatique de la Crète ancienne (Macon 1890).
Swain 2009: Swain, S., Culture and nature in Philostratus, in: E. Bowie – J. Elsner (eds.), Philostratus (Cambridge 2009), 33–46.
Talbot 2001: Talbot, A.-M., Les saintes montagnes à Byzance, in: M. Kaplan (ed.), Le sacré et son inscription dans l'espace à Byzance et en Occident. Études comparées (Paris 2001), 263–275.
Tozer 1882: Tozer, H. F., Lectures on the Geography of Greece (London 1882).
Tusa Cutroni 2010: Tusa Cutroni, A., Il culto di Afrodite nella monetazione di Erice, in: E. Acquaro – A. Filippi – S. Medas (eds.), La devozione dei naviganti. Il culto di Afrodite Ericina nel Mediterraneo (Lugano 2010), 63–70.

Tzifalias 1997: Tzifalias, A., Περραιβική Τρίπολη, Archaiologikon Deltion 52.2, 1997, 499–501.
Ulbrich 2008: Ulbrich, A., Kypris. Heiligtümer und Kulte weiblicher Gottheiten auf Zypern in der kyproarchaischen und kyproklassischen Epoche (Königszeit) (Münster 2008).
Urquhart 2008: Urquhart, D., Im wilden Balkan. Vom Berg Olymp bis zur albanischen Adriaküste. Um 1830 (Wiesbaden 2008).
van der Toorn 1999: van der Toorn, K., Yahweh, Dictionary of Demons and Deities in the Bible (1999), 910–919.
van Rookhuijzen 2019: van Rookhuijzen, J. Z., Herodotus and the topography of Xerxes' invasion. Place and memory in Greece and Anatolia (Berlin – Boston 2019).
Vedrenne 2000: Vedrenne, I., Montagne et climats: de la merveille aux micro-systèmes. A la recherche de la salubrité, in: C. Thomasset – D. James-Raoul (eds.), La montagne dans le texte medieval. Entre mythe et réalité (Paris 2000), 61–98.
Veneri 1996: Veneri, A., L'Elicona nella cultura tespiese intorno al III sec. A. C.: la stele di Euthy[kl]es, Hurst, A. – A. Schachter (eds.), La montagne des Muses (Genf 1996), 73–86.
Verbanck-Piérard 2018: Verbanck-Pierard, A., Round Trip to Hades. Herakles' Advice and Directions, in: G. Ekroth – I. Nilsson (eds.), Round Trip to Hades in the Eastern Mediterranean Tradition. Visits to the Underworld from Antiquity to Byzantium (Boston – Leiden 2018), 163–193.
Versnel 2011: Versnel, H. S., Many Gods. Complications of Polytheism, in: H. S. Versnel, Coping With the Gods. Wayward Readings in Greek Theology (Leiden – Boston 2011), 23–149.
Vian 1952: Vian, F., La guerre des géants. Le mythe avant l'époque hellénistique (Paris 1952).
Vian – Moore 1988: Vian, F. – M. B. Moore, Gigantes, LIMC IV (1988), 191–270.
Visser 1997: Visser, E., Homers Katalog der Schiffe (Stuttgart – Leipzig 1997).
Völcker 1830: Völcker, K. H. W., Über Homerische Geographie und Weltkunde (Hannover 1830).
Volbach 1976: Volbach, W. F., Elfenbeinarbeiten der Spätantike und des frühen Mittelalters, Dritte völlig neu bearbeitete Auflage (Mainz 1976).
Volborth 1776: Volborth, J. K., Disputatio inauguralis philologica de Olympo, Thessaliae monte, deorum sede (Göttingen 1776).
Vollkommer 1994: Vollkommer, R., Peleus, LIMC VII (1994), 251–269.
von Eckenbrecher 1848: von Eckenbrecher, G., Über das Thal Tempe und den Olymp, nach eigenen Anschauungen und Untersuchungen, Monatsberichte über die Verhandlungen der Gesellschaft für Erdkunde zu Berlin N.F. 5, 1848, 185–190.
von Salis 1940: von Salis, A., Die Gigantomachie am Schilde der Athena Parthenos, JdI 55, 1940, 90–169.

von Wilamowitz-Moellendorf 1931: von Wilamowitz-Moellendorf, U., Der Glaube der Hellenen. I. Band (Berlin 1931).
Vout 2012: Vout, C., The Hills of Rome. Signature of an Eternal City (Cambridge 2012).
Voutiras 2006: Voutiras, E., Le culte de Zeus en Macédonie avant la conquête romaine, in: A.-M. Guimier-Sorbets – M. B. Hatzopoulos – Y. Morizot (eds.), Rois, cites, necropoles. Institutions, rites et monuments en Macedonie (Athen 2006), 333–346.
Waddington – Babelon – Reinach 1908–1925: Waddington, W. H. – E. Babelon – T. Reinach, Recueil géneral des monnaies grecques d'Asie Mineure (Paris 1908–1925).
Walter 1954/55: Walter, H., Gigantomachien, AM 69/70, 1954/55, 95–104.
Wegner 1938: Wegner, M., Olympos 26), RE XVIII.1 (1939), 321–324.
Wegner 1966: Wegner, M., Die Musensarkophage, Die Antiken Sarkophagreliefs 5,3 (Berlin 1966).
Weiler 2001: Weiler, G., Domos Theiou Basileos. Herrschaftsformen und Herrschaftsarchitektur in den Siedlungen der Dark Ages (München – Leipzig 2001).
Weis 1994a: Weis, A., Olympos I, LIMC VII (1994), 38–45.
Weis 1994b: Weis, A., Olympos II, LIMC VII (1994), 45.
Weiß 1984: Weiß, P., Lebendiger Mythos. Gründerheroen und städtische Gründungstraditionen im griechisch-römischen Osten, Würzburger Jahrbücher für Altertumswissenschaft 10, 1984, 179–195.
Weiß 1985: Weiß, P., Argaios/Erciyas Dağı – Heiliger Berg Kappadokiens. Monumente und Ikonographie. JNG 35, 1985, 21–48.
Weiß 1995: Weiß, P., Götter, Städte und Gelehrte. Lydiaka und »Patria« um Sardes und Tmolos, in: E. Schwertheim (ed.), Forschungen in Lydien (Bonn 1995), 85–109.
Weizsäcker 1908: Weizsächer, P., Olympos 6), Roscher III.1 (1908), 860–866.
Willetts 1962: Willetts, R. F., Cretan Cults and Festivals (London 1962).
Winiarczyk 2002: Winiarczyl, M., Euhemeros von Messene. Leben, Werk und Nachwirkung (München – Leipzig 2002).
Winter 2017: Winter, E. (ed.), Vom eisenzeitlichen Heiligtum zum christlichen Kloster. Neue Forschungen auf dem Dülük Baba Tepesi (Bonn 2017).
Worthen 1988: Worthen, T., The Idea of »Sky« in Archaic Greek Poetry ἐν δέ τα τείρεα πάντα, τά τ'οὑρανός ἐστεφάνωται Iliad 18.485, Glotta 66, 1988, 1–19.
Wrede 1981: Wrede, H., Consecratio in formam deorum. Vergöttlichte Privatpersonen in der römischen Kaiserzeit (Mainz 1981).
Zahrnt 2011: Zahrnt, M., Alexanders Einmarsch in Thessalien (336 v. Chr.), Hermes 139, 2011, 262–266.
Zanker 2000: Zanker, P., Die Apotheose der römischen Kaiser (München 2000).
Ziegler 1963: Ziegler, K., Pythion 6), RE XXIV (1963), 562.
Ziegler 1967: Ziegler, K., Plutarchstudien. XXII. Drei Gedichte bei Plutarch, Rheinisches Museum 110. 1967, 53–64.

Abbildungsnachweis

Abb. 1 © Wikicommons, JFKennedy 8
Abb. 2 © L. Hecht und A. Lichtenberger 9
Abb. 3 © Wikicommons, stefg74 11
Abb. 4 © Hirmer, nach: Lullies 1979, Abb. 142 12
Abb. 5 Leu Numismatik AG, Auktion 4, 25.05.2019, lot 342 13
Abb. 6 © Fa. Albert Kerbl GmbH 15
Abb. 7 © Wikicommons, Xaver X. Dreißig 16
Abb. 8 © L. Hecht und A. Lichtenberger 29
Abb. 9 © bpk 38
Abb. 10 © Wikicommons, Cristo Vlahos / Cyverius 41
Abb. 11 © Originalphoto, Photothek archäologisches Institut
 der Universität Münster 46
Abb. 12 nach Simon 1976, Tf. 92 48
Abb. 13 © London, British Museum, 4 E67 49
Abb. 14 nach Simon 1985, 186 Abb. 165 51
Abb. 15 © London, British Museum, 1867,0508.962 52
Abb. 16 nach Berger et al. 1977, Falttafel II 54
Abb. 17 © London, British Museum 56
Abb. 18 © bpk 57
Abb. 19 © London, British Museum E 262 59
Abb. 20 © Antikensammlung, Staatliche Museen zu Berlin
 F 2278 – Preußischer Kulturbesitz, Foto: Johannes
 Laurentius 60
Abb. 21 © New York, Metropolitan Museum of Art, Inv.
 Nr. 52.11.18 60
Abb. 22 nach Simon 1976, Abb. 56 62

Abb. 23 © Dresden, Skulpturensammlung, Staatliche Kunstsammlungen, Foto: Jürgen Karpinski, Inv. Dr. 213 63
Abb. 24 © New York, Metropolitan Museum of Art, Inv. Nr. 17.230.5 64
Abb. 25 © Kairo, Ägyptisches Museum 32378, nach Brommer 1937, 210 Abb. 10 64
Abb. 26 © Antikensammlung, Staatliche Museen zu Berlin – Preußischer Kulturbesitz, Sk 912 Foto: Johannes Laurentius 65
Abb. 27 © London, British Museum E 8 67
Abb. 28 © London, British Museum E 165 67
Abb. 29 © bpk / RMN – Grand Palais / Les frères Chuzeville 69
Abb. 30 © Antikensammlung, Staatliche Museen zu Berlin – Preußischer Kulturbesitz F 2293, Foto: Johannes Laurentius 70
Abb. 31 Neapel, Museo Nazionale Archeologico Inv. 81521, nach Ehrhardt 2004, 30 Abb. 21 [Aufbereitung von Monumenti inediti pubblicati dall'Istituto Archeologico IX, 1869-1873, Tf. 6] 70
Abb. 32 © Antikensammlung, Staatliche Museen zu Berlin – Preußischer Kulturbesitz, Foto: Johannes Laurentius 72
Abb. 33 © Antikensammlung, Staatliche Museen zu Berlin – Preußischer Kulturbesitz AvP III.2 GF 31,1, Foto: Johannes Laurentius 74
Abb. 34 © London, British Museum, Inv. 2191 76
Abb. 35 © Archäologisches Museum der Universität Münster, Inv. Nr. m 2277 78
Abb. 36 © London, British Museum Inv. Nr. 1857,1013 80
Abb. 37 Karte von Kurz 1924, modifiziert durch L. Hecht und A. Lichtenberger 84
Abb. 38 © Wikicommons, Giorgos ab1234 86
Abb. 39 © Google Earth, modifiziert durch L. Hecht und A. Lichtenberger 87
Abb. 40 nach Kyriazopoulos – Livdas 1967, 7 99
Abb. 41 © Wikicommons, Juergen Weidner 102
Abb. 42 © Philip Ebeling 103

Abb. 43 © Archiv der Ausgrabung der Aristoteles Universität
 Thessaloniki in Dion 106
Abb. 44 © Archiv der Ausgrabung der Aristoteles Universität
 Thessaloniki in Dion 108
Abb. 45 Foto: Hans R. Goette 110
Abb. 46a Triton VIII, 11.1.2005, lot. 151 113
Abb. 46b Classical Numismatic Group, Electronic Auction 373,
 20.4.2016, lot 38 113
Abb. 46c Gorny & Mosch, Auktion 240, 10.10.2016, lot 166 114
Abb. 46d Nomos AG, Auktion 10, 18.5.2015, lot 44 114
Abb. 46e Nomos AG, Auktion 4, 10.5.2011, lot 1008 115
Abb. 46f Nomos AG, Auktion 4, 10.5.2011, lot 1045 115
Abb. 47 © L. Hecht und A. Lichtenberger 120
Abb. 48 © Modellsammlung Korfsmeyer, Archäologisches
 Museum der Universität Münster 121
Abb. 49a Classical Numismatic Group, Mail Bid Sail 60,
 22.05.2002, lot 1231 124
Abb. 49b Triton XXI, 09.01.2018, lot 780 124
Abb. 49c nach Imhoof-Blumer 1890, Tf. VI.16 124
Abb. 50 Leu Numismatik, Auktion 3, 27.10.2018, lot 176 127
Abb. 51 © Forschungsstelle Asia Minor der Universität Münster 129
Abb. 52 Roma Numismatics, Auktion XIX, 26.03.2020, lot 605 .. 130
Abb. 53 nach Schaeffer 1938, Pl. XXXVI 131
Abb. 54 © Archivio Missione Archeologica Italiana a Hierapolis 135
Abb. 55 © Athen, Archäologisches Nationalmuseum Inv. 1455,
 Hellenic Ministry of Culture and Sports/Archaeological
 Receipts Fund, Foto: Athanasios Miliarakis 137
Abb. 56 Leu Numismatik, Web Auction 6, 09.12.2018, lot 486 ... 139
Abb. 57 © Wikicommons, C messier 140
Abb. 58a Busso Peus, Auktion 384, 02.11.2005, lot 854 142
Abb. 58b Classical Numismatic Group, Auction 87, 18.05.2011,
 lot 847 142
Abb. 58c Leu Numismatik, Web Auktion 3, 25.02.2018, lot 569 142
Abb. 59 © D. G. Romano, Mt. Lykaion Excavation and Survey
 Project 143
Abb. 60 © Wikicommons, Bjørn Christian Tørrissen 145

Abb. 61 Leu Numismatik, Web Auktion 8, 29.06.2019, lot 790 ... 145
Abb. 62 © Archäologisches Museum der Universität Münster,
    Inv. Nr. 3413 146
Abb. 63 © Wikicommons, Andrew Shiva 150
Abb. 64 Roma Numismatics, E-Live Auction 2, 30.08.2018,
    lot 393 151

Register

A

Abbas Ali 102
Abraham 149
Acheron 134, 181
Achill 36, 47
Aelian 88
Aemilius Paullus 7, 17
Aeneas 134, 148
Agios Antonios 18 f., 21, 86–88, 96 f., 104, 118, 166
Agios Dionysios 101
Agios Elias 21
Ägypten 125, 132
Aigai, Aiolis 118
Ainianoi 177
Aiolis 118
Aischylos 42, 117
Aizanoi 183
Akçay 126
Akmoneia 142, 183
Aktaion 48, 75
Alba Longa 147
Albanus Mons 147, 152
Alexander Balas 130
Alexander der Große 105, 111, 117, 132
Alkinoos 168
Alpen 182
Alpheios 55, 122
Amphipolis 113
Amphitrite 72
Amyntas III. 177

Andros 39
Anthologia Palatina 43
Antigonos Gonatas 98, 100, 118, 178
Antilochos 47
Antiochia 95
Antiochos IV. 132
Antoninus Pius 142
Apameia 183
Aphidna 35
Aphrodisias 169
Aphrodite 10, 14, 49, 53, 62, 109, 123, 148
Apollon 14, 17, 34, 76–78, 81, 88, 90, 95, 104, 115 f., 174
Apollonios Rhodios 118
Ararat 12 f.
Archelaos aus Priene 75
Archelaos I. 104 f., 111–113, 117, 157, 177
Archelaosrelief 41, 75, 83, 88, 116, 123
Ares 12, 14, 47, 49, 61 f., 66
Argaios *Siehe* Mons Argaios 144
Aristophanes 42
Aristoteles 24, 111
Arkadien 120, 143
Arkadischer Bund 114, 116, 144, 183
Armenien 12
Artemis 10, 14, 48, 58, 62, 91, 176
Aschealtar 94, 98, 130, 143
Asklepios 91, 109, 123
Assos 169
Atabyrios 138

211

Athen   10–13, 46, 52, 57, 68, 71, 73, 83, 148, 156
Athena   13 f., 27, 47, 49 f., 58, 62, 65 f., 91
Athena Alkidemos   185
Athena Chalkioikos   35
Athena Parthenos   13, 71
Athena-Nike   71
Äther   30 f.
Athos   28, 174
Attika   120
Augustinus   94
Augustus   79, 107
Avernussee   134
Azoros   88, 90

B

Balawat   169
Balkankrieg   21
Baphyras   106
Baphyros   109
Barth, Heinrich   21
Baud-Bovy, Daniel   22
Bellerophon   127
Betyl   129, 152
Bithynien   120
Boissonnas, Fred   22
Böotien   62
Bovillae   75
Brown, Edward   19
Brygos   68, 70

C

Caesar   78
Caesarea Germanica   179
Caracalla   179
Charis   36
Chariten   40
Chasia   85
Chimaira   127
Chios   120
Christentum   100 f., 149, 156, 165

Chthonische Gottheiten   164
Claudius   44, 79
Commodus   123 f.
Corpus Hermeticum   96
Cyprian   95

D

Dekapolis   134
Delphi   34, 46, 77, 88, 116, 174
Demeter   10, 12, 14, 53, 95, 108, 175
Deukalion   107
Diana Baphyra   109
Dikaiarchos   165
Dikte   139–141
Diktynna   139
Diktynna, Ort   140
Diodor   24
Dion   77, 87, 98, 101, 104, 112, 117
Dion, Dekapolis   128
Dione   114
Dionysos   12, 14, 49, 53, 56, 61, 66, 125, 183
Dodona   112, 114
Doliche   88, 90, 129
Doliche, Syrien   90, 128
Duklista   174
Dülük Baba Tepesi   129
Dusae   120
Dushara   152

E

Edessa   128
Eiche   112
Eileithyia   10
Ekkarra   177
Elias   101
Elis   120 f., 177, 179
Elymer   148
Elysium   43
Emathia   28
Enipeas   84, 101, 122
Eos   47

Ephialtes 26, 31
Erato 13, 40
Eretria 10, 120
Eris 36
Eros 14
Eryx 148
Esra 150
Etymologicum magnum 24
Euböa 38, 120
Eudokia 95
Euripides 42, 111, 117
Europa 47
Europos 128
Euterpe 40

F

Farquhar, Francis 22
Faustina d. Ältere 78

G

Gaia 10, 40, 66, 68, 89
Galatien 120
Ganymed 49 f.
Garizim 149–151
Giganten 40, 47, 66
Gigantomachie 47, 66
Gonnoi 88, 91–93, 115, 177
Gordian III. 127
Granikos 105
Gyrton 177

H

Hades 7, 31, 133, 139
Hadrian 130, 132
Halos 177
Hebe 49
Helikon 77 f., 136–138, 172
Helios 55, 68, 172
Hephaistos 14, 33–37, 50, 55, 61, 65, 120, 126, 170

Hera 10, 14, 27–31, 33 f., 47, 50, 55, 57, 61–63, 65
Herakleia Pontike 134
Herakles 7, 10, 35, 42, 44, 57, 66, 75, 79, 134
Hercules 172
Hermes 12, 14, 47, 49, 62 f., 81
Herodes der Große 149
Herodot 25, 42
Hesiod 26, 39, 172
Hestia 49
Heuzey, Leon 21
Hierapolis in Phrygien 134 f.
Himeros 40
Höhle 134, 139, 143
Homer 8, 25, 37, 75, 77, 81, 83, 156
Horeb 149 f.
Horen 10, 30, 81, 96
Hygieia 109
Hymettos 138
Hypata 177

I

Ida 139, 141, 172
Ida, Troas 120, 141, 179, 183
Idäische Grotte 140
Ikaria 174
Indischer Ozean 120
Ionien 72
Iris 14, 50, 55
Isaak 149
Isis 109
Islam 102, 149
Israel 149
Isthmos 92
Iulian Apostata 130

J

Jahwe 149 f., 152
Japan 16
Jebel Akra 130
Jerusalem 149 f., 152, 157

Johannesapokalypse 157
Judäa 150
Judentum 149
Julia Domna 145
Juno 65
Jupiter 65, 152
Jupiter Dolichenus 90, 129
Jupiter Latiaris 147

K

Kaisareia in Kappadokien 145
Kakalos, Christos 22
Kalliope 40
Kambunische Berge 93
Kamvounia 85
Kanopos 132
Kapitol 148
Kappadokien 144
Karpathos 120
Karthago 148
Kasios 98, 129–131, 153
Kassander 106
Kentauromachie 179
Kerberos 134
Kilikien 183
Kimmerier 134
Kladeos 55
Klaudios Ptolemaios 18
Klephten 19, 21
Klio 40
Kloster 101, 165
Kommagene 90, 129
Kondylos 93
Konstantin II. 98
Konstantinopel 22
Kore 53, 95
Korybanten 183
Koureten 139 f., 142, 183
Krannon 177
Kreta 125, 139–141, 167
Kronos 31, 40
Kurz, Marcel 22, 84
Kyllene 174

L

Lakonien 120
Laodikeia am Lykos 183
Lapathos 93
Lapithen 179
Lapithos 179
Larissa 85
Laterculi Alexandrini 165
Latium 147
Leake, William Martin 20
Lefkandi 38
Lemnos 28 f., 34, 66
Leo I. 98
Lesbos 120
Leto 89
Lorbeer 89, 112, 115 f., 118
Lydias-Tal 117
Lydien 120, 141 f., 183
Lykaia 144
Lykaion 120
Lykaios 133, 143, 152, 182
Lykien 24, 120, 126
Lykischer Bund 126
Lysipp 105

M

Mani 134
Marcius Philippus 92
Mars, Planet 121
Marsyas 125
Mavrovouni 85
Mehmed IV 20
Melitaia 177
Melpomene 40
Memnon 47
Menelaos 39, 73
Metis 50
Milet 169
Minerva 66
Mithras 95
Mitka 86
Mnemosyne 40 f., 75, 77

Modi, Kreta 140
Mons Argaios 12, 130, 138, 144, 153
mons sacer 182
Mont Ventoux 166
Monte Cavo 147
Monte Giuliano 148
Moriah 149 f.
Mose 150, 180
Musa Dağ 126
Musen 39, 76, 88, 105, 120, 168, 172
Musenplateau 41, 86
Mysien 120, 122, 126, 183
Mytikas 18, 22, 86

N

Nabatäer 152
Nablus *Siehe* Neapolis 151
Nausikaa 27
Neapolis 151
Nebukadnezar II. 149
Nehemia 150
Nemea 42
Nero 123
Neues Jerusalem 157
New York 16
Nezeros-See 85, 92
Nida-Hochebene 141
Nike 10, 58, 123
Nysa-Skythopolis 134
Nyx 170

O

Odysseus 133 f., 181
Oinomaos 55
Okeanos 134
Oltos 48, 66 f.
Olympia 10, 55, 94, 112, 117, 120 f., 132, 156, 177
Olympion 118
Olympos, Flötenspieler 125
Olympos, Heros 180
Olympos, Lehrer des Zeus 24, 125

Olympus, Firma 16
Ölzweige 112
Omphalos 76
Orpheus 96
Osmanisches Reich 22
Ossa 18, 26, 28, 31, 42, 56, 84 f., 89, 91 f., 116, 122, 133
Ostia 65
Othrys 85
Otos 26, 31

P

Pan 114
Panathenäen 13
Panchaia 120
Parisurteil 47, 172
Parnass 77 f.
Pegasus 127
Pelasger 23
Peleus 48
Pelion 18, 26, 28, 31, 48, 85
Pella 111, 117, 128, 185
Pella, Dekapolis 128
Pelops 55
Peneios 42, 84 f., 89, 91, 93
Perdikkas III. 177
Pergamon 71
Perrhaibien 85, 92
Perseus 92
Personifikation 82, 125, 136
Pertinax 124
Petra 85, 88, 90
Petra, Arabien 152
Petrarca, Francesco 166
Phäaken 27, 168
Phidias 71, 112, 156
Philipp II. 105, 111–113, 115–118, 132
Philippus Arabs 151
Philiskos 76
Philostratos 81
Phlegräische Felder 134
Phönikier 148

215

Phoutrides, Aristides 22
Phrygien 125, 141
Pieria 7, 28, 39, 56, 88, 104, 117, 129
Pindar 41
Pindos 85
Pisa 122
Plutarch 17
Pluto 134
Plutoneion 135
Polydamas 42
Polyhymnia 76
Polymnia 40
Pompeji 164
Poseidon 14, 26, 30, 47, 51, 53, 62, 72, 84
Priene 75
Profitis Elias 86 f., 101 f.
Prusa ad Olympum 122
Psiloritis, Kreta 141
Pydna 7
Pylos 38
Pyrrhos 114
Python 17 f., 21, 78, 88, 97, 116, 174
Python 88, 116

R

Rhea 31, 143
Rhizous 177
Rhodos 138
Richter, Edward 22
Rom 132, 147 f., 156, 182
Römer 92
Ruvo 68, 70, 83, 170

S

Salomo 149
Samaria 149, 152
Samaritaner 151
Sarantaporo *Siehe* Doliche 90
Sardes 142 f., 183
Scheffel, Helmut 96
Schnee 27, 86

secessio plebis 182
Segesta 148
Selene 55, 58, 68, 80
Seleukia am Kalykadnos 183
Seleukia in Pieria 129 f.
Seleukiden 128, 151
Seleukos I. Nikator 130
Selos *Siehe* Pythion 18
Seneca 44, 79
Septerion 88, 116, 174
Serapis 123
Shara 152
Sinai 149 f.
Sizilien 148
Skala 22, 87
Skolio 21, 87
Skyphios 115
Solinus 94, 97
Sonnini, Charles Sigisbert 20
Sophokles 41, 117
Sosias 60, 65, 83
Sparta 10, 35, 39
Stählin, Friedrich 86
Stefani 41, 87
Stephanos von Byzanz 88
Styx 134
Synnada 183
Syrien 90, 98, 128

T

Tainaron 134
Takachiho 16
Takamagahara 16
Tarquinia 48
Teiresias 181
Telephos 72
Telesphoros 109
Tempelberg in Jerusalem 149
Tempetal 42, 84 f., 88, 90–92, 116, 132
Tenos 51, 72
Terpsichore 40
Thaleia 40

Thea Roma 142
Thespiai 136 f.
Thesprotien 134
Thessalische Tripolis 88
Thessalischer Bund 115
Thessaloniki 22, 97, 105
Thetis 9, 27, 30 f., 36, 48
Thrakien 28, 42
Tierkreiszeichen 80
Tigranes IV. 13
Timios Stavros 141
Tivoli 132
Tmolos 142 f., 183
Trajan 123 f., 139
Tralles 142, 183
Trebonianus Gallus 142
Troas 120
Troja 33, 36, 47, 141, 183
Troodos 121
Tyndareos 35

U

Uludağ 122
Urania 40
Uranos 40
Urquhart, David 20

V

Venus 148
Venus Erycina 148, 153
Venus Hypolympidia 110
Vergil 79
Vesuv 12
Volborth, Johann Karl 19

Volos 96
Volustana 93
von Eckenbrecher, Gustav 21
Vorsokratiker 41
Vulcanus 65
Vulci 50 f., 68
Vuvala *Siehe* Azoros 90

X

Xenagoras 17 f., 20, 88, 97
Xerxes 42, 91

Z

Zagora 39
Zeus 9, 14, 24, 27, 30 f., 33, 39 f., 47, 50, 55, 57 f., 62, 65, 68, 71, 75, 90, 94, 101, 104 f., 108, 112, 116, 120 f., 123, 125 f., 128, 130, 138 f., 141, 143, 152 f., 156, 167, 172, 175, 183
Zeus Akraios 138
Zeus Atabyrios 138
Zeus Diktaios 141
Zeus Helikonios 138
Zeus Hymettios 138
Zeus Hypsistos 109, 138
Zeus Idaios 141
Zeus Kasios 130, 152
Zeus Keraunios 129
Zeus Koryphaios 129, 138
Zeus Kretagenes 139
Zeus Lykaios 114, 116, 143, 148
Zypern 24, 120 f.